2016年度河北省社会科学发展研究课题（课题编号：201603030103）

医患纠纷
刑事犯罪原理与案例研究

YIHUAN JIUFEN
XINGSHI FANZUI YUANLI YU ANLI YANJIU

◎ 赵桂民　王小娟　等编著

知识产权出版社
全国百佳图书出版单位

图书在版编目（CIP）数据

医患纠纷刑事犯罪原理与案例研究 / 赵桂民等编著. —北京：知识产权出版社，2018. 8

ISBN 978 - 7 - 5130 - 5829 - 2

Ⅰ. ①医… Ⅱ. ①赵… Ⅲ. ①医疗事故—刑事犯罪—刑法—研究—中国 ②医疗事故—民事纠纷—案例—中国 Ⅳ. ①D924. 364 ②D922. 165

中国版本图书馆 CIP 数据核字（2018）第 211659 号

责任编辑： 雷春丽　　**责任印制：** 孙婷婷

封面设计： SUN 工作室

医患纠纷刑事犯罪原理与案例研究

赵桂民　王小娟　等编著

出版发行： 知识产权出版社有限责任公司	**网　　址：** http：//www. ipph. cn
社　　址： 北京市海淀区气象路 50 号院	**邮　　编：** 100081
责编电话： 010 - 82000860 转 8004	**责编邮箱：** leichunli@ cnipr. com
发行电话： 010 - 82000860 转 8101/8102	**发行传真：** 010 - 82000893/82005070/82000270
印　　刷： 北京九州迅驰传媒文化有限公司	**经　　销：** 各大网上书店、新华书店及相关专业书店
开　　本： 720mm × 1000mm　1/16	**印　　张：** 18. 75
版　　次： 2018 年 8 月第 1 版	**印　　次：** 2018 年 8 月第 1 次印刷
字　　数： 285 千字	**定　　价：** 68. 00 元

ISBN 978 - 7 - 5130 - 5829 - 2

撰稿人及其分工

赵桂民（中国人民武装警察部队学院政治工作系副教授、法学博士）：第一章、第三章

王小娟（北华航天工业学院文法系讲师、硕士）：第五章

张　健（中国人民武装警察部队学院训练部工程师、硕士）：第四章

李　颖（中国人民公安大学犯罪学学院讲师、硕士）：第二章、第六章

穆　磊（北京大学第六人民医院总务处助理研究员）：第七章第一节至第四节

李欣慧（北京中医医院医患关系部研究实习员、硕士）：第七章第五节至第八节

课题顾问

韩玉胜　中国人民大学法学院教授、博士研究生导师，中国人民大学律师学院常务副院长，中国监狱工作协会副会长

刘　鑫　中国政法大学证据科学研究院教授，《证据科学》（原《法律与医学杂志》）编辑部主任，中华医学会、中国法医学会医疗损害鉴定专业委员会主任委员、中国政法大学医药法律与伦理研究中心主任

刘长秋　上海社会科学院法学所研究员、生命法研究中心副主任，上海市法学会生命法研究会副会长、上海生殖健康伦理专家委员会委员、上海市优秀中青年法学家

武　瑞　司法部教科文卫司（原国务院法制办教科文卫司）、法学博士

侯　国　河北省石家庄监狱医院院长

吴永刚　石家庄市鹿泉区人民医院副院长

张子成　鲁南制药集团股份有限公司副总经理

穆　磊　北京大学第六人民医院总务处助理研究员

陈　伟　北京积水潭医院医患关系办公室主任，社会工作师，中国卫生法学会理事、中国医院协会医疗法制专业委员会常务委员、中国政法大学医药法律与伦理研究中心副主任

樊　荣　北京清华长庚医院医患关系办公室主任、主治医师，中国医院协会医疗法制专业委员会委员、北京卫生法学会医事法律专业委员会常务委员

刘　晔　上海市海上律师事务所合伙人、著名医疗律师

任　攀　中国人民解放军原海军总医院政治工作部

王　磊　中国人民武装警察部队武警总医院医务部

目录 Contents

第一章
医患纠纷概述

第一节 医患纠纷

一、医患纠纷与医疗纠纷的含义

医患，是对医方和患方两个主体的简称，这两个主体的含义有狭义和广义之分。狭义的医方主要是指医务工作人员，狭义的患方是指直接接受医疗服务的病人。广义的医方，除包括医务工作人员外，还包括医疗服务机构，如公立医院、私立医院和个人诊所等；广义的患方，既包括患者本人，还包括与患者就医关联密切的亲友等。[①] 本书的医患是指广义上的医方和患方。纠纷，是指特定主体基于利益冲突而产生的一种双边或多边的对抗行为。

医患关系是一种特殊的人际关系，是在患者拥有就医需求，发出就医行为并接受医务人员治疗服务的基础上建立起来的。医患冲突是在医患关系建立后，双方以自己的利益为出发点，在对医疗服务的态度、行为以及结果的感知和认识上存在差异，以致发生抵触、争执和对抗的行为。[②]

近年来，医患冲突不断，医患矛盾愈加尖锐，暴力伤医事件屡屡成为社会关注的焦点。当今社会，医患纠纷普遍存在。近年来，医患纠纷具有了新

---

① 王静、何忠正："加强医患沟通协调医患关系的必要性及策略分析"，载《中国医院》2005年第9期（3），第43-45页。胡荣荣：《基于新闻案例的医患暴力冲突特征研究》，中国科学技术大学2016年硕士学位论文，第5页。

② 方联、杨炯、王哲芳等："医患冲突现象相关研究综述"，载《卫生软科学》2011年第25期（10），第692-694页。

的特点，如医患纠纷数量逐年急剧上升，医患纠纷向三甲医院以及医院的特定科室集中，医患纠纷的原因复杂化，医患纠纷处理困难增大、社会影响增大，医患纠纷患者起诉多、院方败诉增多，医患纠纷赔偿数额增大，暴力化倾向明显，患者维权意识增强，媒体介入较多等。医患纠纷扰乱了医院秩序，降低了医疗效率，增大了医方的压力，阻碍了医学技术发展，制约了医疗事业的发展，也影响了患方的身体健康和生命安全，增加了经济和精神压力，引发了社会不稳定因素。

医患纠纷作为一个中性词，不必然产生法律责任和损害赔偿等法律属性，它只代表一种责任不确定的争议状态。对医患纠纷概念的内含和外延的界定，我国目前尚无相关法律作出明确规定。同时，学界对于医患纠纷的概念也界定不一，基本上分为广义与狭义两种。一般而言，医患纠纷，泛指医方（医疗机构或医疗企事业法人）与患方（患者或者患者近亲属）之间在医疗过程中因为医疗而产生的纠纷。① 医患纠纷包括基于医疗过错争议产生的医疗纠纷，也包括与医疗过错无关的其他医患纠纷（如欠付医疗费的纠纷、泄露隐私或名誉侵权、对疗效不满）。②

因为立法的缺失，导致我国理论界对医疗纠纷的内含和外延有许多不同的认识，争议较大，法律实务界对医疗纠纷的理解不同、做法不一，主要原因在于对医疗纠纷所涵盖的范围的理解有所差异。一般认为，医疗纠纷是基于医疗行为，在医方（医疗机构等）与患方（患者或者患者近亲属）之间在治疗方案、治疗过程以及治疗结果等方面产生的医疗过错、侵权与赔偿纠纷。③ 医疗纠纷是医患双方当事人对提供的医疗服务或履行法定义务和约定义务，或者对医疗后果等的不同认识所发生的争议。医疗纠纷通常是由医疗过错、过失或患者单方面不满引起的。医疗损害赔偿纠纷又包含两类，即构

---

① 彭佳佳："浅析医疗纠纷案件中的举证责任"，载《法制与社会》2009年第12月（中），第83页。

② 王金辉、戴国勇："解决医患纠纷的对策思考"，载《产业与科技论坛》2017年第5期，第250页。

③ 黄艳："提高自身素质，避免护患纠纷"，载《中国社区医师》2008年第11期，第167页。

成医疗事故的医疗损害纠纷和不构成医疗事故的医疗损害赔偿纠纷。①

二、医患纠纷的类型②

对于医患纠纷类型的划分，将有助于进一步认识医患纠纷，并有利于明确医患纠纷的法律适用。但是，医患纠纷类型与医患纠纷概念一样界限不清，医患纠纷类型众说纷纭。本书对医患纠纷的类型暂时作如下划分。

（一）根据医患纠纷起因不同划分

根据医患纠纷的起因不同，医患纠纷可分为医疗型医患纠纷和非医疗型医患纠纷。医疗型医患纠纷指医患双方因医疗行为发生的各种纠纷。医疗型医患纠纷多是由于医疗事故、医疗意外并发症、治疗的副作用、后遗症、过敏反应等引起的纠纷。非医疗型医患纠纷指医患间的纠纷非因医疗行为本身引起，而是由于医疗行为以外的行为引起。非医疗型医患纠纷多是由于医方的服务态度、医疗费用、侵犯患者肖像权、住院病房管理规定、医院未尽安保义务等引起的纠纷。

（二）根据医患纠纷不同争议标的划分

根据医患纠纷争议标的的不同，医患纠纷可分为侵犯患者人身权的医患纠纷、侵犯患者财产权的医患纠纷、侵犯医护人员人身权的医患纠纷、侵犯医护人员财产权的医患纠纷、侵犯医疗机构财产权利的医患纠纷。

（三）根据医患纠纷不同医患关系性质划分

根据医患纠纷关系发生所基于的医患关系性质不同，医患纠纷可以分为医疗合同型医患纠纷、无因管理型医患纠纷、强制医疗型医患纠纷。

（四）根据医患纠纷不同法律责任承担主体划分

根据医患纠纷不同法律责任承担主体的划分，可以将医患纠纷划分为医方承担法律责任的医患纠纷、患方承担责任的医患纠纷、医患双方各自承担

---

①　赵大兴："防范儿科医疗纠纷的几点思考"，载《西藏医药杂志》2009年第2期，第34页。卓小勤："医患纠纷、医疗事故及其有关概念"，载《中国卫生法制》1994年第3期，第19页。

②　方杰：《医患纠纷及其法治解决之道》，西南政法大学2008年硕士学位论文，第8－9页。

责任的医患纠纷、医患双方均不承担责任的医患纠纷。

（五）根据医患纠纷的法律性质划分

规范医事法律关系的部门法有刑法、民法和行政法，那么，医疗纠纷在各个实体法领域都存在。按照我国现行法律体系，从医患纠纷的法律性质上，医患纠纷可以分为医患刑事纠纷（刑事犯罪和刑事责任等）、医患行政纠纷（行政处罚等）和医患民事纠纷（民事侵权、违约、民事赔偿等）。

当医患双方与诊疗护理相关的行为触犯刑法时，就产生医疗刑事纠纷。医患行政纠纷的范围也相当广泛，凡是与医疗行为有关的行政纠纷都属于医疗行政纠纷。典型的医患行政纠纷是指发生医疗事故后，卫生行政部门依据卫生法律、行政法规和规章的规定，对相关医务人员以及医疗机构进行行政处罚时发生的纠纷。患者有时也能够成为医患行政纠纷的主体，如患者以医疗机构及其医务人员的医疗行为违反法律、行政法规和规章的规定，造成患者损害时，患者申请医疗行政部门对相关医疗机构及其医务人员进行行政处理时产生的纠纷。这时，患者在这种行政法律关系中，处于申请方，卫生行政部门属于行政管理部门。在这种行政关系中，患者、医疗机构和卫生行政部门之间发生的关系，就是医患行政纠纷。医疗民事纠纷与其他民事纠纷一样，属于平等主体之间的财产关系和人身关系，属民法的调整范畴。① 医患双方发生医疗纠纷，可以选择侵权责任或违约责任要求对方承担责任，双方当事人可以就医疗纠纷进行协商，也可以进行民间调解和行政调解，还可以申请仲裁或提起民事诉讼。

（六）根据医疗行为的性质划分②

根据医疗行为的性质，医患纠纷分为医疗事故纠纷和其他医疗纠纷。医疗事故纠纷指医患双方就具体医疗事件是否构成事故、应否赔偿、怎样赔偿产生的纠纷。其他医疗纠纷包括医疗侵权纠纷、医疗服务合同纠纷。

---

① 黄艳：“提高自身素质，避免护患纠纷”，载《中国社区医师》2008 年第 11 期，第 167 页。
② 赖东川：“我国医疗纠纷的多元化解决机制初探”，载《福建法学》2011 年第 2 期，第 4 页。

三、医患纠纷的防范对策

医患纠纷产生的原因非常复杂，既有政府和社会的原因，也有医院、医生和患者方面的原因。虽然医患纠纷的根本原因是以药养医的医疗经营模式，但在不能改变医疗体制的情况下，可以探索多途径解决医患纠纷，如提高医患关系信任度、加强医德医风建设、增强医务人员的医疗技术、提高医疗质量、加强病案管理、增加保安力量、引入第三方调解机制等。

第二节　暴力伤医

医患关系越紧张，医患之间纠纷就越多，医患矛盾就越突出，医患冲突就加剧。当医患纠纷发展到不能用和平方式协调彼此的利益时，常常会采取强制手段以达到各自的目的，此时被称之为暴力行为。暴力是有目的、有计划地自害或加害于他人所造成的伤害。暴力行为是生物、心理和社会环境因素共同作用的结果。暴力后果决定了其严重程度。按暴力行为的具体“针对”部位将之分为心理暴力、身体暴力。按照暴力的对象分为暴力伤医、暴力伤患和医患相互暴力伤害。暴力伤医是最为常见、普遍存在的社会现象。①暴力伤医是医患关系恶化、医患矛盾发展到极端的结果之一，是我国近几年来凸显的一个社会问题。

暴力伤医指医务人员在工作场所受到患者、家属或社会人员的辱骂、威胁或袭击，从而对其心理、身体、健康和安全造成明显或不明显的伤害。其中暴力又可分为心理上的暴力和身体上的暴力两种。心理方面的暴力指没有发生实质上的身体接触的，包括对医务人员进行口头上的辱骂、威胁和骚扰；身体方面的暴力包括行凶者用打、踢、拍、扎、推、咬等各种暴力行为或借助危险性的工具对医务人员进行伤害。暴力攻击的结果可能没有导致医务人员身体上或心理上的伤害，也可能造成他们心理受创或身体受到轻度损伤、

① 陈祖辉：《广州市医院工作场所暴力流行病学研究》，南方医科大学2011年博士学位论文，第1－3页。

明显损伤、功能障碍或永久性残疾。[①]

暴力伤医行为分为三种：第一，医务人员受到辱骂、威胁等心理暴力。恶语也是暴力，纠集人群到医院对当事医生进行辱骂、威胁，严重侵害医务人员的心理尊严。第二，行凶者直接攻击医务人员的躯体，造成医务人员身体出现明显损伤，甚至导致功能性障碍、永久性残疾、死亡等严重后果。此类暴力伤医最为广泛，一般行凶者都会选择直接对医务人员躯体进行攻击。第三，医院工作场所遭受暴力打砸。狭义的“医”仅指医务人员，但广义上的“医”不仅包含人，同时也包括医院这个场所。有些患者或家属没有攻击医务人员，而是纠集群众到医院进行暴力打砸，损坏医院设施、医疗器材等以示威慑、警告，是对医疗资源的浪费。[②]

第三节 医疗犯罪

法律意义上的“医疗”一词，有广义和狭义两种观点，广义的医疗包括几个部分的内容：一是医务人员的诊断和治疗（含计划生育、身体检查）行为以及与之相关的一系列活动（包括医务人员管理和现代医学），二是药事（含医疗器械）管理行为，三是公共卫生事项的管理（如全民卫生保健、传染病防治）；狭义的医疗仅指医务人员对疾病的诊疗行为以及与之相关的一系列活动，即广义的医疗中的第一类行为。

犯罪行为指的都是严重损害公共安全和社会利益行为，因其损害达到了维护社会稳定所不能容忍的程度而被社会用刑罚加以惩罚的行为。医疗犯罪作为应受刑罚惩罚的一类犯罪，也必然具备一般犯罪的实质性内涵，即刑事违法性、社会危害性和应受刑罚处罚性。医疗犯罪的实质在于医疗从业者利用职业身份在医疗过程中实施的非法侵害他人生命健康的犯罪。

医疗犯罪除具有犯罪的一般特征外，由于医疗行为的专业技术性、医患关系的特殊性而具有不同于一般犯罪的特点。现今，由于医患关系的变化、各种

---

① 杨慧子：《对我国暴力伤医事件频发的生命伦理学思考》，昆明理工大学2014年硕士学位论文，第8页。

② 同上书，第9-10页。

医疗新技术的应用使得医疗环境日益复杂，医疗犯罪的范围和种类也随之不断扩大。传统上，狭义的医疗犯罪主要是指医生因过失医疗行为而导致患者身体的完整性遭到破坏，或者导致患者死亡的结果发生，所侵害的是患者的生命健康权，属于人身犯罪。广义的医疗犯罪主观上并不限于过失，其侵犯的法益也不限于对人身的侵害，还包括财产性利益或社会利益。因此，广义的医疗犯罪包括医疗过失犯罪和医疗故意犯罪，医疗犯罪主要体现为医疗过失犯罪。我国大陆法学理论界和实务界对医疗行为尚未形成统一的或比较明确的定义，我国现行的有关法律、法规和规章也并未对医疗行为规定任何定义。

医疗犯罪不是一个独立的法定罪名，而是在理论上对我国《刑法》第六章第五节危害公共卫生罪中的相关医疗罪名的统称。医疗犯罪体现在对患者方的人身或其财产的侵犯，是医患纠纷发展到极端程度的表现之一，其特点是不使用暴力，是医方单方面的犯罪行为，医患之间体现不出相互的人身伤害，更没有患者对医疗机构等的暴力打砸或者使用软暴力扰乱医院正常管理秩序。

第四节　医闹

“医闹”是受雇于医疗纠纷的患方或者患方雇佣的社会人员，单独或一起，采取在医院设灵堂、打砸财物、设置障碍阻挡患者就医，或者殴打医务人员、跟随医务人员，或者在诊室、医师办公室、领导办公室内滞留等各种强硬措施以严重妨碍医疗秩序、扩大事态、给医院造成负面影响的形式给医院施加压力，从中牟利或达到其他目的的行为。①

“医闹”是在患方权益或主张以正常途径难以得到维护和保障的时候，采取各种不正当的给医方施加压力的形式，产生了扰乱正常的医疗卫生公共秩序以及损害人民群众正常的就医权益之危害结果，可能进一步催生群体性事件、治安案件直至恶性刑事案件。“医闹”是患方选择用来解决医疗纠纷

---

① 张品南、高颖、陈燕：“‘医闹’相关问题探讨及防控对策”，载《医院管理论坛》2012年第2期，第9－10页。

的一种手段和捷径。在“医闹”中，可能会有第三方参与；“医闹”的主体包括患方及其雇佣的“职业医闹”，可以是患方单独进行的，也可以是“职业医闹”参与的群体性事件。“医闹”的目的，是患方认为其他途径达不到预期目的的情形之下，以闹事的方式，企图通过威胁、恐吓等极端、暴力手段绕开正常的法律途径和程序，借以威胁、要挟、胁迫、影响医疗机构解决医疗纠纷，从而达到短期快速地解决医患纠纷，并按患者单方主观意志达成赔偿协议、谋求经济赔偿的目的。其中有的赔偿要求是合理的，但多数赔偿要求是不合理的，并不乏天价赔偿要求。①

“医闹”与医疗纠纷两者之间既有联系又有区别。“医闹”是由医疗纠纷引起的，即“医闹”的发生前提是医患之间发生的医疗纠纷，这是“医闹”的直接原因，“医闹”是医患纠纷发展到一定程度的表现，“医闹”是医疗纠纷的极端的特殊表现形式，一定意义上可以说，“医闹”本质上是一种不正常的医患纠纷。虽然“医闹”与医疗纠纷之间密切相关，但是两者并不是相辅相成的。医疗纠纷是引发“医闹”的导火线，但医疗纠纷并不必然导致“医闹”；如果不存在医疗纠纷也就一定不会存在“医闹”，如果“医闹”得到根治那就说明医疗纠纷的解决渠道已经非常畅通，其体制也得到健全和完善。②

“医闹”与医疗纠纷有着本质的区别，主要表现在两个方面：一是行为人的行为性质是“合法”或者“违法”的区别。在医疗纠纷中，患方所采取的参加调解、申请鉴定、提起诉讼等行为均属法律所赋予的合法行为。而在“医闹”中，“医闹”者的行为明显为法律所禁止。“医闹”严重影响医疗机构的正常运行，具有一定的社会危害性，是一种违法或犯罪行为，其表现方式多种多样，可以是暴力行为如打砸医疗机构等，也可以是非暴力行为如辱骂医务人员、在医疗机构摆设灵堂等。根据相关规定，在医院烧纸钱、摆灵堂、摆花圈、违规停尸、聚众滋事等医闹行为将受到治安处罚，情节严重构成犯罪的，应追究刑事责任。二是行为人的行为后果是“维权”或者“侵

① 章昌志：“强化法律在化解医患纠纷中的权威地位——以‘医闹’行为为例”，载《江苏警官学院学报》2015年第5期，第76页。

② 陈颖：《我国公立医院“医闹”现象的政府治理研究》，南京大学2013年硕士学位论文，第12页。

权”的区别。在医疗纠纷中，患方通过合法行为解决纠纷，是为了维护自身的合法权益，一般不对他人权益和公共秩序造成损害。而在“医闹”中，“医闹”者的行为要么损害医疗机构、医务人员的合法权益，要么破坏公共秩序、损害他人的合法权益，有着明显的“侵权”特征。[①] 面对医疗纠纷，很多患者及其家属是在通过正常渠道维权不了的情况下，被迫采取“医闹”的方式维权。依法严厉打击“医闹”的同时，也可能会损害广大患者的合法权益，使得广大医疗纠纷中的患者失去最后维权途径，或者转为不断上访维权。如果掌握不好衡量“医闹”的尺度，扩大了打击的范围，必然会让一些有合法正当理由的患者家属怯于维权，合法权益得不到保障。如果社会长期积压对医院和医生的强烈不满情绪，可能会发展成危害性和破坏性更大的群体性事件。因此打击“医闹”，既要用好警力，也要慎用警力，避免乱扣“医闹”的帽子，造成更严重的后果。面对“医闹”，要建立健全医疗纠纷处理机制和相关法律体系，建立通畅的申诉和维权渠道，保障患者及家属权益，同时保障医护人员的根本权益。根治“医闹”必须根治医疗纠纷的相关诱因，将医疗纠纷的治理走上法治道路。

---

① 谢明道、石应康、邓绍平：“‘医闹’成因与对策”，载《中国医院》2012 年第 5 期，第 17 页。

第二章
暴力伤医调查与案例

第一节　暴力伤医情况调查

暴力伤医或称医院暴力、医疗暴力，是医患纠纷的一种。一般而言，暴力伤医指医务人员在工作场所受到患者、家属或社会人员的辱骂、威胁或袭击，从而对其心理、身体、健康和安全造成明显或不明显的伤害。① 2013 年《医院场所暴力伤医情况调研报告》明确指出，恶性暴力伤医是指卫生从业人员在其工作场所躯体受到攻击，造成功能障碍、永久性残疾、死亡等严重后果。②

一、暴力伤医的现象

医疗环境中存在一种现象，一方面，患者怨声载道，抱怨自己付出医药费却得不到相应的服务，甚至自身利益受到伤害；另一方面，医生叫苦，自己在承担繁忙的临床工作的同时又要承担来自各方的压力。此外，各地患方向医务人员施暴的恶性事件在全国各地时有发生。③

医患纠纷中患方极易将其与医院的矛盾转嫁到对当事医生甚至是与纠纷完全无关的其他医务人员身上，进而对其进行侮辱、威胁甚至暴力袭击。一些医患冲突因难以达成一致意见而不断升级，从而异化派生出治安问题乃至

---

① 张洁、邓蕊："医疗暴力行为的法律现状研究"，载《决策咨询》2014 年第 6 期，第 48 页。

② 贾晓莉、周洪柱、赵越、郑莉丽、魏琪、郑雪倩："2003 年 – 2012 年全国医院场所暴力伤医情况调查研究"，载《中国医院》2014 年第 3 期，第 1 页。

③ 刘朝晖："目前医患关系现状及对策探讨"，载《学理论》2009 年第 25 期，第 50 – 52 页。

刑事案件。有的患者聚众破坏医院公共设施，对医护人员大打出手，个别医生被殴打致死。[①]

据有关部门调查，全国有73.33%的医院出现过病人及家属暴力殴打、威胁、辱骂医务人员的情况；61.48%的医院发生过病人去世后，病人家属在医院内摆设花圈、烧纸、设置灵堂等事件。北京医师协会曾对北京市400多家医院进行调查，发现近4年来，北京市共发生殴打医务人员事件502起，影响医院正常诊疗秩序事件1567起；湖南省卫生厅的统计也显示，全省曾在一年半的时间内发生过医疗纠纷1110起，围攻医院、殴打医务人员事件568起，398名医务人员被打伤，32人致残，医院陈尸事件179起。[②] 据统计，医患发生纠纷以后到医院打闹、扰乱医院工作秩序的行为发生率达到了73.5%，有些个别极端案件甚至直接造成了医护人员人身伤害。[③] 据报道，湖南省卫生厅医政处对湖南各地医院的统计表明，近3年来共发生殴打医务人员事件462起，其中致伤、致残58人。[④]

截至2014年，几年中，平均每家医院发生医疗纠纷66起，发生患者打砸医院事件5.42起，打伤医师5人。据公布的数据显示，中国医师协会举办的2011年医师执业风险和患者的权利高级研讨会，中国大陆的平均发生在每家医院的医疗事故66起，患者打砸医院5.42起，平均打伤5名医生，平均赔偿额超过10万元。[⑤] 据全国医师协会通报，2013年10月17日到当月27日，短短十天之内全国集中爆发患者伤害医务人员案件6件，十余名医护人员伤亡。[⑥] 据有关报道，2014年，全国法院审结暴力杀医、伤医等犯罪案件155起。

2013年8月15日，中国医院协会（Chinese Hospital Association）公布了

---

① 方巍、方志林："医患纠纷法律治理研究"，载《福建政法管理干部学院学报》2008年第2期，第92页。

② 张先明："医院暴力：医生不能承受之重"，载《人民法院报》2006年1月20日，第4版。

③ 李守全、温凌洁："引入人民调解化解医患纠纷的实践与思考"，载《中国卫生监督杂志》2010年第17期，第588页。

④ 刘朝晖："目前医患关系现状及对策探讨"，载《学理论》2009年第25期，第50-53页。

⑤ 李宗海："论医患纠纷的法律解决机制"，安徽医科大学2013年硕士学位论文，第6页。

⑥ 中国医师协会："2013年国内、国际十大医学新闻事件"，载《中国医学论坛报》2014年1月7日。

《医院场所暴力伤医情况调研报告》，报告旨在调查近年来医院场所的暴力伤医情况，从法律和行业管理的角度为决策者提供建议。2012 年 12 月至 2013 年 7 月，中国医院协会和中国医院协会医疗法制专业委员会共同开展了“医院场所暴力伤医情况调查”。调查采取抽样方法，面向全国三级、二级综合医院与专科医院以及医务人员和患者，共发放调查问卷 32400 份，实际回收有效问卷 16908 份。这项调查覆盖全国 30 个省（区、市）的 316 家医院、8267 名医务人员、8204 名患者。① 调研报告显示，2012 年我国暴力伤医事件上升迅猛，医务人员遭受侵害种类更为多样，执业环境进一步恶化。据统计，2003—2012 年，全国共发生恶性暴力伤医事件 40 起，其中仅 2012 年就发生 11 起，远远超过前面数年的总和，且均造成医务人员功能障碍、残疾、死亡等严重后果，共计造成 35 人伤亡，其中死亡 7 人，受伤 28 人，涉及北京、黑龙江等 8 省市。调查报告显示，医务人员遭到谩骂、威胁较为普遍，发生医院的比例从 2008 年的 90% 上升至 2012 年的 96%；医务人员躯体受到攻击、造成明显损伤事件的次数亦逐年增加，发生医院的比例从 2008 年的 47.7% 上升到 2012 年的 63.7%。每年发生次数在 6 次及以上的比例逐年上升，2012 年（8.3%）是 2008 年（4.5%）的将近两倍，平均来看，每年都会发生 1—3 起此类事件，2012 年达到顶峰。② 2008 年每所医院发生的平均数为 20.6 次，2012 年为 27.3 次。每年每所医院发生的平均数 2012 年达到 27.3 次。一年发生 100 次以上的医院比例 5 年间翻了一番，2008 年为 7.0%，2012 年为 12.5%。相比往年，2012 年出现暴力事件的医院越来越多，63.7% 的受访医院表示受到过暴力的困扰，除语言暴力、肢体暴力、持刀伤害外，事件针对护士群体的性骚扰案件也逐年上升，③ 遭遇过语言暴力的更是多达 96%。2013 年《医院场所暴力伤医情况调研报告》显示，医务人员受到性骚扰或性袭击的概率也呈逐年上升趋势，2012 年平均每家医院 0.6 次，是 2008 年的两倍。住院区、就诊区、办公区成为医院场所发生暴力伤医

---

① “何时‘天下无暴’”，载《法治与社会》2014 年第 11 期，第 10 页。

② 邓晨曦：“调查数据显示：超六成医院发生过暴力伤医事件”，载《吉林医学信息》2014 年第 2 期，第 4 页。

③ 贾岩：“暴力伤医：医患对话错位之殇”，载《医药经济报》2013 年 8 月 28 日，第 2 版。

事件的高发区。[1] 2014 年 3 月，第十二届全国人民代表大会第二次会议上，医卫界委员的“紧急提案”数据显示，医院暴力事件愈演愈烈，2013 年仅 8 个月，全国伤医事件已达 2240 件，比 2012 年全年的 1865 件还多 20% 。

2013 年《医院场所暴力伤医情况调研报告》认为，恶性暴力伤医事件愈演愈烈，主要呈现如下趋势：一是暴力伤医事件数量不断增加；二是事态范围扩大，群体围攻医院或者殴打医务人员现象经常发生；三是事态发展严重，有些已构成刑事犯罪。这些都严重干扰了医院正常的诊疗秩序，不仅给医务人员带来了身心伤害，也给患者和社会造成了危害，成为当前亟待解决的重要问题。[2]

二、暴力伤医的分类

（一）产生原因上的分类

从暴力伤医产生原因来分析，将其分为三大类：一是医疗过程中出现从医疗鉴定角度来说的医疗事故或医疗差错，患者及家属情感上无法接受或者对医疗事故的处理赔偿不满意从而产生“暴力维权”；二是患者及家属对就医过程或医疗结果在情感上不能接受、主观上产生不满从而发生过激行为；三是患者或家属有疑心重、不信任医护人员等明显性格特点，或曾有精神病史为有限责任行为人，在医疗过程中因为各种各样的原因甚至无端地发生伤医辱医事件。[3]

（二）伤医方式上的分类

从暴力伤医的方式上看，暴力伤医分为心理暴力和身体暴力。通俗地讲，心理暴力即语言暴力，就是使用谩骂、诋毁、蔑视、嘲笑等侮辱、歧视性的语言，致使他人精神上和心理上遭到侵犯和损害，属精神伤害的范畴。从伤害流行病学角度，比较规范的定义还有：心理暴力是指故意用力（含体力威

---

① 江金燕、王明杰、应秀华、叶飘：“医院工作场所暴力现状及防范策略研究”，载《中医药管理杂志》2015 年第 10 期，第 1 页。

② 邓晨曦：“调查数据显示：超六成医院发生过暴力伤医事件”，载《吉林医学信息》2014 年第 2 期，第 4 页。

③ 朱玲君：“暴力伤医行为的负面效应及治理研究”，载《产业与科技论坛》2016 年第 3 期，第 13 页。

胁）反对他人或集体，从而导致对身体、脑力、精神、道义和社会发展的损害，包括口头的辱骂、威胁、攻击和折磨，但当事人之间没有身体接触。身体暴力包括打、踢、拍、扎、推、咬等暴力行为。身体暴力最明显的特征是当事双方有身体接触，这种接触不一定是身体与身体间的直接接触。当肇事者使用一般工具甚至常规武器进行攻击时，也会存在身体接触，只不过是间接的，而且此时暴力的后果往往更严重，如火器伤、刀伤。身体攻击的结果可能未导致伤害，也可能造成轻度损伤、明显损伤、功能障碍或永久性残疾、死亡等严重的不良后果，给受害者本人、家属乃至社会带来无法估量的影响与伤害。身体暴力还包括性骚扰和强奸。性暴力是指任何违背受害者意愿的有关性的言语和动作，包括性骚扰（或性挑逗）、性袭击以及强奸（或强奸未遂）。很明显，当性暴力的当事双方存在身体接触时，不论其后果如何，单从字面意义上来讲，此时性暴力更接近于身体暴力；但是如果仅局限于言语、文字的攻击，则接近于一般意义的心理暴力。① 暴力攻击的结果可能没有导致医务人员身体上或心理上的伤害，也可能造成他们心理受创或身体受到轻度损伤、明显损伤、功能障碍或永久性残疾。

（三）实施主体上的分类

暴力伤医行为从伤害实施主体来看，可以分为患者、患者家属、不明来历人员三大类。其中，患者暴力伤医占绝大多数，不明来历人员暴力伤医占的比例较小。

（四）伤医后果上的分类

从暴力伤医造成后果的严重程度来看，可以分为暴力致死案和暴力致伤案，其中暴力致死较少，多数是暴力致伤。②

三、暴力伤医的特征

暴力冲突形式多样，行为激烈，手段残忍。医疗暴力方式多样，行为日

---

① 陈祖辉：《广州市医院工作场所暴力流行病学研究》，南方医科大学2011年博士学位论文，第4页。

② 朱玲君："暴力伤医行为的负面效应及治理研究"，载《产业与科技论坛》2016年第3期，第13页。

趋激烈，从打砸医院，谩骂、恐吓、绑架、拘禁、殴打医务人员发展到滥杀医务人员。作案工具有马刀、宰羊刀、水果刀、榔头、铁锤和斧头等，作案手段十分残忍。[①]“暴力伤医”的形式有：一是采取停尸闹事，少则几小时，长则几天，直到医院答应给予巨额赔偿为止；二是纠集大量人员打砸医院，封门堵路，制造高压态势，迫使医院答应其要求；三是限制医院相关人员的人身自由，进行侮辱、谩骂及恐吓，甚至大打出手。

暴力伤医具有以下几个特征：

第一，施暴主体的特定性。暴力伤医的主体较为固定，主要是患者或其家属、亲友，绝大多数暴力伤医是患者家属施暴，患者家属是暴力的行为人。医疗暴力行为主体在少数情况下是医患双方以外的第三人，但该第三人也往往是与医疗行为有着一定关联的人。[②] 不明身份人物暴力伤医极少，主要是社会闲散人员。从身份上看，既有处于社会底层的弱势群体，也有权贵阶层、人大代表。从性别上看，施暴者多为男性。

第二，暴力对象的特定性。遭受暴力对象：一是医疗机构的医务人员。医务人员不仅包括在第一线工作的医务技术人员，还包括医院的管理人员。目前，医方受害者从主要对患者进行治疗的主治医生、护士，扩大到包括院长在内的其他不特定医务人员。二是医疗机构的财产，破坏医疗设施已成为暴力伤医的袭击目标。

第三，暴力行为的客观性。这是构成暴力伤医的关键因素。暴力行为包括三类：第一类是心理暴力，包括辱骂、威胁和语言的性骚扰；第二类是身体暴力，包括打、踢、拍、扎、推、咬、杀等暴力行为，还包括躯体的性骚扰和强奸；第三类是财产暴力，主要是对医院财产的损害。[③]

第四，危害后果的严重性。暴力伤医造成医护人员轻则暴力致伤，重则暴力致死。暴力伤医不仅干扰医院的正常医疗秩序，影响医院形象，而且严

---

① 胡永正：“当前医疗暴力事件之思考”，载《广西警官高等专科学校学报》2015 年第 6 期，第 10 页。

② 张洁、邓蕊：“医疗暴力行为的法律现状研究”，载《决策咨询》2014 年第 6 期，第 48 页。

③ 吕秀春：《长春市 5 所三甲医院医院暴力现状调查与分析》，吉林大学 2006 年硕士学位论文，第 2 页。

重影响医务人员身心健康，严重侵害了医务人员的人身权、财产权，对医院财产安全构成严重威胁。[①] 医疗暴力行为，加剧了医患信任危机，同时导致医生的从医信心不断下滑，医生的职业光环日渐消逝。

第五，暴力伤医原因的复杂性。其中，属于医疗事故和医疗差错的客观原因较少，归于对医疗效果不满意、医疗方案不信任及对医疗服务态度不满意所产生的冲动、不理智等主观原因的较多。

第六，暴力伤医医院的多样性。发生的暴力伤医行为的医院从性质上看既有公立医院，也有私立医院，但以公立医院居多。从医院级别上看，从乡村卫生所到三甲医院都有，但五成以上发生在三甲医院。从地域上看，农村、城市都有，但八成暴力伤医行为发生在城市。从暴力伤医行为发生的医院部门来看，集中发生在手术科室、急诊科室。[②]

第七，暴力伤医受害者性别的倾向性。从暴力伤医的受害者性别来看，主要是相对弱势的女性医护人员。

第八，暴力伤医处理方式的多样性。从暴力伤医事件的处理态度来说，政府部门主张“大事化小”以调节方式来处理居多，而医院大多选择“息事宁人”以赔偿方式来解决纠纷。[③]

第九，暴力伤医的主观性。从主观上来讲，一般而言，医疗暴力行为的发生出于行为人的主观故意，即明知自己的行为会导致医护工作人员的人身伤害或医院的财产损失而故意追求或放任危害结果的发生。至于其暴力行为所要达到的目的在所不问，其主观恶性较为明显。对造成的严重危害社会的危害结果，暴力行为人也有可能存在过失。

第十，暴力伤医行为侵害的客体的双重性。一方面，医疗暴力行为直接侵害了医护人员的人身权，包括生命健康权、名誉权等法律权利；另一方面，医疗暴力行为扰乱了医院的正常工作秩序，损害了其他患者的合法权益，甚

---

① 王番宁、冯玉芝：“医院暴力的成因与对策浅析”，载《锦州医学院学报（社会科学版）》2006 年第 3 期，第 11 页。

② 朱玲君：“暴力伤医行为的负面效应及治理研究”，载《产业与科技论坛》2016 年第 3 期，第 13 页。

③ 同上。

至危害到了公共安全。[①]

四、暴力伤医的危害

2013年《医院场所暴力伤医情况调研报告》显示，2003—2012年，全国共发生恶性暴力伤医事件40起（2012年达到顶峰，共11起），均造成医务人员功能障碍、残疾、死亡等严重后果。调查结果还表明，2008—2012年，因暴力伤医事件造成财产损失的医院比例由58.0%升至68.2%，损失金额在10万元以上的医院比例也由8.0%升至11.8%。[②]

在2013年8月召开的2013中国医院论坛上，中国医院协会秘书长王玲玲告诉记者："我国的暴力伤医事件正呈现出明显的上升趋势，其中导致医务人员死亡的恶性事件数量上升较为迅猛，近6成医务工作者对现有执业环境表示不满。"2013年《医院场所暴力伤医情况调研报告》显示，高达96.8%的医院表示暴力伤医对医院影响非常大或比较大，98.7%的医务人员表示暴力伤医事件对自己有影响，且高达87.2%的医务人员表示暴力伤医事件对自己影响非常大。这一点，2013年11月，《法制日报》记者用5天时间体验北京安贞医院副院长助理的角色时已深深地感受到了，当记者穿上白大褂走在就诊区楼道时，遇到一位就诊人员问"彩超在哪里"，当时记者答不上来，明显看到了问者的不满，记者立即有种恐惧和防范心理，害怕无缘无故被揍，同时觉得穿白大褂在医院里更没有安全感。[③]调查数据显示，28.4%的医务工作者明确表示会选择自我保护型诊疗，39.8%的医务工作者表示有过放弃从医的念头或计划转行，11.7%的医务人员表示自己在诊疗时对患方会心存戒备，而78%的医生不希望子女从医，16%医务人员表示"坚决不同意孩子学医或从医"，在中国已经出现"医不过二代"现象。

恶性暴力伤医事件伤害的范围已远远超过受害者本身，整个医务工作者群体的不安全感也在迅速增长。在一个名为"面临伤医案件时，你的心情如

---

① 张洁、邓蕊："医疗暴力行为的法律现状研究"，载《决策咨询》2014年第6期，第48页。

② 吴颖雄："医疗暴力风险防控分析"，载《医学与法学》2015年第3期，第55页。

③ 邓晨曦："调查数据显示：超六成医院发生过暴力伤医事件"，载《吉林医学信息》2014年第2期，第5页。

何”的选择题前，选择“愤怒”的医生占到了43%，选择“寒心”的占到了30%。全国政协委员白岩松指出：“如何去建立一个彼此信任、信赖的医患关系，已经成为当下中国躲不开的一个问题。伤医事件的发生，甚至社会中弥漫的仇医心态，最终都会让病人自己受到伤害。”① 中国医师协会先后进行了四次医师执业状况调研。2011年第四次统计结果显示，近一半（48.51%）的医疗工作人员对目前的执业环境不满意，而满意的比例为19.02%。有关调查统计显示：级别越高对医疗执业环境不满意比例逐级上升，其中正高级别医务人员不满意的比例最高，为55.47%，这可能和高级别的医务人员责任心更强、工作压力更大有关。一级医院满意程度较低，仅11.46%；乡村医院工作人员对执业环境的满意度最低，其中不满意的比例高达59.86%，满意的比例仅为5.44%。② 2013年《医院场所暴力伤医情况调研报告》显示，超过60%的医务工作者对当前执业环境感到失望。正如有学者指出，“在一个健康的社会结构中，医生的角色至关重要。但是，频发的暴力伤医事件，已经降低了很多医务工作者的职业认同感，也让他们丧失了尊严和安全感。一项调查称，近90%的医务工作者表示不会再让子女学医，这是一个值得忧虑的信号，它表明当前的医患关系正遭遇严重的危机。如果从医成为一个高风险职业，如果医务工作者的权益得不到良好保护，最终蒙受损失的将是全社会。”③

暴力伤医是医患关系恶化到一定程度的产物，是一种畸形病态的医患关系，频发的暴力伤医事件给医患双方甚至整个社会都带来了严重的危害。暴力伤医的危害有：（1）暴力伤医伤害了医方医疗管理人员和医务人员，致使其受到轻伤、重伤甚至死亡等严重后果，破坏了医务人员的家庭，也损害了医疗机构的财产。此外，还损害了医务人员的心理健康，造成了心理压力，医务人员的心理状态和认识发生变化，相应地出现不同的应对行为，如厌烦患者、保守医疗、过度保护、医疗不作为、消极怠工、放弃行医。（2）暴力

---

① 贾岩：“暴力伤医：医患对话错位之殇”，载《医药经济报》2013年8月28日，第2版。

② 王君平：“暴力伤医何时休”，载《人民日报》2013年11月22日，第19版。

③ 汤嘉琛：“暴力伤医的结果将是医患‘多输’”，载《中国卫生人才》2013年第8期，第16页。

伤医有可能危及其他患者的生命。一旦危重病人失去医务人员救治和监护，其他患者的生命就处于危急状态。(3) 暴力伤医伤害了患者本人。只有医务人员在安全的环境有安全感地执业，才有可能给患者带来更好的医疗服务。(4) 暴力伤医危害了医疗环境和医疗秩序，伤害了社会。医疗服务是民生问题，也是国家稳定的重要因素。暴力伤医带来了医务和医疗的危险，破坏了社会的稳定。

总之，当前医患关系日趋紧张，医患矛盾突出，有升级和激化的趋势。杀医、伤医、武力袭击医院及医务人员等这类事件近年来在全国各地呈愈演愈烈之势，许多医疗纠纷甚至发展成群体性和暴力性案件，破坏了正常医疗秩序，直接影响了就医环境和社会和谐稳定。

五、暴力伤医的成因

对于暴力事件发生率如此之高的原因，中国医院协会秘书长王玲玲指出："根据我们的调查，暴力事件高发的原因包括患者死亡、久病不愈或仅仅因怀疑而怀恨报复医方，也有精神病患者行凶。"据统计，在伤医案的诸多典型案例中，肇事者以30—50岁男性为主，绝大部分行凶原因为就医者死亡、久病不愈或因怀恨而报复，因精神疾病发作而行凶的不到一成。然而，真正令人担忧的是，超过6成的肇事者为家庭贫困、受教育程度较低、经历不幸较多者，弱势群体在饱尝生活艰辛之时，却更易成为施暴者，制造伤医流血事件。王玲玲表示："贫困人群缺乏经济收入，抵御风险能力较弱，且教育水平缺乏，面对医疗事故损害时缺乏正常解决的途径和能力，一旦遭遇重大疾病，或对治疗效果不满意，根本无力承担疾病所带来的后果，很容易诉诸暴力，走向极端。"① 作为高风险和高不可预知性行业，医疗行业正承担着过高的治疗预期。调查显示，80%的施暴者因对治疗效果不满而使用暴力，表现最为明显的即对不可治愈和高风险疾病的过高期望，在无法达到预期目标时即产生暴力倾向。2013年《医院场所暴力伤医情况调研报告》指出，恶性伤医事件大多不是因医疗纠纷造成，肇事者中家庭不幸的也占多数。其家庭

---

① 柴玮："探析医患纠纷产生的成因及防范策略"，载《黑河学刊》2014年第8期，第76页。

多有不幸，父母离异、本人离婚、被骗婚、未婚、童年不幸占五成以上。从本人性格与精神状况来看，近四成性格内向、孤僻、偏执，近三成曾有精神病史。如果分析这些人暴力伤医的原因，对治疗方案、治疗效果、检查结果等不满意迁怒医生的占八成以上。在对2012年11起恶性伤医事件分析中发现，仅有3起与医院有医疗纠纷，其余主要因为疾病无法治愈而迁怒医生，还有部分因支付医疗费困难而与医院闹事。①

通过梳理2003—2012年的40起恶性暴力伤医事件，2013年《医院场所暴力伤医情况调研报告》调查分析指出，医院、医务人员和患者都认为导致暴力伤医事件的直接原因是诊疗结果与患方期待落差大、医患沟通不到位、新闻媒体报道不客观激化医患矛盾、诊疗费用高、医务人员服务态度差，其中诊疗结果与患方期待落差大被排在了首位；医院、医务人员和患者三方总体上达成一定共识的还有：暴力伤医的根本原因是社会矛盾积累过多、社会整体信任缺失、医疗资源供求矛盾突出。针对以上问题，2013年《医院场所暴力伤医情况调研报告》也给出了对策及建议，包括加强医院场所的公安部门执勤力度，建立健全医疗保险制度，完善医疗救助制度，加强医院投诉与危机管理，及时发现潜在的纠纷风险，建立健全第三方医疗纠纷调解机制等，依法有效处理医疗纠纷。② 2013年《医院场所暴力伤医情况调研报告》建议，我国应把医院场所属于公共场所明确写入相关法律法规，使公安部门执法时有法可依。特别是在诸如急诊室、病房等关乎患者生命安危的特殊场所，更应加强防范，加大打击违法行为的力度。2013年12月6日，《法制日报》发表了题为《医院应作为"公共场所"给予特殊保护》的文章，呼吁把医院场所属于公共场所明确写入相关法律法规，使公安部门执法时有法可依，这与2013年《医院场所暴力伤医情况调研报告》的建议不谋而合。③

此外，有研究显示，近年来发生的医疗纠纷案件中，50%以上的纠纷属

---

① 邓晨曦："调查数据显示：超六成医院发生过暴力伤医事件"，载《吉林医学信息》2014年第2期，第34页。

② 贾岩："暴力伤医：医患对话错位之殇"，载《医药经济报》2013年8月28日，第2版。

③ 邓晨曦："调查数据显示：超六成医院发生过暴力伤医事件"，载《吉林医学信息》2014年第2期，第35页。

于医院无过错事件，如药品质量问题、药品的不良反应、“窗口期”输血感染等，但由于贫困群体缺乏医疗保障，因病致贫导致家庭变故、经济困难现象十分突出，导致医院成为转嫁经济压力、索取赔偿的首要目标。对此，王玲玲建议：“医疗风险救助机制应当及时完善，建立对应的赔偿基金，对于医院中无过错医疗行为产生的医疗损害给予一定的补偿，在缓解贫困群体因病致贫的经济压力的同时，提高患者的就医安全感，缓解医患矛盾，减少暴力事件的发生。”①

对于医疗纠纷、暴力伤医事件，《侵权责任法》中的相关规定已不能满足现实需要。对此，最高人民法院民一庭侵权责任合议庭审判长李明义透露，相关司法解释已经形成初稿，下一步将广泛征求社会意见。据了解，这份针对《侵权责任法》当中医疗损害部分的司法解释，涉及法院的立案、鉴定、责任的认定、医疗责任的承担和一些具体的情形。

综上所述，总结暴力伤医的原因，将之提炼和概括，主要有以下几点：

第一，医疗机构管理混乱，管理制度存在缺陷，医务人员不严格遵守医疗规范和程序规定，违反医疗技术常规，病历和手术记录不规范，安全意识不强，证据意识不足，法律教育缺乏，缺乏医院文化建设，没有建立以患者为中心的理念。

第二，医疗机构和医务人员与患方沟通和协调不力，纠纷处理机制不健全，医患双方信息不对称。相关病程发展、治疗方案和预期治疗结果等详细信息告知不到位或不完全公开，侵犯患者知情权，医务人员态度冷淡，缺乏耐心和尊重，忽略了患者的相关权益及心理需求，双方沟通不畅，协商解决不力。

第三，医疗机构内部信息沟通不畅，协调不力。有的医患纠纷涉案科室未将纠纷情况及其处理进度等信息及时向医政和保卫部门通报，造成后者长期处于信息真空状态而无从进行专项预案制定、安保力量部署、上报公安机关等防范工作。一旦科室、医政部门与患方的协商破裂，发生后者聚众滋事，扰乱医疗机构秩序甚至暴力侵害医务人员等违法犯罪行为的严重事件，将导

① 贾岩：“暴力伤医：医患对话错位之殇”，载《医药经济报》2013年8月28日，第2版。

致保卫部门和公安机关因没有先期准备而措手不及，仓皇应战。①

第四，医疗机构医务人员的医疗业务水平亟待提高。有些医务人员专业水平不高，医疗技术水平差，临床经验不足，技术不熟练，治疗出现失误，导致患方久治不愈，引起患方的质疑和不满，造成患方的打击报复。

第五，医疗机构保卫部门力量不足。部分医疗机构对保卫工作重视程度不够，保卫部门编制少、经费缺、待遇低、装备落后、巡查力度差、人员老化及由此造成的保卫人员流动性大、专业人才短缺、责任心不强等问题较为普遍和突出，导致医疗机构保卫部门针对医患纠纷引发的扰乱医疗机构秩序、侵害医务人员等治安、刑事类违法犯罪的应对能力不足。②

第六，医务人员服务意识淡薄，服务态度不端正，责任心不强，导致诊疗、护理等医疗过失，效率低下，从而产生医患纠纷，促成暴力伤医的诱因。

第七，医务人员防备意识不强，缺乏危机意识，忽视危机因素及潜在的纠纷隐患。医院是个不设防的公共场所，医生在诊室专心致志地为病人服务，对任何一个与其近距离接触的人都毫不设防，因此，潜在的侵害防不胜防。

第八，患方处于弱势地位，缺乏医学专业知识和常识。医患双方没有建立信任关系导致患者心理失衡、没有尊严，没有充足的沟通时间，误解医方的治疗，对就医疗效期望过高，申诉和维权渠道不畅通。

第九，在医疗体制上，我国医疗卫生体制存在缺陷，政府对医疗行业的管控过多，政府难以承担对公共卫生医疗的全部投入，政府投入不足，医疗资源分配又不均衡，卫生行政部门监管不力。国家立法滞后，弊端较多。

第二节　暴力伤医典型案例

2013 年《医院场所暴力伤医情况调研报告》显示，对于恶性暴力伤医的性质，无论医方还是患方，大多认为属于刑事犯罪，其中持此观点的医院占 84.0%、医务人员占 78.0%、患者占 51.2%。2013 年《医院场所暴力伤医

---

① 柴建军、寇杰、肖然："刍议社会转型期医患纠纷的原因与应对"，载《中国卫生事业管理》2013 年第 4 期，第 256 页。

② 同上。

情况调研报告》分析认为，恶性暴力伤医者将医院作为发泄的场所，是因为打骂医务人员后却有舆论的同情，法律处理也常常以是医疗纠纷而忽略对刑事犯罪的处罚，由此打杀辱骂医务人员的违法成本很低。①

但是，根据法律相关规定，暴力伤医如果伤害了医疗机构医务管理和医务人员，轻则承担民事责任，患者一方需要进行赔礼道歉、赔偿损失等；重则承担行政责任，由公安机关予以治安行政处罚，如警告、罚款行政拘留等；最重的就是行为人构成犯罪，需要承担刑事责任，由公安机关立案侦查，检察机关检察起诉，法院进行审判后予以定罪量刑并可能附带民事赔偿，暴力伤医构成的犯罪一般常见于故意伤害罪、故意杀人罪、过失致人死亡罪、过失致人重伤罪、非法拘禁罪、侮辱罪、非法拘禁罪、绑架罪，相关犯罪还有敲诈勒索罪、聚众扰乱社会秩序罪、聚众扰乱交通秩序罪、聚众斗殴罪、危害公共安全犯罪、寻衅滋事罪、妨害公务罪等。如果暴力伤医毁坏了医院的医疗设施设备和相关财物的，行为人还构成故意毁坏财物罪等。

一、行政类案例

患方暴力伤医，造成医务人员身体或精神受到伤害、造成医疗机构财产损失或名誉等损失，危害治安，扰乱社会管理秩序的，患方应承担行政责任。行政责任是指因为违反行政法或因行政法规定而应承担的法律责任。行政责任可分为惩罚性行政责任、强制性行政责任和补救性行政责任。惩罚性行政责任的主要形式有：通报批评、行政处分等；强制性行政责任包括强制划拨、执行罚等；补救性行政责任的形式较多，主要有认错道歉、恢复名誉、消除影响、撤销违法、纠正不当、返还权益、行政赔偿等。② 行政相对人承担行政责任的具体方式有：（1）承认错误，赔礼道歉；（2）接受行政处罚；（3）履行法定义务；（4）恢复原状，返还财产；（5）赔偿损失等。根据《治安管理处罚法》第 10 条的规定，处罚的种类分为警告、罚款、行政拘留、吊销公安机关发放的许可证。对违反治安管理的外国人，可以附加适用

---

① 邓晨曦："调查数据显示：超六成医院发生过暴力伤医事件"，载《吉林医学信息》2014 年第 2 期，第 35 页。

② 胡威："论患者隐私权的法律保护体系"，载《中国卫生法制》2012 年第 5 期，第 51 页。

限期出境或者驱逐出境。

案例1：2006年8月28日晚，老翁陈某某在家取钢管，不慎被钢管打破了头，前往四川达州市二医院就诊，其要求医生给简单包扎一下，而值班的医生告诉他，要做检查，看是否有颅内损伤等。老翁为此与医生发生冲突。不久，老翁的儿子带着一青年赶到医院，看到父亲头上的伤就问："是哪个打的?"其父亲朝医生指了一下，其儿子与那名青年就冲上去抓住医生开打。不一会儿，办公室门窗及办公桌椅被砸碎，办公室一片狼藉，医生眼镜被打飞，身上沾满了血，倒在地上。医生右手被破碎的玻璃划了两条10多厘米长的大口子，其中一血管被碎玻璃割断，后昏迷。通川区公安分局依法对老翁之子处以治安拘留。

案例2：2009年7月17日，安徽宿州市埇桥区一名孕妇在某医院分娩期间死亡，其亲属情绪激动，纠集多人对医院进行围堵，后经辖区派出所及相关部门协调，此事协商解决。后因赔偿金额分歧，7月23日晚20时许，孕妇亲友再次围堵医院。期间，一名男青年大吵大嚷，带头闹事，并鼓动病人家属放火烧医院，院方遂报警。民警赶到现场维持秩序主持调解，并将为首闹事的青年武某带回派出所。经询问，武某与孕妇家并无亲戚关系，其自称非常同情病人的遭遇，想帮助他们讨回"公道"。经过民警批评教育，武某对自己的违法行为后悔不已。武某被依法行政拘留。

案例3：2011年6月11日，宜春市袁州区天台镇村民胡某的孩子在医院不治身亡，失去爱子的悲痛让家属情绪极为冲动，不光打砸医院物品、毁坏病人财物，还堵塞医院大门、殴打处警民警，致3名民警受伤。12日，3名家属因涉嫌妨害公务被刑事拘留，一人涉嫌扰乱单位秩序被治安拘留。

案例4：2013年5月15日凌晨零时40分，辽宁沈阳市儿童医院急诊室主治男医生张军被患儿家长殴打致脑震荡。监控录像显示，画面里，一群医护人员及一位女家属围着一个婴儿在施救，其中，主治男医身后站着一名黑衣男子，看着整个救治过程。紧张的施救刚刚有所缓解，背后的男子突然冲了上来，将医生撂倒后掐住脖子死死地按在地上，僵持了大约几秒钟后，医生挣脱，但是黑衣男子随即对其就是一脚，而后对其头部又是一拳。施暴者被处以10天拘留，并赔偿张军的医药费。

案例5：2013年7月9日，一名50多岁的女性患者在北京安贞医院做了心血管检查，前臂有一处穿刺创口出现渗血，家属将情况反映给护士，护士检查后通知了医院大夫，处置过程符合规定，大夫也很快赶到了现场。但是患者家属对此处置表示不满，并对护士进行了威胁。10日上午，院方通知家属可以办理出院手续，但患者随后带着两名女性和三名大汉闯进护士站，对四名护士进行殴打，打人者用脚踢护士的脸，踩她们的胸部，整个过程持续了几分钟。随后受伤较严重的三名护士被送往中日友好医院接受救治，诊断为脑震荡挫裂伤。患者一方的女儿肖女士接受记者专访说是院方处置不当，并且是三名护士先动手打她母亲和她的。3名打人者被警方控制拘留。

案例6：2013年10月21日上午9时许，广州医科大学附属第二医院住院楼六楼重症监护室（ICU）发生一起严重的伤人事件，多名医护人员被自己救治的患者家属打伤。据调查，数名患者家属获知家人抢救无效死亡后情绪激动，对医生心生不满，并对多名ICU医生进行群殴，致ICU主任眼镜被打碎，鼻部撕裂伤，身上多处软组织挫伤，肾挫伤伴血尿，另有两名医生轻伤。医护人员透露医生被打的原因是患者家属在老人去世后要将遗体运回家被拒绝。患者家属称医生不通知家属见死者最后一面，家属向医生询问原因时，医生还出手打人。广州市海珠区公安分局对外通报，涉嫌殴打医生的罗某慧、罗某华、梁某转3名嫌疑人以涉嫌故意伤害被刑事拘留，对罗某慧的姑父陈某章作出行政拘留5日的处罚，对罗某慧的父亲罗某兴作出行政警告处罚。被殴医生熊某某伤情经法医鉴定为轻伤。2013年11月5日，广州海珠区检察院以故意伤害罪正式批捕24岁的犯罪嫌疑人罗某慧。后来，广州海珠区检察院以寻衅滋事罪提起公诉。公诉机关认为，罗某慧已构成寻衅滋事罪，鉴于其能如实供述自己的罪行，可从轻处罚，建议对其量刑为3年以下有期徒刑。此前庭审中，罗某慧当庭认罪，其表示当时和家人在急救室外等见祖母最后一面，没想到等来的是祖母过世的消息。而医生并没有解释清楚，且态度很差，他一时冲动就把医生给打了，现今非常后悔，愿意赔偿被打两医生所有损失。经法院审查查明，2013年10月21日9时30分，已育有两名子女的广州康乐村“90后”被告人罗某慧的祖母在广州市海珠区昌岗东路250号广医二院住院部6楼的重症病房ICU因病抢救无效死亡。主治医生立即电话通知罗某慧的亲属，后罗某慧及其亲属陆续到达并在ICU门外等待。当天上午9时34分，罗某慧祖母因抢救无效死亡后，主治医生于9时35分将病人死亡信息告知家属，罗某慧及其家属（均另案处理）为发泄情绪，以主治医生告知太晚致其未能见死者最后一面为由，集体涌入ICU病房旁的医生休息室，将出面解释、非死者主治医生的被害人熊某明逼到墙角进行谩骂，后罗某慧带头用拳头殴打熊某明，致熊某明左侧鼻骨凹陷骨折（经鉴定属轻伤）。双方冲突过程中，罗某慧及另一名医生谢某华亦受伤（经鉴定属轻微伤）。事后，被告人家属仍聚集在ICU处吵闹扰乱ICU正常工作秩序。海珠区法院审理查明认为，对于被告人一方认为被害人有一定过错，根据被告人的供述、其家属及被害人同事等人的证言，可证实被害人所在医院已事先通知被告人家属，已履行了通知义务，被告人祖母的死亡因其病情所致，死亡准确时间具有不可预测性，被告人及其家属希望在死者生前见面的意愿可以理解，但不能因其意愿未能满足就此苛责被害人及所在医院在处置被告人祖母死亡问题上具有法律上或道义上的不适当性。被害人熊某明、谢某华并非死者的主治医生，对被告人及其家属的解释工作并未超出一般人的认识范围，即在一般人看来不会导致伤人事件发生。[①] 现有证据不能认定被害人在本案中具有过错。法院认为，被告人罗某慧无视国家法律，其行为已构成寻衅滋事罪。被告人罗某慧对其犯罪行为直接造成附带民事诉讼原告人熊某明的经济损失，依法应予赔偿。2014年6月10日上午，广州海珠区法院对打伤广州医科大学附属第二医院医生的家属罗某慧进行公开宣判，海珠区法院判决被告人罗某慧犯寻衅滋事罪，判处有期徒刑2年，经核算赔偿两名被打医生医药费等共计82650.79元，精神损失费不予受理。庭审后，罗某慧表示对判决没有意见。

案例7：2013年11月6日上午9点15分，浙江大学医学院附属第二医院妇科一女医生，被一女患者打伤。患者郑某到该院妇科普通门诊就诊，质疑接诊医生年龄和资质。在医生告知看高年资医生门诊需要挂专家号后，开始辱骂接诊医生。隔壁诊间严医生听闻后，出门劝诫患者不要在公共场所大

---

① 邬耀广、周征远："医患纠纷引发刑事案件中被害人过错的司法认定"，载《人民司法》2015年第12期，第97页。

声喧闹，影响其他医生看病。患者随即到严医生诊间门口辱骂，直到门诊护士安排其到专家诊间就诊。就诊结束后，该患者情绪仍然非常激动，回到严医生诊间门口继续大声叫骂，并在两人理论过程中，突然动手拉扯严医生头发殴打，被打的严医生左侧外耳道撕裂伤，耳廓、耳后软组织损伤。当晚，杭州市公安局上城分局对打人者中国人民银行杭州分行中层领导郑某，作出行政拘留 5 日、并处罚款 300 元的处罚。

案例 8：2013 年 11 月 13 日上午 8 时 40 分许，年约 60 岁的崔某和王某夫妇手持棍棒，冲进昆医附一院肾内科主任白医生的办公室，对他进行殴打，导致白医生多处受伤。他们因为涉嫌殴打他人，被处以行政拘留 15 天的处罚。据了解，这对夫妻的女儿崔某英因患“慢性肾功能衰竭尿毒症”，在住院 4 年后于 10 月 18 日去世，此前他们的另外两个孩子也相继离世，他们说：因为医院的不闻不问，导致了女儿的死亡。医院则称，崔家 4 年来拖欠 130 万元的医药费，但医院从未中断过治疗，此前崔某、王某已多次辱骂殴打医务人员，诊疗部门还专门设过“委屈奖”。11 月 13 日上午 8 时多，崔某和王某手持一米多长的木棍向肾内科走来，但当时只有一名值班保安，他抱住崔某，王某手持棍棒冲进白医生办公室，并对其殴打。医院介绍说 4 年更换 30 余位护工，伤人者之前就打过人，最长的一人工作不超过 4 个月，每位陪护人员均被崔家人辱骂过。据王某介绍，之所以出手殴打白医生，主要是因为他们受到了不公正的待遇：女儿崔某英在住院期间，出现过多次精神方面的异常行为，他们想请医院帮忙治疗，但医院却不闻不问，并且派出男性医务人员恐吓，所以才导致崔某英死亡。医院认为崔某英在住院期间出现精神方面的异常行为，并且请来外院专家会诊，得出的结论是与本病（慢性肾功能衰竭尿毒症）有关，并且也做出了应对措施，4 年来崔某英的医疗记录全部在案，均可以查证，医院他们均称从未做过恐吓患者家属的事。

案例 9：2014 年 2 月 20 日下午 3 时 30 分左右，34 岁怀孕护士王某在供职的浙江大学附属第二医院国际保健中心二楼名医门诊值班，此时一对母女过来要求加号，当得到等一会的答复后，这对母女就发火了，并用力踢打王某的面部和身体，护士说不要打了，我怀孕了，对方打得更凶了，态度嚣张，专往肚子上踢。现场医务人员和就诊患者费了好大的劲才拉开这对失去理智的母女。该护士大腿上有脚印，溜着鼻血，脸上有明显的划伤。随后，王某被送往附近其他医院就诊。浙医一院出具的伤情鉴定书中写着："下腰疼痛伴随尾骶部疼痛""腰部挫伤、骶部挫伤、骶尾部挫伤""脑震荡、颜面部挫伤，脑组织挫伤不排除"等字样。王某怀孕刚10周，现先兆流产迹象。杭州警方赶到现场将殴打他人的嫌疑人濮某某传唤到上城公安分局接受调查，殴打王某的患者家属濮某某今年30多岁，是带着孩子从浙江海宁专程赶到浙医二院看病的。据法医鉴定，王某的损伤已构成轻微伤。对濮某某殴打王某（孕妇）的行为，公安机关根据《治安管理处罚法》第413条第2款之规定，依法对其作出行政拘留12日并处罚款1000元的处罚。

案例10：2014年2月25日凌晨，北京一公司职员杨某到深圳出差，当晚与朋友饮酒聚会。期间，其朋友不小心摔伤头部，杨某便陪同前往北大深圳医院就诊。就诊时，杨某欲插队，男护士小袁极力劝阻无效，其情绪激动，突然冲进分诊台，手握手机砸向小袁，对小袁实施殴打。小袁的眼镜被打碎，右眼下睑裂创受伤，缝合3针，鼻中部右侧划伤，不断出血，属轻微伤。福田莲花派出所迅速处置，并依照《治安管理处罚法》对涉事男子杨某处以行政拘留10日并处500元罚款。杨某表示愧疚，并写了《致歉信》。

案例11：2014年3月4日23时40分，广东潮州潮安区登塘镇登塘村籍37岁男性患者柯某因大量饮酒呕吐后，不省人事被送潮州市中心医院消化内科医治，医院工作人员进行全力抢救，至5日2时50分患者柯某心跳呼吸骤停，约半小时后因急性酒精中毒抢救无效死亡。患者死亡后，4时许死者亲友纠集了几十人到中心医院讨说法，认为医院在医疗过程存在问题，对死者的死因有异议。医院及时报警，医院所在派出所迅速到现场维持秩序，双方约定14时30分进一步协商解决。5日中午13时许，死者亲友与值班医生发生了过激行为，一度包围值班医生，引起部分市民围观，严重影响了医院正常医疗秩序，家属纠集了100多人，押着4日晚的值班医生在医院内游行，边走边喊："就是这位医生害死了人"，被游行的年轻医生边走边哭，持续约半个小时。患者家属多次向院方提出10万元赔偿，院方同意但被上级卫生部门制止。事件发生后，市委、市政府高度重视，要求公安部门立即对事件进行详细调查，依法对违法嫌疑人进行查处，卫生部门做好医护人员的思想工作，稳定工作人员情绪，保持良好的医疗秩序。民警组织医患纠纷双方开展沟通协调，至5日晚8时，死者家属离开医院，中心医院恢复正常。死者表弟邱某伟、死者连襟苏某豪、死者堂弟柯某树3名死者患者家属因围堵医生、扰乱医院正常秩序被行政拘留。

案例12：2014年3月7日凌晨大约1时30分的时候，一对夫妇带着一个6岁小女孩来浙江宁波象山县第一人民医院五官科看病。五官科苏医生看了是中耳炎，配了药水，然后让他们去输液室输液。大概2时23分，小女孩妈妈过来跟小廖说，孩子痛得哇哇大哭，能不能吃点止疼药。苏医生看完病就到三楼值班室休息去了，值班护士小廖给苏医生打电话，说了家属意思。苏医生说，输液刚一会儿，疼痛不可能去得这么快，再说孩子这么小，吃止疼药也不太好。小廖把这番话转达给孩子妈妈。她听了以后点点头，觉得有道理，于是回到输液室。2时32分左右，孩子父亲来找小廖，说要找苏医生再看看，为啥孩子痛得这么厉害。小廖又给苏医生打电话。苏医生在电话中答应马上下来看看。2时34分，见苏医生还没下来，孩子父亲又催小廖打电话。小廖拨通了苏医生的电话，话讲到一半的时候，电话被孩子父亲一把夺过去，他很激动，说“你再不来，就不用来了”。大约2时36分，苏医生急匆匆出现在楼梯口，遇到了石先生。石先生显然有点激动，动了手，一分钟时间内，石先生被打了7拳，基本上打在苏医生面部，并拉扯苏医生头发转了一圈。争执结束后，苏医生捡起摔在地上的眼镜，一个人来到诊室，直到派出所民警到来。经诊查，苏医生脸部软组织挫伤，口唇裂伤，右上唇瘀青明显。丹东派出所将两人带到派出所，石某向苏医生道歉，并表示愿意赔偿所有医疗费，苏某不需石某赔偿任何损失费用。6日晚21时许，象山公安局根据相关法律对石某做出行政拘留8日的处罚，但鉴于石某血压过高，不宜拘留，准许石某离开。

案例13：2014年3月8日，一名76岁病人因肺炎来到桂林市妇女儿童医院住院治疗。3月14日，病人肺炎症状得到缓解后又出现胸闷等症状，医院将病人转入心内科治疗。3月16日，病人再次病情不稳定后，被转入重症科接受治疗。3月18日，这名病人家属、桂林市气象局工作人员黄某到医院和医生交流时，对医院给病人转科等问题不理解，在与医院重症科主任陈医生沟通中，发生语言冲突，最后打了陈医生一拳，陈医生随后倒地被送医，在桂林市第二人民医院住院治疗。陈医生住院被桂林市第二人民医院诊断为“颅脑外伤、脑震荡、双侧顶部头皮下血肿、右侧季肋部皮肤拉伤”。桂林市公安局叠彩派出所将黄某控制，黄某被处以行政拘留 10 天、罚款 500 元处罚。

案例 14：2014 年 3 月 8 日下午 16 时左右，两男一女陪同一名 89 岁钱某珍老大娘（绵竹市剑南镇人）到绵竹市人民医院就诊，急诊内科 46 岁主治医师曾某富接诊后，发现主要症状为呕吐、失语、头昏，很像脑血管意外，加之病人有高血压、糖尿病既往病史，针对患者呕吐、说不出话等情况，值班医生曾某富安排患者进行抽血、心电图和头部 CT 检查等项目，随后对其输液。在输液过程中，患者身体出现发抖。患者孙子徐某甲（男，32 岁，成都市高新区人）对医生的检查处理方式产生怀疑，便质问医生：“我婆婆肚子痛为什么要检查头部?”曾医生没有回答他。头部 CT 检查结果显示正常，徐某甲和徐某乙（男，23 岁，绵竹市剑南镇人，徐某甲堂弟）认为是过度治疗很气愤，就和曾某富医生理论，继而双方发生争吵，随后徐某甲就用拳头猛击曾某富医生面部，造成曾医生眼镜破裂并将其额部划伤，曾某富医生被打三拳，还被踢了一脚，经初步鉴定为轻微伤。院方表示，老大娘被诊断为急性胃炎，正在该医院住院治疗。打人者是四川省绵竹市公安局副局长徐某富侄子徐某甲和其 23 岁的儿子徐某乙。3 月 10 日，违法行为人徐某甲因殴打他人，根据《治安管理处罚法》的规定，绵竹市公安局依法给予其治安拘留 7 日并处 500 元罚款的处罚。

案例 15：2014 年 7 月 14 日，一名晚期食管癌患者因为检查出双肺转移，丧失手术条件，湖北同济医院心脏大血管外科向家属说明下一步需转入肿瘤科继续治疗后，心怀不满的病人家属（三男两女）在病房突然对正在进行护理的两位护士身体袭击，即使在众人阻拦及保安到场的情况下，还对护士长进行攻击，致 3 位医护人员受伤。病人家属还不断用污言秽语在病房对医护人员恶意中伤。殴打医护人员的涉案当事人被武汉市公安局硚口区分局处以行政拘留 5 日。

二、民事类案例

患方暴力伤医，造成医务人员身体或精神受到伤害、造成医疗机构财产损失或名誉等损失的，患方应承担民事责任。民事责任是指由于违反民事法律或者由于民法规定所应承担的一种法律责任。根据《民法通则》的规定，承担民事责任的方式主要有：（1）停止侵害；（2）排除妨碍；（3）消除危险；（4）返还财产；（5）恢复原状；（6）修理、重作、更换；（7）赔偿损失；（8）支付违约金；（9）消除影响、恢复名誉；（10）赔礼道歉。以上承担民事责任方式，可以单独适用，也可以合并适用。人民法院审理民事案件，除适用上述规定外，还可予以训诫、责令具结悔过、收缴进行非法活动的财物和非法所得，并可以依照法律规定予以罚款、拘留。医疗纠纷民事责任实质上是一种赔偿责任。民事责任主要是为了补偿当事人的损失，在形式上主要是财产责任。①

案例1：2012年5月5日凌晨3时30分，湖北荆州第一人民医院急诊手术室内，一名正准备做手术的患者突然从手术台上跳下追打麻醉科医生李某纯，造成当值医生受伤。监控视频显示，当时手术室内有四名医生。躺在手术台上准备接受治疗的该男子突然坐起，与一名医生对视几秒后，跳下手术台开始追打。赤裸上身的该男子先是抡起手臂打向医生，并抄起手术台上的医疗设备向医生砸去。随后，该男子拎起手术台旁的一把椅子砸向医生，在手术室的拐角堵住该医生后，猛踹医生腹部。被追打的医生是荆州市第一人民医院麻醉科医生李某纯，他称当时照例询问核对患者信息。在随后的追打中，李某纯的手臂、颈部多处被铁棍戳伤。医院走廊内的密封玻璃也被该男子全部敲碎。该患者入院时有刀伤，身上有酒味。该男子在20分钟后接受了医院安排其他医生为其做的手术。为保证患者情绪稳定，院方还让患者的母亲和弟弟在手术室中陪同完成了手术。5月7日患者酒醒后向医生道歉，家属也向医院道歉。

① 李催春、夏兵、冉军："论医疗纠纷与法律责任"，载《吉林医学》2005年第11期，第124页。

案例 2：2012 年 5 月 6 日晚，新疆乌鲁木齐一家三甲医院急诊科女医生陈某被患者家属殴打，导致面部软组织受损，双耳鼓膜受伤。患者是位老太太，有高血压、心脏病，还有多种并发症，抢救了一个小时后，人还是走了。陈某就被患者 40 多岁的女儿殴打，患者家属第二天向被打的女医生道歉。原来，5 月 6 日晚一位 70 多岁的老太太在家属的陪伴下来到急诊科，经过查询获知，老太太此前已在医院住院了一个星期，6 日早上刚出院。当晚病情复发，所以再次来检查。

案例 3：刘某女友吴某到安徽六安市金寨某医院手术室处理伤口。刘某因不满医护人员的服务态度，将手术室内心电监护仪等医疗器械砸坏。在砸毁医疗器械的过程中，刘某的右前臂被划伤。经鉴定，其所毁损的医疗器械价值人民币 54328 元。刘某伤愈后到公安机关投案自首，并已赔偿被害单位的全部损失。法院审理后认为：被告人刘某故意损毁医院医疗机械设备，数额巨大，其行为构成故意毁坏财物罪。鉴于其案发后主动投案，如实供述犯罪事实，系自首；并积极赔偿了医院的全部损失，取得了被害单位的谅解；庭审中又自愿认罪，确有悔罪表现；且被告人此次犯罪系初犯，故依法对其减轻处罚并适用缓刑。2013 年 6 月，金寨县法院以故意毁坏财物罪判处刘某有期徒刑 6 个月，宣告缓刑 1 年。

案例 4：2013 年 11 月 9 日晚，被告人卞某奎（男，汉族，1992 年 9 月 7 日出生，农民）、卞某（男，汉族，1986 年 9 月 7 日出生，农民）、刘某（男，汉族，1982 年 10 月 15 日出生，农民）、王某南（男，汉族，1984 年 1 月 6 日出生，农民）、宋某猛（男，汉族，1985 年 4 月 18 日出生，农民）、姜某（男，汉族，1985 年 4 月 3 日出生，农民）等 6 人在饮酒。当日 23 时许，卞某奎在其他 5 人陪同下来到浙江省宁波市第七医院治疗手伤。卞某奎等 6 人因违反就医流程，该院放射科值班医生王某伟、秦某程拒绝了卞某奎的拍片要求。该 6 人遂谩骂并踹门进入放射科办公室殴打王某伟、秦某程，致王某伟头部、右上肢损伤，秦某程右耳、面部、口唇皮肤裂伤，二人伤情均构成轻微伤，卞某奎等 6 人还造成放射科办公室内医用显示器、榉木门和 2 把木凳毁坏，价值共计人民币 4167 元。本案由浙江省宁波市镇海区人民法院一审，宁波市中级人民法院二审。法院经审理认为，被告人卞某奎、卞某、刘某、王某南、宋某猛、姜某酒后在医院谩骂、随意殴打值班医生，致 2 人轻微伤，情节恶劣；任意毁损公私财物造成损失 4167 元，情节严重，其行为均已构成寻衅滋事罪，应依法惩处。卞某奎、卞某、刘某、宋某猛、姜某归案后如实供述犯罪事实，自愿认罪，应依法从轻处罚；上述 5 人积极赔偿被害人、被害单位经济损失，可酌情从轻处罚。据此，依法对被告人卞某奎、王某南判处有期徒刑 11 个月，对被告人宋某猛、姜某判处有期徒刑 10 个月，对被告人卞某、刘某判处有期徒刑 9 个月。上述裁判已于 2014 年 4 月 16 日发生法律效力。

案例 5：2014 年 2 月 19 日晚 10 时 30 分许，四名男子驾驶一辆东风雪铁龙轿车，来到河北保定市第三医院急诊科。四名男子身上都有浓重的酒气，其中一名男子头部受伤，脸上有血，自称与他人打架受伤。值班医生见状，立即安排受伤男子躺在手术床上，检查其受伤情况。不知因何缘故，其他两名男子突然冲上前，推搡开医生阻止其进行治疗。其间医生的白大褂被扯坏。最终医生被揪住脖领子，摁在墙上无法动弹。数分钟后，经过交涉，两名男子才松开医生，走出急诊科。离开时，两名男子还将医院大厅的玻璃门砸碎。肇事男子系该市清苑县人，事后已向当事医生道歉，并表示愿意赔偿所造成的损失。

案例 6：2014 年 4 月 10 日，医生在阻止患者家属插队并禁止其进入核磁共振室时遭殴打。当日下午 3 点在安徽颍上县人民医院，不少患者在排队候诊，有两人用轮椅推着一名患者，未排队就直接要进核磁共振室。放射科医生赵某进行劝阻。患者两名家属言称“一个小医院算个啥”。赵某不断解释要排队，并称核磁共振室有规定，无关人员不能进，但话还没说完，两名家属就出手打人。打人者态度嚣张，随后在医院大厅内扬言自己是当地政法委石某的家属。赵某被打了 3 分多钟，脸被抓破多处，头也被打出大包，全身多处瘀伤，因此受伤住院。警方赶到现场后，县政法委副书记石某将打人者带走。4 月 11 日傍晚，打人者到医院赔礼道歉，并承担赵阳的一切医药费用，双方达成和解。

三、刑事类案例

当医患暴力冲突恶性事件升级，造成医务人员身体或精神受到伤害或危险、造成医疗机构财产、名誉等损失或者受到危险时，情节严重，构成犯罪的，便需要《刑法》的介入，患方应承担刑事法律责任，受到刑罚处罚。《刑法》是规定犯罪、刑事责任和刑罚的法律。刑事责任，是依据国家刑事法律规定，对犯罪分子依照刑事法律的规定追究的法律责任。刑事责任的承担方式主要是刑罚，根据《刑法》的规定，刑罚包括主刑和附加刑两种。主刑有：管制、拘役、有期徒刑、无期徒刑和死刑；附加刑有：罚金、剥夺政治权利和没收财产。此外，对于犯罪的外国人，可以独立适用或者附加适用驱逐出境。

案例1：2001年7月10日上午11时30分左右，湖南长沙一名叫彭某宽的白血病患者，花5.5万元医疗费用，在经过自体移植治疗后，发现身体变化不大，未达到本人预期的根治疾病的目的，便开始在医院闹事、打砸抢，破坏医院血液病房的设施，发泄仇恨。在连续施暴仍不解“恨”的情况下，彭某宽手持水果刀骑在其主治医生、著名血液病专家王某林教授身上，连砍46刀。王某林心脏和脾脏被刺破，送入抢救室时已不治身亡。在王某林的追悼会上，他的一名同事邓某，因无法承受巨大的精神压力，在家自杀身亡，此前，这位自杀者一直带着一把菜刀上班。

案例2：2002年9月9日14时45分，在江西省儿童医院，一护士被砍成血人、护士长当场被砍死。一患者的父亲持刀冲进内三科对正在配药房工作的护士熊某疯狂砍杀，熊护士被砍成血人。护士长彭某云听到呼救声，冲进配药房救熊某时，被歹徒一刀砍中颈动脉，因大出血当场死亡。熊某被砍40余刀。经警方调查，其杀人的动机竟然是其患有脑膜炎的儿子在该医院治愈后留有脑膜炎后遗症，于是报复医生。

案例3：武汉患者杨某因久治不愈，将同济来福康门诊部2名医务人员刺死、4名医务人员刺成重伤，杨某也当场自杀身亡。据警方调查，犯罪嫌疑人杨某，31岁，因患前列腺炎多次到同济来福康门诊部就诊，一直未愈。2003年8月24日上午，杨某要求该院免费治疗，与院方协商未果，便用随身携带的半把剪刀，将主治医生和闻讯赶来的另5名医务人员刺伤。受伤医务人员中有两人经抢救无效于当日死亡。

案例4：2003年7月6日晚，河北省邢台任县人民医院接诊了重症病人颜某，后颜经抢救无效死亡。病人家属对医院不满，双方产生矛盾。7日晚9时30分左右，作为病患家属的该县司法局局长耿某海带领一伙人来到医院解决纠纷，一起来的还有颜某的几个家属。医院内科主任徐某平作为医院代表向家属介绍救治过程，回答其疑问。双方在交谈过程中，因家属言语激烈，徐某平面露不满。耿某海一伙人即对徐大打出手。在场的其他医护人员奋力制止，并救出徐。徐某平被殴打后很快就晕倒了，但因伤势太重，其最终抢救无效死亡。据了解，徐某平是邢台市人大代表，任县政协常委。耿某海等几名涉案人员被刑事拘留。

案例5：2004年6月8日上午9时左右，陕西镇安县医院传染科主任张某在办公室被人杀害。凶手是镇安县21岁小伙白某东。2月9日，白之父亲白某因病住进镇安县人民医院，由张某主治。治疗期间，白某一度病情加重，张医生建议并亲自护送白某赴西安治疗。但白怀疑张医生延误了其父的病情，便怀恨在心，产生报复恶念。6月8日上午，白某东携一把宰羊刀冲进张医生办公室，连捅张数刀致其死亡。2004年10月，陕西商洛市中院一审判决，以故意杀人罪判处被告人白某东死刑。①

案例6：2005年8月12日下午3时，天气闷热。戴某淦来到位于福建福州的中医院“国医堂”二楼专家门诊1室门口，手里拎着一个深绿色纸袋，里面是一把砍刀。他静静地排队等候着专家坐诊。下午3时10分，福建名医、享受国务院特殊津贴的专家戴某福教授进入门诊室，他和助手打了个招呼后，坐下来准备坐堂问诊。这时，久坐的戴某淦突然奔向门诊室，从绿色纸袋抽出大约40厘米长的刀，二话不说，冲着戴某福胸部及腹部连捅几刀。面对突如其来的袭击，戴某福教授奋力推开戴某淦，捂住伤口挣扎着跑向医院门口。路边正停着一辆出租车，戴某福教授拉开车门坐上前排副驾驶座位，

---

① 徐昕、卢荣荣：“暴力与不信任——转型中国的医疗暴力研究：2000—2006”，载《民事程序法研究》2008年第4辑，第266页。

车门还没关好，便被追上来的戴某淦一把拉开，朝戴某福又连捅五六刀。发现不对劲的出租车司机立即加大油门，猛地冲向附近的福建省第二人民医院急救室。当时，戴某福旁边的车门还敞开着。因要害部位中刀，失血过多，约4时左右，急诊科医生宣布戴某福抢救无效死亡。犯罪嫌疑人戴某淦，28岁，系福建省长乐市江田镇人。据其交代，他10年前患上前列腺炎，后来找戴教授看病，历时2年多，花了很多钱但病情没有好转，而且又患上了其他多种疾病。后来，他不断到其他各大医院看病，身子越来越瘦。“我怀疑他是骗我的，我就是要他死。”因此，他把此归因于戴某福，故行凶报复。2005年9月11日，福州市中级人民法院以故意杀人罪一审判处戴某淦死刑。

案例7：2006年元月1日下午2时许，竹山县村民黄某在湖北银矿卫生所治疗矽肺病过程中突发脑溢血死亡。其妻等人以黄某死于职业病为由向湖北银矿提出46.8万元的巨额赔偿，并以不达目的不埋人为要挟条件，将死者黄某尸体入棺后停放在湖北银矿卫生所内，设灵堂、放鞭炮、烧火纸、放哀乐。为找到法律依据，黄某妻子等通过电话向外出的陈某咨询、请其帮忙出点子，陈某为获取代理费，授意黄某的亲属不要着急埋人，等他回来处理，并明确指出不埋人钱好要些。结果导致当地乡政府、派出所、法庭、村委会等多方给黄某亲属做工作无效，停尸闹丧达12天之久，致使湖北银矿卫生所工作无法开展，工伤及矽肺病人得不到救治，严重干扰了湖北银矿正常的生产、生活秩序，迫使湖北银矿全矿停产两天，直接经济损失达14.9万余元。竹山法院审理后认为，陈某等人为达到不合理要求和个人目的，指使他人停尸闹事，扰乱企业生产、生活秩序，且造成严重损失，其行为已构成聚众扰乱社会秩序罪，陈某在此次停尸闹事中起主要作用，是主犯，应从重处罚。2006年6月29日，湖北省竹山县人民法院以聚众扰乱社会秩序罪判处被告人陈某有期徒刑3年。

案例8：2006年3月28日夜7点35分，葛某阳的父亲在浙江新昌县人民医院17病区就诊，当时医院的初步诊断结果是肠道感染、中毒性休克，医生给予输液治疗，但是，药水还没输完，葛某法的病情突然恶化，当夜10点45分，葛某法经抢救无效死亡。29岁的葛某阳认为父亲之死源于医生失职，要求医院给他一个说法。3月29日凌晨2点20分，闻讯赶来的医院吕副院长立即组织了几位中心主任和当时的主治医师吕某萍等人进行诊治情况调查。在医生们开会期间，葛某阳带着几位亲属闯入会场。在初步了解了诊治经过后，院方在凌晨4点半时把诊治情况通知了葛某阳，但此刻的葛某阳什么也听不进去，认为医方说的都是专业术语，是欺负他不懂医学，是推卸责任。冲动之下，葛某阳赶到病区二楼，碰到了当夜值班医生吕某萍，怒火中烧的葛某阳上前一把抓住吕某萍，将她强行拖到了停放父亲遗体的太平间门口，一边拖一边叫喊："你们领导不给我们说法，我就只有找你们这些医生了。"那时太平间门口被病人、医生堵了个水泄不通，像疯了一样的葛某阳按住吕某萍的肩膀，强迫她向父亲遗体下跪。吕某萍不肯，葛某阳使劲儿用脚踢她的双腿，吕某萍腿一软，"扑通"一声就跪在遗体旁。同时，葛某阳和亲属开始不停地谩骂医院和医生。医院许多医生上前劝说葛某阳不要冲动，但是，葛某阳置之不理。吕某萍在谩骂声中几次想站起来，都被葛某阳强行按住。直到30日早晨5时30分左右，民警赶到，跪了一个小时的吕医生才被送回病房。在拖拉和被强行按跪的过程中，吕医生受了轻伤。后来医院提交的医疗事故技术鉴定书显示，患者原有慢性基础疾病，而本次起病急、病情重，病情恶化速度很快，最终导致了医治无效死亡。在这个过程中，虽然医生的临床处置并无不当，但医院的确存在对病情严重性认识不足和病情危重告知家属不够的责任。4月30日，葛某阳主动向公安机关投案自首，并如实地供述了自己的罪行，他说他愿意承担相应的法律责任。新昌法院审理后认为，葛某阳故意非法限制他人的人身自由，其行为已构成非法拘禁罪。2006年9月，葛某阳因非法拘禁罪，被新昌人民法院判处有期徒刑10个月。

案例9：2006年9月23日，一名被怀疑有精神病的男子，在被送到精神病医院后，突然手持刀具把医院里的一名护士、一名精神病患者捅死，另有两名医护人员和两名病人也被捅伤。据广西崇左市公安局江州区分局调查，9月23日晚11时许，左江民族医院26岁的护士颜某某进入精神病患者的病房，要给当天下午入院的患者刘某某打针。刘某某突然从身上抽出一把折叠式小刀，捅中了颜护士的颈部。闻讯赶来的医生凌某某，也被刘某某捅伤。连伤两人后，刘某某返回病房，将在那里留医的3名精神病患者杨某、邓某、陈某捅伤。正在值班的医生何某某，也被他持刀所伤。带伤的凌医生逃到卫生间躲避，刘某某仍紧追不放。就在这生死关头，值班的医生陆某某和后勤工人曹某等人冲进卫生间，把刘某某手中的刀打掉，将他制服。紧急赶来的民警和崇左市人民医院的医护人员对伤者进行了抢救，但因伤势过重，颜护士和患者杨某不幸身亡。刘某某后被公安机关刑事拘留，并被送到了崇左市第五人民医院进行精神疾病鉴定。37 岁的刘某某，原来是铁路部门的职工，2001 年 4 月才从玉林市调到崇左市自来水公司上班。该公司的办公室主任黄某涛说："刘某某平时工作表现不错，脑瓜子好使，干活又利索，在公司人缘也很好。"但是，刘某某的举止反常是有先兆的。9 月 22 日下午，刘某某拨打 110 报警，称有人要追杀他。他还电话向公司的苏经理求救。原来，刘某某认为他家对面的一家海鲜粥店的老板娘要追杀他。在公司领导的劝导下，刘某某的情绪逐渐平静下来。不久，3 名 110 民警也赶到公司，并带着刘某某到他家对面的粥店调查，但没有发现刘某某反映的情况。9 月 23 日下午 2 时多，刘某某到崇左市公安局江南派出所，又反映"被人追杀"。民警找来该粥店的女老板，刘某某却又称不认识她。黄某涛把他送回了家。回到家后不久，刘某某忽然收拾起存折等物，冲出家门上了一辆三轮车，又直接去了江南派出所。后来，刘某某的堂兄弟和表哥赶来。经和刘的父亲等亲属商量，遂将刘某某送至设有精神病专科的左江民族医院治疗。①

案例 10：2006 年 10 月 15 日晚 10 时许，家住凤城市的张某因胸闷被凤城市中心医院的 120 急救车接至该院。入院后，值班医生及时为张某进行了各项检查，认为张某系注射了过量的药品导致身体不适，为其进行处置后，医生和护士返回值班办公室。病房内的张某见医生和护士都离开了，而自己身体不适的情况并未缓解，心里认为医生并没有为自己认真诊治，一怒之下拔下滴流和氧气管，光脚跳下病床，将放置在该病房内的一台电脑多功能呼吸机和一台除颤器推倒在地上，致使两部价值 13 万余元的医疗器械被摔坏。法院审理后认为，张某故意毁坏公私财物，数额巨大，其行为已经构成故意毁坏财物罪，2007 年 1 月 15 日，凤城市人民法院以故意毁坏财物罪一审判

① 陈祖辉：《广州市医院工作场所暴力流行病学研究》，南方医科大学 2011 年博士学位论文，第 81 – 82 页。

处张某有期徒刑3年。

案例11：2009年11月14日，现年34岁的清徐男青年纪某维因右肘关节脱位到中国辐射防护研究院附属医院（以下简称医院）就医。事后，纪某维认为医院没有给自己治好，发生医患纠纷，双方多次协商赔偿事宜均未果。2010年6月7日，纪某维带着事先准备好的一桶汽油来到医院院长办公室，将汽油全部泼洒到地上，院长张某赶忙打电话叫来医院的书记樊某和医务处医生鹿某到办公室规劝纪某维，但二人进屋后，纪某维便将门堵住，不让3人出去。几次协商，双方始终未谈拢，纪某维便打着了手中的打火机，只听砰的一声，整间房被火焰吞噬，张某、樊某和鹿某及纪某维均被不同程度烧伤。2010年7月27日，鹿某经抢救无效死亡；张某、樊某的烧伤均构成重伤。法院认为，纪某维的行为构成放火罪，鉴于其犯罪情节特别恶劣，后果极其严重，虽有主动投案情节，仍不足以从宽处罚。因其犯罪行为给被害人家庭及医院造成的经济损失，纪瑞维应依法赔偿。2011年6月3日，市中级人民法院综合纪某维的犯罪事实、性质、情节及社会危害性，一审以放火罪判处其死刑，剥夺政治权利终身；赔偿鹿某家属48.1万余元、张某49万余元，樊某31万余元，赔偿医院90余万元。

案例12：2010年5月，一名老年妇女到天津市人民医院住院治疗内分泌疾病。13天后，因突发脑梗死转入该院神经内科治疗，直至2011年11月19日死亡。随后，其家属以医院治疗存在过错为由，将死者尸体停放于病房。医院因劝阻无效于同年11月20日凌晨1时许报警。民警赶到现场后进行劝说，但死者家属仍实施了穿孝服、贴门报、在病房布置灵堂等行为。至21日18时许，家属仍继续上述行为，公安机关劝阻无效。2011年11月21日20时许，公安机关为维护医院正常工作秩序指派民警至上述地点清理灵堂、清退家属。其间，死者的女儿许某甲和孙子许某乙拒不配合，并对依法执行公务的民警实施殴打，造成一名民警右手手指骨折，两手多处划痕，小腿被咬伤后皮肤破溃，左颊部皮下瘀血等，另一名民警的头部和双手受伤。随后，许某甲和许某乙在案发现场被民警抓获归案。案件在法院审理期间，二被告人一次赔偿了民警的损失。法院经审理认为，二被告人无视国家法律，以暴力方法阻碍国家机关工作人员依法执行职务，且致二被害人轻微伤的后果，其行为均已构成妨害公务罪。二被告人归案后能如实供述自己的罪行，依法均可从轻处罚。鉴于二被告人均系初犯，已积极赔偿受伤民警的经济损失，悔罪态度较好，在量刑时可对二被告人酌情从轻处罚。2012 年 6 月 29 日，天津市红桥区人民法院当庭以妨害公务罪判处许某乙有期徒刑 10 个月，以妨害公务罪判处许某甲有期徒刑 1 年，并在人民医院公开宣判。

案例 13：2010 年 6 月 10 日山东大学齐鲁医院肿瘤中心一名女医师在办公室被杀害。11 日 7 时许，犯罪嫌疑人再次到齐鲁医院对一名女护士实施伤害。凶手被及时赶到的公安民警和医院保安人员当场抓获。经公安机关审查，犯罪嫌疑人周某是一名 45 岁的男子，为济南市历下区居民，其父于 13 年前患原发性肝癌曾在齐鲁医院就诊后不久去世。周某将其父去世的原因归结于医院，长期怀恨在心，采取极端手段制造此案。据查，6 月 10 日 7 时 20 分许，济南市历下区市民周某携带匕首窜至齐鲁医院肿瘤中心附近，7 时 40 分许，周某见该院肿瘤中心主治医师赵某红进入一楼放射科办公室内，遂尾随进入该房间，先用拳头将其打倒在地，并掏出匕首向赵某红胸腹部连捅数刀后逃离现场。经法医鉴定，受害人赵某红因遭受外来暴力锐器捅刺、切割，致胸腹多脏器破裂失血性休克死亡。次日上午 7 时许，犯罪嫌疑人周某再次携带匕首来到该院肿瘤中心附近，看到该院肿瘤中心护师刘某梅途经该处时，趁其不备对准其头部、胸腹部连捅数刀，后被闻讯赶来的民警及群众当场抓获。6 月 21 日，山东济南市历下区检察院在提前介入齐鲁医院“6. 10”杀人案引导侦查，掌握第一手证据的基础上，以涉嫌故意杀人罪依法从快批准逮捕了犯罪嫌疑人周某。

案例 14：2011 年 1 月 31 日，上海交通大学医学院附属新华医院 10 余名医护人员被打伤。1 月 31 日，心胸外科死亡患者家属在该院急诊楼及门口设灵堂、拉横幅，严重影响正常医疗秩序和车辆通行，医院报警后，“110”及时出警，但劝说无果。当天上午 10 时 30 分左右，患者刘某华家属约 20 人，直接冲入该院心胸外科病区，踢开心胸外科主任办公室的门，发现室内无人，转而攻击隔壁办公室的心胸外科副主任。凶手连续 2 刀捅向该医生，致其当场重伤倒地，行凶后还将其拖至 8 楼窗口，企图将他从窗口推下。其他医务人员见状，奋不顾身与行凶者搏斗。与此同时，其他家属也上前围攻医师。

在制止犯罪行为过程中，有 10 名医护人员先后受伤，其中 6 位医生伤情严重住院治疗，伤情最重的心胸外科副主任左前胸伤口深达 4 厘米，离心脏仅 1.5 厘米，险些丧命；其左侧前臂近肘部刀刺伤口约 4 厘米，伤及深筋膜。受伤的 6 名男性医生都不是该患者的经治医生。1 月 31 日中午，公安警方在案发现场抓获 6 名犯罪嫌疑人，1 人被警方刑事拘留，3 人被治安拘留，2 人被治安警告。2011 年 12 月 20 日，轰动一时的上海新华医院“医闹”伤医案由上海市杨浦区法院做出一审判决，刺伤医生的安徽阜阳农民刘某以“故意伤害罪”被判刑 1 年。

但该案有以下疑点：第一，法庭审理查清的事实表明，这起被当地卫生部门定性为“极为恶劣的严重伤害无辜医务人员的事件”，实为一起因医疗纠纷引发的医患“相互争斗”，事件中并未有“医闹”参与，被报道为“险些致命”的受伤医生，经鉴定仅构成轻伤，而被迫自卫的伤人者同样被医生打成轻伤，但医生未受法律追究。种种迹象表明，这起由普通医疗纠纷升级造成的医患冲突发生之后，医方曾试图通过部分媒体放大、歪曲真相，借以形成“打击医闹”的有力声势，进而催生相关立法，但因报道内容与事实出入过大，最终事与愿违。第二，关于受伤医生数量及程度，卫生部门与公安部门的口径并不一致。如上海市卫生局通稿中称“6 位医生伤情严重住院治疗，伤情最重者左前胸伤口深达 4 厘米，离心脏仅 1.5 厘米，造成血气胸，险些致命……”，而杨浦区公安分局曾称为“新华医院发生纠纷，有人受伤……有数名医生被打伤，均无生命危险”。第三，事发之后，作为事件“受害者”的医院一方一直未能向警方及媒体提供现场监控录像。第四，按上海市卫生局向沪上媒体所发的事件新闻“通稿”的说法，此次冲突中除新华医院心外科副主任丁某宝外，另外受伤的 6 名医务人员均系“见义勇为”导致，然而按患者家属说法，上述 6 人均为按丁某宝要求殴打患方的人员，刘某用水果刀捅伤医生仅是自卫。

案例 15：2011 年 8 月 16 日下午二三时许，一名男病人持不锈钢菜刀冲进东莞长安镇长安医院肝病科，趁医生写病历砍向两名医生头部，造成一名刘姓医生当场死亡，另外一名尹姓医生重伤，伤残 7 级。凶手逃跑至二楼时被保安人员合力用灭火器喷射制服。据了解，犯罪嫌疑人卢某坤，男，1982

年生，陕西省人，曾于2011年年初因面部痉挛到该医院找该院副主任医师刘某霖诊断并开具处方服药。卢某坤在服药期间病情恶化，并多次在长安医院就诊，卢某坤病情未见好转，并因此还离了婚。卢某坤于是辗转到陕西、广州、北京等地多家医院就诊亦未能治愈，前后总共花费3万多元（其中在长安医院花费为136元），卢某坤觉得用了3万多元跑了多家医院诊治，病情均未见好转，其病情恶化、家庭破裂是刘某霖误诊所致，于是对医生怀恨在心，决定对刘实施报复。8月16日凌晨3点，卢某坤从北京坐火车到达东莞，然后购买了菜刀，持刀将医生刘某砍伤致死，医生尹某出面制止时也被卢某砍伤。卢某坤在作案后，当场被长安医院保安抓获并送长安公安分局。2012年2月9日，此案在东莞中院开庭审理，公诉机关以故意杀人罪对卢某坤提起公诉，医院未能提供相关病例资料。卢某坤对犯案事实供认不讳，并请求法院对其进行精神鉴定。“我的病是他（刘某霖）看成这样的，我对给其家属造成的伤害非常痛心。当时身体有病，请谅解我的行为，我愿接受法律的制裁。”卢某坤的辩护人对被告人犯罪的事实无异议，但认为医生在诊治中有过错，并要求对卢某坤进行司法精神鉴定。法院拒绝对其做司法精神鉴定。死者及伤者家属分别向卢某坤提出了50多万元和30多万元的附带民事赔偿。法院未当庭宣判。2012年9月7日，东莞中院公开宣判，以故意杀人罪判处卢某坤死刑，剥夺政治权利终身，并赔偿被害人各项经济损失54万余元。死者家属对判决满意。2012年9月10日，卢某坤向广东高院上诉称：其系初犯，作案时有精神病，归案后有悔罪表现，被害人刘某霖对引发本案有过错。请求二审法院对其从轻处罚。2013年4月27日，广东省高级人民法院以部分事实不清为由二审裁定：撤销一审死刑判决，发回重审。

案例16：2011年9月15日，患者王某洺对曾为其进行手术的北京同仁医院耳鼻喉科43岁的主刀女医生徐某追杀，连刺17刀，将其砍成重伤。王某洺在北京算得上是个小有名气的画家，他曾经在自己的博客中披露：“（医生）一意孤行擅自将肿瘤损毁得支离破碎、四分五裂，为癌细胞的扩散打开了方便之门，也等于为我开启了死亡之门……造成终身残疾，使我从一个国家教委认定的优秀书法导师，年收入几十万元的著名画家，变成了一个行尸走肉的活死人，一个国家发证的残疾人，丧失全部劳动能力。”他还透露：

“2008年8月，一纸诉状将这家医院推上被告席，不告不知道，一告吓一跳！开庭不久仔细查验了病历，并依据卫生部《医疗事故处理条例》把院方弄虚作假的事实证据一一列举：伪造病程记录，伪造医生签名，伪造手术记录，伪造手术现场，渎职、不作为。北京东城法院让医方解释清楚。可是半年多过去了，院方始终没有作出回答。2006年9月经徐某手术后创面过大造成终身残疾。”2012年4月20日，“徐文案”在北京市第二中级人民法院开庭。公诉机关指控称，王某洺因认为同仁医院医生徐某对其实施手术有过错而怀恨在心，并起意报复。2011年9月15日15时许，王某洺到同仁医院门诊楼耳鼻喉科，持事先准备的菜刀连续砍击徐某头部、四肢等部位，并在徐某两次倒地之后持菜刀继续追砍，共砍击徐某头部等部位18刀。徐某逃到一检查室，王某洺被人阻拦没能进入。逃离现场后，王某洺被警方抓获。经鉴定，徐某身体损伤程度为重伤。检方认为，被告人王某洺无视国家法律，故意非法剥夺他人生命，致人重伤，情节恶劣，后果严重，应以故意杀人罪追究王某洺的刑事责任。法院一审判决确认了公诉机关指控的事实。法院认为，王某洺仅因认为被害人在医疗中存在过错，即持菜刀在公共场所向被害人头部等要害部位持续猛烈砍击，其行为构成故意杀人罪，应依法惩处，考虑其系犯罪未遂，依法对其从轻处罚。法院审理后一审判决宣告：持菜刀砍伤北京同仁医院耳鼻咽喉头颈外科徐某医师的书画家王某洛，以故意杀人罪被判处有期徒刑15年，剥夺政治权利3年，并赔偿被害人各项经济损失53万元。原、被告对一审判决均表不服，王某洺的家属表示一审判决过重。而徐某的代理律师高某程表示，法院一审判决对王某洺的量刑太轻。

案例17：2012年3月23日下午16时30分左右，哈尔滨医科大学附属第一医院风湿免疫科医务人员正在紧张地忙碌着。这时，17岁的患者、犯罪嫌疑人李某南突然闯入医生办公室，抡起手中的刀，疯狂砍向正在埋头工作的医务人员和实习学生，大家躲避不及，三名医务人员和一名实习学生被砍伤。哈尔滨医科大学28岁2009级硕士研究生王某背坐在门口，来不及躲闪，被刺中颈动脉，顿时鲜血喷涌而出，后因抢救无效死亡。其余3名医生受到了不同程度的伤害。其中伤势最重的医生王某，刀从右眼角刺入，颅内血肿、右手肌腱断裂。另一位女医生面部被刀划伤。李某南行凶造成1死3伤的惨剧。据了解，4位被害人从未参与李某南病情诊治。据了解，2012年3月23日，李某南因患强直性脊柱炎从内蒙古到黑龙江哈尔滨医科大学附属第一医院就诊。李某南认为医生漠视、刁难，持刀将实习医生王某刺死，3名医务人员重伤。被告人因“犯案当时未满18岁”，被判无期徒刑。

案例18：在浙江杭州富阳地区，汪某、平某的母亲因病送某医院住院就诊，后病情恶化过世，汪某等认为系医院过错。在院方与死者家属协商解决期间，汪某等5人以主治医生未到场为由吵闹并殴打被害人姜某等，致其轻伤。同时，会议室内桌椅及被害人的眼镜、西装、手机等财物损失达1718元。之后，汪某的部分亲友还采用辱骂、推搡等方式阻碍到场民警依法执行职务，哄闹持续1小时以上，严重扰乱医院的正常工作秩序。2012年4月，杭州富阳市检察院向富阳法院提起公诉。富阳法院审理认为，汪某等5人的行为均已构成聚众扰乱社会秩序罪，判处5人有期徒刑1年至1年8个月不等，另附带医院和被害人提出的民事诉讼各项损失合计58725元。

案例19：2011年11月，吕某到丰台某医院看病，耳鼻喉科吴医生接诊。12月27日，吕某到医院说鼻子被看坏了，于是鞭打吴医生，吴医生报警后，双方和解。2012年4月13日，犯罪嫌疑人吕某在一天内分别在北京大学人民医院和北京航天总医院制造了两起持刀刺伤医务人员的血案，手段极其残忍，行为性质特别恶劣，影响极为深远。4月13日，北京大学人民医院耳鼻喉科主任医师邢某敏在门诊接诊时，戴着口罩的吕某突然走到邢大夫面前，迅速从包里拿出刀，向她的右肩与颈部相连处猛刺，邢某敏颈内动静脉损伤，颈内静脉几乎被横断，属重伤。2012年4月13日晚19：30许，北京航天总医院急诊科副主任医师赵某众在急诊内科诊室接治患者时，犯罪嫌疑人吕某头戴帽子、口罩走入诊室，拨开患者及家属，抽出一把长约40厘米的刀直接刺入赵医生右侧颈部，伤口长约2.5厘米，深约10厘米，伤及第四椎体，共计出血约400毫升，所幸未发现神经干性损伤。北京警方经过11个昼夜的缜密侦查，在河北涿州将犯罪嫌疑人吕某抓获。2013年5月22日，北京西城法院对此案做出宣判，因吕某系限制行为能力以及杀人未遂，法院以故意杀人罪判处其有期徒刑13年，剥夺政治权利3年，吕某赔偿邢某敏184774.47元，赔偿赵某众15951元。

案例20：2012年4月30日下午1点左右，湖南衡阳市第三人民医院南院结核内科33岁女医生陈某娜在自己办公室内被杀，身中28刀。凶手戴着口罩迅速逃跑。陈某娜终因伤势过重经抢救无效死亡。由于难以承受职业压力，又无安全感，陈某娜的丈夫、同为医生的廖某舟，2012年1月弃医从商，离开执业10年的医院，他所在的三塘中心医院有几十位同事先后离开。这个遭遇大难的家庭一度成为当地政府维稳的对象。5月1日傍晚，25岁的衡南栗江犯罪嫌疑人王某生在衡阳火车站附近的一间饭店内被缉拿归案，并从其身上缴获军用折叠式尖刀一把。嫌疑犯王某生本人交代，2010年，他曾因身患肺结核病，在广州市胸科医院治疗。2011年7—8月，王某生又在衡阳市第三人民医院（南院）住院治疗28天，被害人陈某娜为其主治医生，期间，王某生对治疗效果不满，多次与陈某娜发生争执，并花费治疗费8600余元（新农合报销后自费4000余元），但病情未能根治，被诊断为难治性结核病。出院后，王某生认为自己病情恶化，便将恶化原因迁怒于陈某娜。2012年以来，对生活失去信心的王某生产生了强烈的厌食症，加之性格内向、情绪偏激，就产生了强烈的报复社会的心理。4月23日，王某生回衡南县老家养病，情绪再次波动，进而铤而走险。案发当日，王某生戴上口罩，携带匕首进入衡阳市第三人民医院（南院）住院部，走进陈某娜所在的医生办公室，对正在伏案书写病历的陈某娜头部、颈部、胸腹部等处连续猛刺28刀，致其动脉大出血当场倒地死亡。嫌疑犯王某生供认，自己报复的对象包括其主治医生陈某娜和其所在的科室主任陈某明。2012年5月17日，衡阳市蒸湘区人民检察院以涉嫌故意杀人罪对王某生依法批准逮捕。一审时，控辩双方辩论的焦点如下：第一，是否故意杀人。王某生辩称，他只想报复一下被害人，并没有想杀死被害人。第二，被害人有无医疗过错。第三，王某生有无精神病。辩护人认为王某生作案时有精神病，归案后认罪态度较好，请求对王某生从轻处罚。这些辩护理由并没有被一审法院认可。衡阳市中级人民法院认为，王某生主观上非法剥夺他人生命的犯意明显。湘雅二医院司法鉴定中心的司法鉴定意见书，证实王某生实施危害行为时意志清楚，存在辨认力和控制力。医院在诊治过程中，符合相关法律规定。综上，一审法院认定，被告人王某生归案后虽能如实供述自己的犯罪事实，但其犯罪手段特别残忍，犯罪后果特别严重，不足以对其从轻处罚。2013 年 12 月 21 日，衡阳市中级人民法院一审以故意杀人罪判处王某生死刑，剥夺政治权利终身，赔偿附带民事诉讼各项经济损失共计 47 万 5058 元。被告人王某生以被害人陈某娜存在医疗过错，对于案件的引发具有一定的责任，认定其杀害陈某娜的部分书证、物证存在瑕疵，湘雅二医院司法鉴定中心认定其具有完全刑事责任能力的鉴定依据不足，鉴定程序违反法；原审判决及承担死亡赔偿金、被扶养人生活费的附带民事判决违反法律规定等 4 点为由，向湖南省高级人民法院提起上诉。2014 年 3 月 26 日，湖南省高级人民法院公开开庭审理了此案。湖南省高级人民法院经审理认为，王某生因对治疗效果不满而迁怒主治医生陈某娜，在医院公然行凶持刀捅刺被害人陈某娜，致陈某娜死亡，其行为构成故意杀人罪。原审判决认定的犯罪事实清楚，证据确实、充分，定罪准确，量刑适当，全案审判程序合法。2014 年 4 月 1 日，湖南省高级人民法院对衡阳“4・28”杀医案宣判，终审判决驳回上诉，维持原判。最高人民法院进行了死刑复核，依法对被告人王某生判处并核准死刑。罪犯王某生于 2014 年 4 月 21 日被依法执行死刑。

案例 21：2012 年 11 月 13 日 11 时许，位于合肥的安徽医科大学二附院北楼 13 楼泌尿科，一男子持刀砍伤 5 名在场医护人员，其中戴姓护士长死亡，其余四人中两人为重伤，其中一名伤者身怀六甲。犯罪嫌疑人、42 岁的阜阳人彩某锋被经开区分局刑事拘留。据调查，2012 年 11 月 6 日，42 岁的彩某锋因患有肾结石，前往安医大二附院住院治疗。在接受了术前灌肠和皮试后，他感觉身体不适，遂拒绝接受手术治疗。出院后，彩某锋对安医大二附院医护人员心存猜疑，产生报复心理。11 月 13 日，他持刀来到安医大二附院。在住院部北 13 楼泌尿外科护士台看到护士长戴某琼后，将其砍倒在地。随后，他手持菜刀追砍另一名护士，还砍伤前来制止他行凶的三名医护人员。戴某琼经抢救无效死亡，三名医护人员轻伤，一名医护人员轻微伤。11 月 20 日，合肥市公安局经开分局以涉嫌故意杀人罪，提请检察机关批准逮捕犯罪嫌疑人彩某锋。11 月 22 日，彩某锋涉嫌故意杀人罪被批准逮捕。2013 年 2 月，警方通报称经南京脑科医院司法鉴定所鉴定，彩某锋患精神分裂症（偏执型），作案时无刑事责任能力。这意味着彩某锋将免除刑事处罚。

受害人及其家属表示无法接受，要求重新鉴定。2013 年 4 月 16 日，经上海市精神卫生中心司法鉴定所鉴定，彩某锋患有偏执精神障碍，作案时具有限定刑事责任能力。2013 年 5 月 21 日，此案被移送合肥市检察院审查起诉。合肥市检察院采纳了上海市精神卫生中心司法鉴定所的鉴定意见，以涉嫌故意杀人罪移送合肥市中级人民法院提起公诉。检方认为，嫌犯彩某锋涉嫌故意杀人罪，患有偏执精神障碍，鉴于案发时具有限制刑事责任能力，依法可从轻或减轻处罚。2013 年 11 月 19 日上午，备受关注的“安医大二附院砍人案”在合肥市中级人民法院开庭，被告人被控故意杀人。2013 年 12 月 24 日，合肥市中级人民法院公开宣判。法庭判决，被告人彩某锋犯故意杀人罪，但其患有偏执型精神障碍，系限制刑事责任能力，且构成自首，一审判处被告无期徒刑，剥夺政治权利终身，赔偿被害人共计 7 万余元。彩某锋当庭表示放弃上诉。

此案的焦点一：为何判处故意杀人罪而不是故意伤害罪？在整个案件的审理过程中，被告人彩某锋始终认为自己只是想砍伤护士长，从而引起医院注意，不认为自己构成故意杀人罪，认为自己只是构成了故意伤害罪。但是，据被告人彩某锋在卷宗中供述，他这么做的实质就是想报复医院，要和医护人员同归于尽，并购买了菜刀，持刀两次砍中被害人颈部。从作案动机、凶器性质、行凶部位、行为节制程度等方面综合评定，构成故意杀人罪。

此案的焦点二：两份鉴定结果为何采用后者？对于被告人彩某锋的精神状况，首先是南京脑科医院出具了一份鉴定意见，认为其患有精神分裂症。鉴定结果出来后，被害人亲属提出异议。为慎重起见，侦查机关又委托上海精神卫生中心对其进行第二次鉴定。上海机构认为，彩春锋构成偏执型精神障碍。这两份鉴定结果的区别很大：偏执型精神障碍与精神分裂症都属于严重的精神疾病，但两者并不是包容关系，而是并列关系。两者都有共同的症状标准，如妄想症，本案的被告人就是患有被害妄想。但它们的区别在于，只要具有妄想症就构成偏执型精神障碍；但要想构成精神分裂症，还需要像感知觉障碍、社会功能丧失其他一些症状，至少要具备其中两项才符合认定标准。对于偏执型精神障碍患者一般认定为限制行为能力，在量刑上可以从轻处罚；精神分裂症属于无行为能力，在量刑上不负刑事责任。

此案的焦点三：为何认定被告人具有自首情节？通过查阅卷宗、视频资料综合判定：被告人作案以后，要求在场的目击人员拨打110报警，且在侦查人员来到以后，没有反抗，没有抗拒抓捕的行为。根据最高法院《关于认定自首若干问题的意见》，应当认定被告人为自首。①

案例22：2012年11月29日13时30分许，1950年12月24日出生的退休男职工王某生携带斧子冲进天津中医药大学第一附属医院2楼针灸十四诊室，持斧子朝针灸科46多岁的主任女医师康某千的头面部猛砍数下，致康某千重度颅脑损伤死亡。王某生行凶后从该诊室窗户跳下，受伤倒地，后被公安人员当场抓获。王某生2011年因脑梗死在其他医院治疗，出院后又转入天津中医药大学第一附属医院针灸部病房，住院十几天后出院。王某生在这里住院时，康某千自己是另一家医院的病人。10月，王某生因患脑血栓病又一次来到天津中医药大学第一附属医院就医。这次他住在心内科，但收治入院只有一天。医生发现他患有中度抑郁症，建议他转到精神科的专科医院治疗。出院结论是：中度抑郁发作，伴精神病性症状。没人知道这位病人是否到专科医院确诊过。14日，他第一次挂了康某千（被害人，女，殁年46岁）的号，针灸科主任医师康某千为其进行针灸治疗。王某生接受治疗后自感病痛没有缓解，反而有所加重，认为系康某千针灸所致，产生报复之念。本案由天津市第一中级人民法院一审，天津市高级人民法院二审。最高人民法院对本案进行了死刑复核。法院经审理认为，被告人王某生故意非法剥夺他人生命，其行为已构成故意杀人罪。王某生无端怀疑其病症未缓解系医生治疗不当所致，蓄意行凶报复，持斧闯入医院杀死诊治医生，犯罪手段残忍，情节恶劣，罪行极其严重，应依法惩处。据此，依法对被告人王某生判处并核准死刑。罪犯王某生于2014年4月22日被依法执行死刑。

案例23：2013年1月19日凌晨1时42分，内蒙古自治区包头市包钢医院急诊科接到包头市120指挥中心急救出诊电话，四名医护人员及时到达现场。朱医生敲开房门后，屋内一男子称发病患者在阳台，朱医生立即直奔阳台抢救患者。不料惊人的一幕发生了，该男子因网上购物与妻子发生口角怒

---

① 周瑞平、张敏："安医大杀医案：疯狂十分钟"，载《中国审判》2014年第2期，第95页。

气冲天，拿出菜刀挥刀砍向护士和担架工，将两名担架工砍伤，并把他们拦截在门外反锁家门，转回身又挥刀向朱某飞医生冲去，残忍地将年轻女医生杀害。李某龙，1968 年生，原是包钢钢联股份有限公司炼铁厂工人，2013 年 1 月 19 号因涉嫌故意杀人罪被刑事拘留，同年 1 月 23 号经检察院批准逮捕。3 月 11 号，包头市中级人民法院依法组成合议庭不公开开庭审理本案。公诉机关指控：被告人李某龙原系包钢钢联股份有限公司炼铁厂工人。2013 年 1 月 19 日凌晨，被告人李某龙因琐事殴打妻子王某某并致其轻伤，后其子李某带王某某前往医院诊治。二人离家后被告人李某龙即拨打 120 急救电话，谎称家中有病人需医护人员抢救。包头市 120 急救指挥中心指派包钢医院医护人员朱某飞、郑某某、李某某等人前往救护。朱某飞等人到达李某龙家中后，被告人李某龙持事先准备的菜刀对朱某飞、郑某某、李某某等人进行追砍并致被害人朱某飞死亡、李某某轻微伤。作案后，被告人李某龙将自家入户门反锁，并向室内释放煤气伺机引爆，1 月 19 日 1 时 58 分，包头市公安局 110 指挥中心接到报警，称昆区友谊大街 19 号街坊五区发生杀人案。接警后，公安民警迅速赶到现场并强行破门进入，控制了犯罪嫌疑人。公诉机关认为，被告人李某龙犯罪手段极其残忍，情节特别恶劣，社会危害极大，应当以故意伤害罪、故意杀人罪、以危险方法危害公共安全罪追究其刑事责任。庭审中，被告人李某龙对犯罪事实供认不讳。法院经审理查明：2013 年 1 月 14 号，被告人李某龙通过网上交易购买丝袜等情趣用品。1 月 18 号 20 点，李某龙将网购物品拿出查看时，被妻子发现，二人发生争吵。1 月 19 号凌晨 1 点多，二人再次发生争吵。李某龙怀恨在心，随即进到厨房找出擀面杖连续击打妻子头顶等部位，李某龙的儿子上前制止，并带母亲去医院治疗。两人走后，李某龙于凌晨 1 点 41 分拨通 120 急救电话，谎称家中有名女子抽搐，要求急救人员抢救。因与 120 接线员发生争执，李某龙意欲报复。凌晨 1 点 55 分，包钢医院急诊室值班医生朱某飞带领护士郑某某等四人到达李某龙家，李某龙谎称伤者在大卧室内，朱某飞等人进入大卧室，李某龙随即拿起菜刀砍向医护人员，砍伤多人，并将朱某飞杀害。之后，李某龙将自家入户的双层门全部反锁，从客厅进入厨房，将厨房内的煤气灶点燃后吹灭火苗，开始向屋内释放煤气，并准备了打火机，准备引爆煤气。法院认为，被告人李某龙犯罪动机卑劣，手段极其残忍，后果特别严重，社会危害性极大，依法应予严惩。2013 年 4 月 2 日上午 9 点 30 分，包头市中级人民法院依法公开宣判，一审判决被告人李某龙犯故意杀人罪，判处死刑，剥夺政治权利终身；犯以危险方法危害公共安全罪，判处有期徒刑 5 年；犯故意伤害罪，判处有期徒刑 1 年，数罪并罚，决定执行死刑，剥夺政治权利终身。被告人李某龙当庭表示上诉。内蒙古高级人民法院二审维持原判，后经最高人民法院核准死刑并立即执行，2014 年 3 月 19 日，李兴龙被执行死刑。

案例 24：2013 年 8 月 2 日凌晨 2 时许，林某因醉酒闹事被民警带至佛山市南海区大沥镇黄岐医院 2 号楼放射科 X 光 4 室接受检查。在检查过程中，林某拿起检查室内的医用剪刀想自残，并要求见公安机关领导，因其要求无法达到即使用木凳、不锈钢输液架对检查室内的医疗设备进行打砸，致检查室内菲利普 DR 机平板探测器、球管滤线栅玻璃面板、检查床、机器曝光控制线、防辐射铅玻璃、空调面板、铁门门锁、输液架、凳子以及垃圾桶等物品被毁损。经鉴定，上述物品共价值 55784 元。后林某被当场抓获。南海区检察院于同年 11 月 15 日，以故意毁坏财物罪对其提起公诉，林某对指控无异议。南海区法院经审理后认为，被告人林某故意毁坏财物，数额巨大，其行为已构成故意毁坏财物罪。鉴于其如实供述自己的罪行等从轻情节，2014 年 1 月，南海区法院一审以故意毁坏财物罪，判处其有期徒刑 3 年。

案例 25：2013 年 10 月 25 日，浙江温岭市第一人民医院发生一起故意伤害案件，3 名医生在门诊为病人看病时被患者连某青捅伤。其中，耳鼻喉科主任医师王某杰经抢救无效死亡，年仅 47 岁。另 2 名医生受重伤。2014 年 1 月 22 日上午 9 点，导致 1 死 2 伤的温岭“10・25”杀医案，在浙江台州市中级人民法院第二法庭公开开庭审理。检方在起诉书中称，经依法审查查明，2012 年 3 月被告人连某青在温岭市第一人民医院接受了鼻部手术治疗，因对术后效果不满，连某青多次到医院投诉并对该院医生王某杰、林某勇、蔡某阳心生怨恨，进而预谋杀死王某杰、林某勇。起诉书称，2013 年 10 月 25 日上午 8 时 20 分许，连某青携带事先准备的榔头和尖刀来到该医院门诊大楼五楼耳鼻喉科门诊室，确认王某杰和蔡某阳正在坐诊后，走到王某杰背后，从外套内掏出榔头猛击其头部，王某杰被击后转身用手格挡致榔头木柄断开落地。连某青又掏出尖刀追捅逃向口腔科方向的王某杰，在其背部连捅数刀。当王某杰逃到口腔科大厅时，被连某青追上，连某青继续用刀往王某杰胸腹部乱捅，致其倒地。被害人王某杰上前拉阻，被连某青一刀捅中右胸部。挣脱王某杰的拉阻后，连某青又朝倒在地上的王某杰心脏部位猛刺一刀，确认足以致死王某杰后，连某青持刀返回耳鼻喉科门诊室寻找蔡某阳，因蔡某阳已躲入房间并紧锁房门，连某青无法进入，遂用尖刀刀柄敲碎门玻璃后离开门诊大楼。之后，连某青持刀来到放射科 CT 室，跟随病人进入 CT 操作间，误将医生江某勇认作林某勇，对其腹部连捅数刀，随即被群众及赶来的保安制服并扭送公安机关。此案导致王某杰死亡，江某勇重伤，王某杰轻微伤。检方认为，此案犯罪事实清楚，证据确实充分，应当以故意杀人罪追究连某青的刑事责任。针对公诉方的监控举证，被告人连某青供认不讳，并向被害人及家属表示哀悼和歉意。他还供出了当时的很多细节，称行凶酝酿已久，目的就是要杀害医生王某杰和林某勇。由于连某青及家人放弃聘请辩护律师，法院指定浙江红大律师事务所律师朱某勇为其辩护律师。朱某勇律师在庭上表示，他对公诉人指控的罪名和基本事实没有异议，但连某青有几点酌定的从轻情节：连某青系初犯，此案之前，被告人没有任何劣迹，平时表现良好，由于一时的错误走向了犯罪的泥沼；连某青如实供述了自己整个作案情节和细节，供述稳定，且当庭认罪，可酌情从轻处罚。此外，连某青对江某勇医生主动停止侵害，防止了恶性事件的扩大。辩护人还认为，连某青的犯罪行为与他的精神疾病有因果关系，其患有精神疾病与此次在温岭市第一人民医院的手术治疗和医患纠纷又有直接的因果关系。温岭市第一人民医院对被告人的投诉未引起足够重视，在处理医疗纠纷的过程中有敷衍嫌疑，存在着一定的过错，进一步加剧了医患关系的紧张与对立。连某青的妹妹说，手术后几个月连某青开始觉得鼻子不舒服，呼吸困难，并伴有疼痛，连某青的鼻子曾做两次检查，第一次结果显示正常，连某青不同意，但第二次结果同样显示正常，连某青怀疑医生欺骗他。律师朱某勇介绍，连某青在庭审中坚持认为，在自己的就医过程中，医院有造假行为，包括 CT 片在内都是假的，他用自己的生命去换取自己看病的真相，“值了”。关于被告人有无精神疾病有无完全刑事责任能力，检方认为作案时意识清晰，检方当庭出示了浙江省立同德医院司法鉴定所出具的鉴定，证明被告人连某青作案时意识清晰，作案动机现实，辨认和控制能力存在，有完全刑事责任能力。而据此前当地警方公布的信息，连某青有精神病史。庭上，连某青表示，自己没有精神病史，并且具备完全刑事责任能力。2013 年 8 月将连某青送到上海市精神卫生中心，诊断其为“持久的妄想性障碍”。两个月后，连某青出院回家，“医生说连某青的情绪、睡眠有好转，但对（做手术）医生的怀疑还是有的，很难根治，需要慢慢疏导，要随着他，不要激怒他”。辩护人称，虽然连某青未对完全刑事责任能力提出异议，但他认为连某青患有精神疾病，案发时间距连某青出院时间仅相差 9 天，且未遵医嘱按时服药，作案时控制能力差，可能存在发病作案的情况，希望能对其刑事责任能力重新鉴定。辩护律师坚称，被告人连某青曾经患有持久性的妄想型疑病症，不具备完全刑事责任能力。浙江省台州市中级人民法院审理查明，2012 年 3 月 18 日至 3 月 26 日，连某青在温岭市第一人民医院接受了鼻部手术治疗。因感到术后效果不佳，连某青多次到医院投诉，并多次到其他医院就医，但均无进展。2013 年 10 月 25 日上午，连某青携带事先准备的榔头和尖刀来到温岭市第一人民医院对医护人员行凶，致 1 死 2 伤。经司法鉴定，连某青有完全刑事责任能力。2014 年 1 月 27 日，浙江省台州市中级人民法院对备受关注的浙江温岭“10・25”患者杀医案作出一审判决，以故意杀人罪判处被告人连某青死刑，剥夺政治权利终身。

王某杰医生被害后，温岭一院因王某杰的遗体处理问题与死者家属和医护人员发生争执，一度酿成社会事件。

案例 26：2014 年 2 月 17 上午 10 时左右，黑龙江齐齐哈尔富拉尔基区北钢医院耳鼻喉科一名术后复查的 19 岁男性患者齐某生，认为医生在操作过程中弄疼了自己，随后回家取铁棍为凶器，再度返回医院耳鼻喉门诊，二话不说猛击耳鼻喉科背对着门正在给患者开检查单的主任孙某涛医生头部，直至殴打至死。犯罪嫌疑人齐某生 1 月 16 日至 1 月 23 日因鼻部疾病住院治疗，花费 2000 元，住院和 3 次复查期间未与医务人员发生冲突。2 月 18 日，犯罪嫌疑人齐某生被刑事拘留。经调查查明，犯罪嫌疑人齐某生，1995 年 11 月出生，绥化市海伦人，一名高中生，就读于中国第一重型机械集团公司第五子弟中学，暂住富拉尔基区北兴岗西社区。在春节前因鼻中隔偏曲和慢性鼻炎住院治疗，对北钢医院耳鼻喉科主任孙某涛治疗结果不满意，遂产生报复心理。2 月 17 日上午 10 时左右，齐某生手持一根 50 厘米左右的铁管，闯入该院耳鼻喉门诊室，连击孙某涛的头部，行凶后欲逃跑时被及时赶到的民警抓获。据齐某生供述，他曾在周日来过医院一次准备行凶，结果大夫休息没上班，于是周一再次来医院。作案动机与其治疗后鼻子有些不好看、影响容貌有关。警方给出的结论是：这是一起故意报复杀医案，在凶手之前就诊和之后行凶过程中，其逻辑、语言、思维都非常正常，没有精神病史。

案例 27：2014 年 2 月 18 日 15 时 30 分，河北保定市易县人民医院普外科 30 多岁的李某新医生在办公室背对着门口写病历时，被人从身后抱住头部，用菜刀割破喉部。随后行凶男子逃离现场。李某新双侧胸锁乳突肌被离断，右侧甲状腺被切断，颈总动脉暴露，气管损伤，经紧急抢救脱离生命危险。当日 17 时，易县警方遂在易县东岗村家中抓获了 60 多岁犯罪嫌疑人杜某顺。经初步审讯，杜某顺交代，2012 年冬，其因诊断出患了疝气，就到该县中医院治疗，作了手术。后经卫生局协调赔偿了 8000 元，并由中医院出钱送到县人民医院治疗，易县医院诊断为积水，2013 年 2 月，易县县医院普外科主任和李某新大夫给他做了第二次手术，因为平时问诊查房的都是李某新，他便记住了李医生。出院后，认为医院治疗有问题，效果不佳，并造成头晕、高血压和脑萎缩，身体佝偻的厉害，精神出了问题，遂产生报复念头。18 日 15 时 30 分，其持菜刀至易县县医院 8 楼普外科，用刀将医生李某新颈部割伤。杜洪顺被易县公安局刑事拘留。

案例 28：2014 年 4 月 19 日 8 时许，江苏沭阳县南关医院住院部四楼妇产科实习医生刘某胜（男，24 岁）陪同女医生张某某、乔某某到病房对实施剖宫产手术的产妇庞某甲进行伤口检查，庞某甲的丈夫张某某因怀疑刘某胜故意看庞某甲私密处而心生不满，欲对刘某胜实施殴打，因被人劝阻而未实施。后张某某将此事告知庞某乙（庞某甲哥哥）、胡某某，并表示要对刘某胜实施殴打。同日 10 时许，张某某在住院部四楼医生办公室处将刘某胜指认给庞某乙、胡某某。随后张某某、庞某乙、胡某某在医生办公室外等候刘某胜准备对其实施殴打。待刘某胜走出办公室后，庞某乙率先用拳头击打刘某胜头部致其摔倒在地，后庞某乙、胡某某用脚踹刘某胜头部、背部等处，张某某紧随其后，并阻止他人拉架。经鉴定，刘某胜右额颞部、右面部及右眼部的损伤均构成轻微伤，鼻部损伤致右侧鼻骨骨折合并右侧上颌骨额突骨折构成轻伤二级。2014 年 8 月 21 日上午 9 时，沭阳县人民检察院提起公诉的被告人张某某、庞某乙、胡某某寻衅滋事殴打妇科男医生一案，于沭阳县人民法院第七审判庭公开开庭审理。法院认为，第一，关于被告人所犯罪的性质及个人所起的作用：妇产科男医生参与为女患者检查身体属于例行公事，作为病员及其家属完全应该理解。但在本案中，被告人张某某却无法忍受，产生殴打男医生的想法，并伙同妻兄即被告人庞某乙等人无故殴打男医生，这是一种典型的小题大做的寻衅滋事行为。寻衅滋事犯罪侵犯的客体是公共秩序，故意伤害犯罪侵犯的是他人的身体健康权利。本案中，被告人无故对妇产科男医生刘某胜进行殴打，且庞某乙、胡某某二人殴打刘某胜时，被告人张某某还呵斥上前阻止的人，从表面上看侵犯的是刘某胜的身体健康，但实质上是扰乱了医院正常的医疗秩序。在医院公共场所，无视社会秩序，随意殴打他人，不但对被害人本人造成身心伤害，还对社会秩序造成无法弥补的损害。本案中三被告行为是基于无端寻衅的动机，随意殴打他人，行为人毫无来由地惹是生非、打人毁物、寻衅闹事。针对张某某所起作用，从公诉机关提供证据分析，被告人张某某是本案犯意的提出者，意图明显，主观上追求这种结果，并且带其余二被告人指认被害人。在殴打过程中，其呵斥、制止劝阻人员。第二，关于量刑：被告人张某某、庞某乙、胡某某在医院内随意殴打他人，情节恶劣，其行为已构成寻衅滋事罪。公诉机关指控被告人张某某、庞某乙、胡某某犯寻衅滋事罪的事实清楚，证据确实、充分，指控罪名正确，依法予以支持。被告人张某某、庞某乙、胡某某共同实施故意犯罪，系共同犯罪。三被告人到案后能够如实供述自己的罪行，系坦白，依法可以从轻处罚。综上，法院经审理认为，被告人张某某、庞某乙、胡某某故意殴打他人，情节恶劣，其行为均已构成寻衅滋事罪。鉴于三被告人归案后均能如实供述自己的罪行，依法予以从轻处罚。依照《刑法》判决被告人张某某犯寻衅滋事罪，判处有期徒刑 1 年 10 个月；被告人庞某乙犯寻衅滋事罪，判处有期徒刑 2 年；被告人胡某某犯寻衅滋事罪，判处有期徒刑 1 年 8 个月。

案例29：2005年，谢某晖曾在万某均开设的口腔诊所医治门牙，谢某晖因对治疗效果不满与曾医治其牙齿的万某均多次发生纠纷。谢朝晖遂对其产生怨念，并伺机报复。2013年2月16日13时许，谢某晖面戴口罩，携带装有汽油的塑料水桶，在四川省绵阳市涪城区三光街口，趁万某均不备，将汽油从头泼洒到身上。万某均被泼洒汽油后，朝诊所方向奔跑，跑出3米左右后，被谢某晖追上，双方发生拉扯。在拉扯过程中，谢某晖拿出随身携带的打火机，点燃万某均身上的汽油，谢某晖的右手因沾有汽油也被同时引燃。随后，谢某晖朝红星街方向逃窜，万某均则在原地呼救，其身上的火被路过的公交车司机持车载灭火器扑灭后送医院抢救。谢某晖逃离现场过程中，将身上燃烧起火的外套脱下，扔置于作案现场附近。谢某晖逃离现场后，先后到绵阳市中医院、绵阳市人民医院医治其被火烧伤的右手。当日17时许，办案民警在绵阳市人民医院，将在此医治烧伤的谢某晖当场抓获。2013年2月17日，绵阳市公安局涪城分局以涉嫌故意杀人罪对谢某晖刑事拘留。同月28日，经涪城区人民检察院批准，由绵阳市公安局涪城分局对谢某晖执行逮捕。万某均虽经医院全力抢救脱险，但其全身大面积烧伤，头面颈、双上肢22% Ⅱ－Ⅲ烧伤伴感染，吸入性损伤，烧伤性休克，面部大面积烧伤疤痕，双耳呈焦痂状，右手第2～5指远侧指节缺失，远端皮肤发黑；左手第5指远侧指节缺失，左第1～4指远节变黑，坏死，损伤程度属重伤。经鉴定，万某均的人体损伤程度为重伤。据粗略计算，谢某晖的犯罪行为对万某均所造成的各项直接经济损失，共计469900.91元。另据法院查明，谢某晖患偏执型精神分裂症，案发时处于发病期，属限制刑事责任能力人。2013年6月10日，涪城区人民检察院将该案报送绵阳市人民检察院审查。2014年5月5日，“报复烧医案”在绵阳市中级人民法院开庭审理，绵阳市人民检察院对犯罪嫌疑人谢某晖以故意杀人罪（未遂）提起公诉。法院审理认为，谢某晖故意非法剥夺他人生命的行为，已触犯刑律，构成故意杀人罪，且作案手段特别残忍，后果极其严重，应予严惩。谢某晖为报复万某均，用汽油焚烧万某均，在其全身起火后，不仅未予施救，反而逃离现场，反映了谢某晖对可能导致被害人死亡的后果持放任的态度，对其行为应认定为故意杀人罪。谢某晖作案时虽系精神病发病期，认识能力和控制能力较弱，但其并非完全不具有认识和控制能力，谢某晖所实施的客观行为，仍然是在其主观意志控制之下实施的。据此，根据被告人谢某晖的犯罪事实、性质、情节和对社会的危害程度，绵阳市中级人民法院于2014年7月一审宣判被告人谢某晖犯故意杀人罪，判处死刑，缓期二年执行，剥夺政治权利终身，对其限制减刑，并赔偿受害人万某均各项经济损失共计469900.91元。

案例30：2015年年初，江苏徐州51岁的田某生听说铜山区柳新镇孙庄村卫生室的胡某生医术高明，于是带着母亲去治疗咳嗽，治疗后效果较好，田某生很感激，逢人就说胡医生技术好。2015年9月4日，田某生因便秘再次找到胡某生（殁年58岁）治疗，但这次治疗效果不佳，田某生便认为医生一定是在“坑”他，于是于当月6日到孙庄村卫生室与胡某生理论。吵闹之下，医生只得报警求助，一番疏导后，警方建议田某生到其他医院先行就医，若认为胡医生的治疗有误，可以在明确过错后进行投诉。然而，民警的劝导在田某生的眼中变成了偏袒，认为警方和医生是一伙的。田某生对处理结果不满，遂产生杀害胡某生的念头。同年9月8日10时许，田某生戴墨镜、口罩、太阳帽进行伪装，并携带尖刀至卫生室附近守候伺机杀害胡某生。当时卫生室有很多人，田某生没敢下手。当日12时许，胡某生回家吃饭。当胡某生行至卫生室东门南约10米处时，田某生抓住时机持尖刀上前连续捅刺其腹部等处。被捅伤的胡某生捂着伤口跑到附近村民家中求救，而田某生并未收手，追赶胡某生至一村民家中并连续猛刺胡某生胸、腹、项部等处10余刀致其倒地后，又捅刺胡某生颈部2刀致其当场死亡。作案后，田某生企图逃跑并威胁村民，被现场群众制服，后被公安机关控制。经法医鉴定，胡某生系被他人持单刃刺器捅刺致肝脏破裂、肠系膜上动脉离断、椎动脉离断等致大失血死亡。经南京脑科医院司法鉴定所司法鉴定，田某生无精神病，作案时具有完全刑事责任能力。2016年9月9日，徐州市中级人民法院经审理认为，田某生因医患纠纷，无端猜疑治疗效果，持尖刀捅刺医务工作者要害部位20余刀，致一人死亡，犯罪手段残忍、后果严重、社会危害性大，作出一审判决，以故意杀人罪判处田某生死刑，剥夺政治权利终身，被告人田某生赔偿附带民事诉讼原告人胡医生的家人经济损失人民币30891.5元。被告人田某生坚称因为对方开错药，自己很生气，并不是想杀害对方，当庭表示上诉。

第三节 暴力伤医的防控与治理

暴力伤医行为的治理，不是某一个部门、某一个群体一蹴而就就能解决的，需要从政府到医院、从医护人员到患者与家属、从社会组织到大众多方共同努力，既要改造人的主观世界，又要创造良好的法律环境和制度环境；既要能在事件发生后积极应对妥善处理，更要主动预防减少甚至杜绝暴力伤医事件的发生。暴力伤医的治理，归根结底必须提供充足的社会财政保障以及建立和谐融洽的医患关系。

一、医方的预防和控制措施

第一，医疗机构应落实各项法律法规的规定，加强内部管理，加强医德医风建设。医疗机构要建立三级医疗安全警示制度，加强对门诊、外科、临床科室、麻醉科、放射科、检验科、病理科等重点科室的安全防范管理，合理规划和制订医疗质量监控方案，引进律师见证制度，建立三级监控网络，完善质量管理和考核评价体系；加大对首诊负责制、三级医师查房制、疑难及死亡病历讨论制和会诊制的监督检查力度。严格执行收费标准，禁止过度医疗，合理检查、合理用药，坚持药品、医疗检查收费项目公开制，努力杜绝“红包”“回扣”。强化医德医风建设，提高医务人员职业道德素养，增强医务人员为病人服务的主动性。

第二，医疗机构应提高防范意识，重视保卫工作，完善医疗应急处理系统和预警机制。医疗机构应加强管理和积极协调安保部门与医疗机构相关科室的医疗纠纷通报和沟通工作，及时掌握纠纷处理信息，在医务人员工作场所安装黄色警报按钮，定期举办医疗纠纷防范知识讲座，预防各类医患之间治安、刑事案件的发生，保护双方的合法权利和利益。

第三，引进并培养高素质的医事法律人才专门处理医疗纠纷，有效维护自身权益。医疗机构任用既精通医学知识又熟悉法律知识的医事法律专业人才来专门处理医疗纠纷，在应对患者及其家属，应对媒体以及加强自身制度建设方面都有比任用非专业人员更加显著的效果。医院内处理医疗纠纷的人员，不仅要具备良好的职业道德品质，更重要的是要有良好的专业知识和超强的沟通能力和一定的耐心，使医疗纠纷成功解决。[①]

第四，医疗机构和医务人员加强与患者的沟通，积极履行告知和说明义务，公开医疗信息，重视和保障患者知情权，明确告知患者及其家属病情的严重程度、治疗风险和治疗预期结果等相关信息，增强患者对医院及医务人员的信任度，降低医疗纠纷发生的风险，提前化解潜在的医疗纠纷。

第五，医疗机构和医务人员应提高医疗服务水平和医疗业务水平，加强医务人员的医疗知识和人文知识教育，加强临床培训和交流，不断改善工作态度，加强责任心，端正服务态度，引导患者通过合法途径和正规渠道解决医疗纠纷。

第六，医疗机构保卫部门加强安保力量，尽职尽责，处置得当。医疗机构应设置安保力量，配备适当的专职治安保卫人员，加强管理、培训和专项演练。安保力量要积极发挥其保卫和服务功能，完善报警设施，加强巡查和安检，维护医疗机构的正常秩序，创造安定有序的医疗环境。

第七，医务人员加强医疗风险意识和安全防范意识，学习自我保护方法和技巧，提前采取应对暴力的措施，提高应对暴力的能力，增强自我保护，依法行医，避免医患纠纷的出现，降低被患者伤害的不安全因素。

第八，加强法律教育，提高医务人员法律意识。医务人员缺乏法律意识是目前医患纠纷明显增多的最主要因素之一。医疗机构及其医务人员严格遵守卫生法律、法规、部门规章和诊疗护理常规，恪守职业道德。医疗机构要组织医护人员认真学习法律，加强教育，增强法律意识及自我保护意识，在实际工作中依法行事。医疗机构要开展医疗卫生法律法规的学习和培训，明确权利义务关系，充分尊重法律赋予病人的各种权利。医疗机构要有证据意识，客观、真实、准确、及时、完整地记录病例。不断地增强医务人员法律意识，就能有效减少医疗纠纷。

① 熊学军、庞震苗："医疗纠纷处理应重视的几个问题"，载《现代医院》2005年第11期，第152页。

二、患方的预防和自控方法

第一，针对自身的病情，补充医学知识，及时了解医疗技术水平及其局限。医学是门自然科学，也是一门实验性学科。当前，医学方面尚存许多未知领域，但患者很难理解医疗行为的高科技、高风险以及医学领域尚存的诸多未知和变数，患者及其亲属对医疗行为的成功与否缺乏科学的认识。[①] 因此，针对患者医学知识的欠缺，患者应该具体对自己的病情多方了解其医学理论、治疗程序、治疗预期结果和产生的副作用，加强医学背景知识的学习和补充，做到有所准备。除了药物不良反应、疾病的自然转归、医疗意外等客观因素以外，患者个体差异较大，同样程度的疾病个体的外在表现并不一定相同，有可能出现医生救治方案无误但患者因自身原因出现并发症。而且，一些疾病发展很快，如果错过了最佳治疗阶段，治疗过程中病情可能会迅速恶化。但由于医学的专业性，一般患者不可能对这些情况完全知晓。当今的社会现实是，患者对医学本身的局限缺乏了解。很多患者都认为，现代医学技术已经如此发达，医生理应妙手回春，起死回生。可实际情况是，医疗领域仍然充满着未知数和变数，国内外都承认医疗确诊率只有70%，各种急重症抢救成功率也只有70%—80%，相当一部分疾病原因不明、诊断不清，这是医学的无奈。很多人对医学的期望值过高，一旦发生医疗意外，医患之间立刻就会变成不共戴天的仇敌。[②]

第二，完全告知医方病情病史，与医方加强诚信沟通，改善和重塑相互尊重和相互信任关系，消除紧张关系，共同对抗疾病。面对医方的诊疗，患者应对发病情况、自身的病史、治疗经过、治愈情况、后遗症状、不良反应等相关情况如实、完全告知医方，不得隐瞒相关病情。患方积极参与医疗方案，相互合作，配合治疗，不拖延病情。医患双方平等互动、相互理解，采取多种形式和方式的沟通途径，如对话、谈话、讲座、座谈、病友会、征求意见表、会诊、投诉反馈，构建多样化的沟通渠道。关于患者家属对治疗过

---

① 陈榕萍："解决医患纠纷的对策研究"，载《医学信息（上旬刊）》2011年第5期，第30－32页。

② 代丽丽："伤医不断明天谁来当医生"，载《北京晚报》2014年4月8日，第34版。

程中患者的病情发展不知晓、对医生给出的解释从内心里也不愿接受、医疗信息的不对称加深了医患之间的不信任情况，在医方建立信息交流平台、医疗信息公开、治疗流程公开和规范的同时，患者要与医方保持良好的沟通和对话，尊重医务工作者的人格，信任医生的医术，理解医疗过程与医生职业的特殊性，消除诚信危机和纠纷隐患，加强与医方的相互尊重、相互信任的关系，各自认真行使权利和履行义务。患者及其家属要树立诚信意识，发扬优良传统道德，不基于经济利益的驱动恶意制造事端骗取医疗赔偿或逃避、减免医疗费用。

第三，转变原有的旧观念，树立正确的价值观念和道德观，提高自身法律素质。患者及其家属发扬社会良好道德和信仰，反对利益观和金钱观，树立医患平等观念，坚持基本的是非观念，消除牟取医疗赔偿或其他非法利益的思想，增强法律意识，树立法制观念，学习和了解医疗法律知识，遵守国家医疗法律法规规章制度的规定和国家医疗政策，遵循医疗常规，理解医务人员的诊疗行为，将自身的行为限制在法律允许的范围内。

第四，科学认识医学发展和医疗技术以及医疗行为，对医疗结果保持合理期望，保持心理平衡，理性处理医疗纠纷。与过去几年相比，当今社会的医学发展日新月异，随着人们生活条件的改善和医疗技术的提高，人们对生命健康的预期也随之提高。由于缺乏对医学知识和医学发展水平的充分认识，患者及其家属不能完全了解医疗过程的高风险性以及疾病治疗的不可预测性，往往对医疗治疗结果的期望值过高，认为进了医院就好比进了“生命保险箱”，通过一次入院就治好疾病，医生也理应治好。但是，就目前来看，由于医学发展本身的局限性，医疗技术的发展仍然滞后，医疗经验仍待丰富，患者不可能人人康复，但患者家属往往难以保持理性，如果治疗效果达不到预期，他们就无法接受。因此，患者及其家属应正确认识和了解医疗风险，合理预测医疗质量和效果，对治疗失败要控制自己的失望情绪，提高心理准备和心理接受能力；对医疗纠纷，合理控制愤怒、焦虑、失望、无助、抑郁等消极的情绪和过激、偏激的言行，不提出过分或者无理的要求，实事求是，理智处理医疗纠纷。

第五，积极寻求法律途径妥善解决纠纷，消除暴力能解决一切问题的观念和思维。对发生的医疗纠纷，患方应保持理性、讲道理，在法律框架内维护自己的合法权益，正确行使法律规定的解决纠纷的权利，积极寻求及时、有效的解决方案。合理采取纠纷解决措施，无论是采取投诉、协商、和解、申诉、求助媒体的方式还是第三方调处、诉讼的方式，都应按照法律程序公开、公平、公正、合理解决纠纷，耐心等待对纠纷的调查和处理结果，和平解决医疗争议，消除过激行为，坚决不采用暴力手段解决医疗纠纷。发生医疗纠纷后，对于不走法律途径依法解决而是借助家族势力和亲戚朋友人多力量大到医院打砸闹、围攻殴打医务人员和医院领导、非法限制他人人身自由、给政府和院方施加压力、干扰医院的正常工作秩序的行为，不但不参与和支持，还应坚决抵制和制止。

三、社会的预防和治理途径

第一，加快和深化医疗改革，改变以药养医体制，加强政府公共服务和社会管理职能，完善社会保障体系，将安全保障体系作为医院的审批和考核标准，加大财政投入，加强医疗卫生监管，加强医院的公益性，扩大社会保障体系和医疗救助，健全医保制度，建立医疗风险分担机制和医疗责任保险、医疗意外强制险体系，降低医疗费用，普及和均衡医疗资源，优化服务结构，平等对待公立与私立医院，形成公平竞争。

2013 年《医院场所暴力伤医情况调研报告》指出，中国医疗体系也缺乏可靠的问题处理机制，让患者可以在遇到医疗纠纷或医疗事故时能够采取法律行动。调查报告提出应建立医疗风险救助机制，完善医疗风险补偿机制。对于无医疗过错产生的医疗损害，建立输血感染及不良反应、药品不良反应等补偿机制，使用无过错机制提出补偿诉求，及时救助患者因损害造成的困难。2013 年《医院场所暴力伤医情况调研报告》显示，55.9% 的医院已为全院医务人员投保医疗责任险。

医疗行业观察人士称，医疗系统资金不足的情况凸显了医院体制存在的问题，政府加速扩大医疗保险的涵盖范围，在全国各地开设医院，但一直无法引入足够医疗人才来满足新设施不断增加的需求。中国医师协会 2011 年对 6000 名医师进行的一项调查显示，95% 的受访者表示他们的工资过低，中国人眼里医生就相当于公务员，但他们每个月的工资只有人民币 3000 元左右（约合 490 美元），并不比餐厅服务员高。由此造成的结果就是医生短缺。世界银行（World Bank）的数据显示，2010 年中国每千人仅拥有 1.4 名医生，而美国每千人拥有 2.4 名医生。医生的短缺势必造成工作量的加大，医生们坦言，他们给每位病人看病的时间不得不缩到最短，这影响了医患之间的信任，形成恶性循环。

第二，建立和完善解决医患纠纷的积极、有效的途径，妥善处理医患纠纷。医患纠纷处理途径主要有：医患双方民事解决，如双方协商解决、第三方调解解决；医患双方行政解决，如患方向医政管理机关申请医疗事故鉴定并根据鉴定结论解决、医政管理机关的行政处理和处罚；医患双方司法诉讼解决，如提起民事诉讼、行政诉讼和通过刑事诉讼解决。目前，多数选择医患双方协商解决，但因为双方对争议涉及的医疗问题及责任划分和赔偿数额协商不成，导致纠纷久商不决。因此，需要积极探索建立医患纠纷的多方、多元解决机制。

2013 年《医院场所暴力伤医情况调研报告》表示，以往的医疗纠纷主要通过三种途径解决：自行协商、行政调处、民事诉讼。一般来说，以上方式中，医患协商解决占 80%，行政和司法解决各占 10%。为了突破传统解决途径的局限，医疗纠纷人民调解委员会应运而生。根据调查结果，67.1% 的医院表示通过人民调解处理过医疗纠纷，且通过人民调解处理医疗纠纷的比例比较高，通过人民调解处理医疗纠纷在 30% 及以上的医院比例近七成，其中 90% 以上医疗纠纷是通过人民调解处理的医院比例达到了 19.6%。2013 年《医院场所暴力伤医情况调研报告》认为，通过人民调解对于医院处理医疗纠纷具有积极意义，值得提倡和推广。但是，2013 年《医院场所暴力伤医情况调研报告》也指出，对人民调解医疗纠纷的效果信心不足，仅 32.2% 明确表示人民调解可以减少暴力伤医事件发生。[①] 即使如此，面对我国医疗纠纷解决的机制和现状，目前解决医疗纠纷和暴力伤医的途径，主要是完善第三

① 王玲玲、王晨、曹艳林、赵越、程宇涛、郑莉丽："医院场所暴力伤医趋势、不良影响分析与思考"，载《中国医院》2014 年第 3 期，第 5 页。

方调解机制，保持独立性、公正性、中立性和权威性。

第三，成立专职的医患纠纷管理机构。出现医疗纠纷后应积极采取措施，立即组织调查核实，表现出负责的态度和解决问题的诚意，以坦诚公正的态度面对问题，用行动赢得患方信赖，努力营造医患双方融洽沟通的氛围，为妥善解决纠纷打好基础、创造条件。成立投诉纠纷专职处理机构，选派专职人员，配备法律顾问，专门负责接待处理各类投诉纠纷。2013 年《医院场所暴力伤医情况调研报告》显示，在接受调查的 316 家医院中，绝大多数（98.7%）医院表示已经设置了专门的患者投诉管理通道，其中 49.4% 的医院设有医务处（部、科），43.5% 的医院设置了医患关系处或办公室。在医疗纠纷防范及处理方面，72.0% 有警务工作站且已投入使用，96% 有相关培训。①

第四，制定和完善统一的法律规定。立法的缺陷导致现行法律法规不利于医患纠纷的解决，法律依据的不一致造成了医患纠纷处理和适用法律上的“二元化”。例如，被鉴定为医疗事故的案件依据《医疗事故处理条例》进行赔偿，而不被鉴定为医疗事故的案件则依据《民法通则》和相关司法解释的规定进行赔偿。然而，两种完全不同法律依据的背后，却是相差悬殊的经济赔偿额，通过后一途径得到的赔偿明显多于前一途径。显然，《医疗事故处理条例》《民法通则》和《侵权责任法》等现行相关法律规范的冲突、矛盾，是医疗纠纷难以和平解决的原因之一。因此，要消除医疗纠纷中的恶意巨额索赔和暴力索赔等现象，尽快制定我国统一的医患纠纷处理法，提升现行法律层次，完善处理机制和程序②；制定医疗执业法等相关法律，明确医患法律关系的性质，对医患双方权利义务进行统一立法规定，重新界定医患双方的法律地位。要制定统一赔偿标准，取消赔偿标准“二元化”，构建统一的司法赔偿机制，实现社会的公平正义。

第五，普及全民健康教育知识。开展宣传教育、缩小医患间信息不对称。

---

① 邓晨曦：“调查数据显示：超六成医院发生过暴力伤医事件”，载《吉林医学信息》2014 年第 2 期，第 35 页。

② 方巍、方志林：“医患纠纷法律治理研究”，载《福建政法管理干部学院学报》2008 年第 2 期，第 93 页。

通过多种形式向社区居民宣传健康教育知识，扩大沟通内容，开展对常见病的科普知识、医疗法规、医疗保险、医患监督制度等专题讲座教育，不能轻信那些包治百病的江湖游医和一些虚假广告，使广大市民要相信科学。了解医疗这个特殊服务行业的高风险性。通过各种渠道加大宣传教育力度。尽可能使广大群众获得相关信息，缩小医患之间医疗信息不对称差距，通过信息传递，使医患双方依法维权意识增强，避免医院暴力发生。

第六，加强执法部门执法力度和司法的公正。尽管公安部、卫生部曾多次联合发文对医疗机构治安案件处理做出明确规定，但实际上一旦医患矛盾激化，公安机关在处理医疗纠纷时缺少力度，医务人员安全已经成为一个凸出的问题。医院是为患者提供医疗服务的特殊工作场所，但由于目前在处理医院暴力事件中相应的法规不够完善，给执法者带来一定难度，要制定专门法规，做到有法可依。广大医务人员呼吁政府部门尽快出台专门针对医院暴力的法规，在保护患者合法权益的同时，依法维护医疗机构的正常工作秩序，医疗机构要成立安全防范小组，并制定有效的防范措施，切实保障医务人员的人身安全。在执法上加大对医务人员的保护力度，行政执法部门也要公平保护患者一方。在司法上平等公正地对待医患双方，权衡医患双方的权利与义务，客观公正的做出判断。

第七，媒体正面宣传和引导。个别媒体对医患纠纷、医院不正之风的报道事实不清、信息片面，报道不实甚至歪曲事实，错误渲染误解一方，把简单的医疗纠纷复杂化，片面、局限、不客观的报道在激化医患矛盾的同时又诱导了个别患方有理无理都大闹医院，甚至伤害医务人员，使医患关系进一步恶化。① 因此，媒体应该在事实调查清楚的基础上客观、积极地引导民众，加强正面舆论宣传，在医患纠纷发生之后能够做到客观公正的报道，客观公正地评价医患关系，正确地引导社会舆论，帮助社会大众重建对于医疗事业的信心。新闻媒体应多宣传国家法规及医学科普知识，加大医疗服务的风险性、不确定性的宣传，应让患者了解医学的特殊性、复杂性、高风险性。如

① 李珑、王晓燕、王辰等："医患不信任问题对医方医疗行为的影响及对策分析"，载《中国医院管理》2012 年第 1 期，第 56－58 页。

果一旦发生医疗纠纷，医患双方都应遵守相关的法律法规，依法处理，而不是采取非常手段，加剧冲突和矛盾。应通过宣传，增强群众对我国卫生事业改革与发展的理解和支持，树立患者正确的就医态度，营造良好的卫生工作环境和社会氛围。增加公民对医务人员的尊重。让全社会共同参与，营造一个良好的就医环境。

第三章
医患纠纷的刑事法律规制概述

第一节　医患纠纷的刑事法律规定

一、医患纠纷的刑法规定

（一）刑法总则的相关规定

《刑法》第 18 条第 1 款规定："精神病人在不能辨认或者不能控制自己行为的时候造成危害结果，经法定程序鉴定确认的，不负刑事责任，但是应当责令他的家属或者监护人严加看管和医疗；在必要的时候，由政府强制医疗。"

《刑法》第 95 条规定："本法所称重伤，是指有下列情形之一的伤害：（一）使人肢体残废或者毁人容貌的；（二）使人丧失听觉、视觉或者其他器官机能的；（三）其他对于人身健康有重大伤害的。"

（二）刑法分则的相关规定

《刑法》第 141 条规定了生产、销售假药罪："生产、销售假药的，处三年以下有期徒刑或者拘役，并处罚金；对人体健康造成严重危害或者有其他严重情节的，处三年以上十年以下有期徒刑，并处罚金；致人死亡或者有其他特别严重情节的，处十年以上有期徒刑、无期徒刑或者死刑，并处罚金或者没收财产。本条所称假药，是指依照《中华人民共和国药品管理法》的规定属于假药和按假药处理的药品、非药品。"

《刑法》第 142 条规定了生产、销售劣药罪："生产、销售劣药，对人体健康造成严重危害的，处三年以上十年以下有期徒刑，并处销售金额百分之五十以上二倍以下罚金；后果特别严重的，处十年以上有期徒刑或者无期徒刑，并处销售金额百分之五十以上二倍以下罚金或者没收财产。本条所称劣药，是指依照《中华人民共和国药品管理法》的规定属于劣药的药品。”

《刑法》第145条规定了生产、销售不符合标准的医用器材罪：“生产不符合保障人体健康的国家标准、行业标准的医疗器械、医用卫生材料，或者销售明知是不符合保障人体健康的国家标准、行业标准的医疗器械、医用卫生材料，足以严重危害人体健康的，处三年以下有期徒刑或者拘役，并处销售金额百分之五十以上二倍以下罚金；对人体健康造成严重危害的，处三年以上十年以下有期徒刑，并处销售金额百分之五十以上二倍以下罚金；后果特别严重的，处十年以上有期徒刑或者无期徒刑，并处销售金额百分之五十以上二倍以下罚金或者没收财产。”

《刑法》第234条第3款、第4款和第5款规定了组织出卖人体器官罪、故意伤害罪、故意杀人罪、盗窃、侮辱尸体罪：“组织他人出卖人体器官的，处五年以下有期徒刑，并处罚金；情节严重的，处五年以上有期徒刑，并处罚金或者没收财产。未经本人同意摘取其器官，或者摘取不满十八周岁的人的器官，或者强迫、欺骗他人捐献器官的，依照本法第二百三十四条、第二百三十二条的规定定罪处罚。违背本人生前意愿摘取其尸体器官，或者本人生前未表示同意，违反国家规定，违背其近亲属意愿摘取其尸体器官的，依照本法第三百零二条的规定定罪处罚。”

《刑法》第253条第3款、第5款规定了出售、非法提供公民个人信息罪：“国家机关或者金融、电信、交通、教育、医疗等单位的工作人员，违反国家规定，将本单位在履行职责或者提供服务过程中获得的公民个人信息，出售或者非法提供给他人，情节严重的，处三年以下有期徒刑或者拘役，并处或者单处罚金。单位犯前两款罪的，对单位判处罚金，并对其直接负责的主管人员和其他直接责任人员，依照各该款的规定处罚。”

《刑法》第290条第1款规定了聚众扰乱社会秩序罪：“聚众扰乱社会秩序，情节严重，致使工作、生产、营业和教学、科研、医疗无法进行，造成严重损失的，对首要分子，处三年以上七年以下有期徒刑；对其他积极参加的，处三年以下有期徒刑、拘役、管制或者剥夺政治权利。”

《刑法》第 302 条规定了盗窃、侮辱尸体罪：“盗窃、侮辱尸体的，处三年以下有期徒刑、拘役或者管制。”

《刑法》第 330 条规定了妨害传染病防治罪：“违反传染病防治法的规定，有下列情形之一，引起甲类传染病传播或者有传播严重危险的，处三年以下有期徒刑或者拘役；后果特别严重的，处三年以上七年以下有期徒刑：(一) 供水单位供应的饮用水不符合国家规定的卫生标准的；(二) 拒绝按照卫生防疫机构提出的卫生要求，对传染病病原体污染的污水、污物、粪便进行消毒处理的；(三) 准许或者纵容传染病病人、病原携带者和疑似传染病病人从事国务院卫生行政部门规定禁止从事的易使该传染病扩散的工作的；(四) 拒绝执行卫生防疫机构依照传染病防治法提出的预防、控制措施的。单位犯前款罪的，对单位判处罚金，并对其直接负责的主管人员和其他直接责任人员，依照前款的规定处罚。甲类传染病的范围，依照《中华人民共和国传染病防治法》和国务院有关规定确定。”

《刑法》第 331 条规定了传染病菌种、毒种扩散罪：“从事实验、保藏、携带、运输传染病菌种、毒种的人员，违反国务院卫生行政部门的有关规定，造成传染病菌种、毒种扩散，后果严重的，处三年以下有期徒刑或者拘役；后果特别严重的，处三年以上七年以下有期徒刑。”

《刑法》第 332 条规定了妨害国境卫生检疫罪：“违反国境卫生检疫规定，引起检疫传染病传播或者有传播严重危险的，处三年以下有期徒刑或者拘役，并处或者单处罚金。单位犯前款罪的，对单位判处罚金，并对其直接负责的主管人员和其他直接责任人员，依照前款的规定处罚。”

《刑法》第 333 条规定了非法组织卖血罪、强迫卖血罪、故意伤害罪：“非法组织他人出卖血液的，处五年以下有期徒刑，并处罚金；以暴力、威胁方法强迫他人出卖血液的，处五年以上十年以下有期徒刑，并处罚金。有前款行为，对他人造成伤害的，依照本法第二百三十四条的规定定罪处罚。”

《刑法》第 334 条规定了非法采集、供应血液、制作、供应血液制品罪、采集、供应血液、制作、供应血液制品事故罪：“非法采集、供应血液或者制作、供应血液制品，不符合国家规定的标准，足以危害人体健康的，处五年以下有期徒刑或者拘役，并处罚金；对人体健康造成严重危害的，处五年以上十年以下有期徒刑，并处罚金；造成特别严重后果的，处十年以上有期徒刑或者无期徒刑，并处罚金或者没收财产。经国家主管部门批准采集、供应血液或者制作、供应血液制品的部门，不依照规定进行检测或者违背其他操作规定，造成危害他人身体健康后果的，对单位判处罚金，并对其直接负责的主管人员和其他直接责任人员，处五年以下有期徒刑或者拘役。”

《刑法》第335条规定了医疗事故罪：“医务人员由于严重不负责任，造成就诊人死亡或者严重损害就诊人身体健康的，处三年以下有期徒刑或者拘役。”

《刑法》第336条对非法行医罪、非法进行节育手术罪进行了规定：“未取得医生执业资格的人非法行医，情节严重的，处三年以下有期徒刑、拘役或者管制，并处或者单处罚金；严重损害就诊人身体健康的，处三年以上十年以下有期徒刑，并处罚金；造成就诊人死亡的，处十年以上有期徒刑，并处罚金。未取得医生执业资格的人擅自为他人进行节育复通手术、假节育手术、终止妊娠手术或者摘取宫内节育器，情节严重的，处三年以下有期徒刑、拘役或者管制，并处或者单处罚金；严重损害就诊人身体健康的，处三年以上十年以下有期徒刑，并处罚金；造成就诊人死亡的，处十年以上有期徒刑，并处罚金。”

《刑法》第338条规定了重大环境污染事故罪：“违反国家规定，排放、倾倒或者处置有放射性的废物、含传染病病原体的废物、有毒物质或者其他有害物质，严重污染环境的，处三年以下有期徒刑或者拘役，并处或者单处罚金；后果特别严重的，处三年以上七年以下有期徒刑，并处罚金。”

《刑法》第409条规定了传染病防治失职罪：“从事传染病防治的政府卫生行政部门的工作人员严重不负责任，导致传染病传播或者流行，情节严重的，处三年以下有期徒刑或者拘役。”

在上述《刑法》规定的有关罪名中，与医患纠纷直接相关的罪名主要有：医疗事故罪、非法行医罪、非法进行节育手术罪、非法采集、供应血液、制作、供应血液制品罪、采集、供应血液、制作、供应血液制品事故罪、组织出卖人体器官罪、盗窃、侮辱尸体罪，其他罪名也与医患纠纷刑事犯罪有一定的关系。

二、医患纠纷的其他法律规定

医患纠纷案件大部分本应是刑事案件却按照民事案件处理了。医疗行为稍有不慎动辄伤及患者健康，甚至损害患者生命。因此，对医务人员要求有执业资格，且在实施医疗行为过程中要求具有较高的注意义务。当医务人员连普通人的注意标准都达不到，造成患者生命健康受到严重损害的，就是严重不负责任，应当承担刑事责任。在现实生活中，一起起患者“走着进去，躺着出来”案件实际上医务人员已经构成了刑事犯罪，例如，类似于医生将药物用错造成患者人身伤亡的案件，都属于医务人员重大过错，因此，对于此类案件的处理不只是医疗机构进行民事赔偿，医务人员还应当负刑事责任。但是，在司法实践中由于患者法律意识缺乏，再加上医疗事故罪刑事法律制度相关规定模糊不清，案件难以界定是否构成刑事案件，大多数由于医务人员重大过错造成患者严重损害的刑事案件都按照民事案件处理了，一些严重的医疗事故肇事者逃脱了法律制裁。尤其是2002年《医疗事故处理条例》取代1987年《医疗事故处理办法》实施以后，这种刑事案件按照民事案件处理的情况更加突出。《医疗事故处理条例》取消了原来《医疗事故处理办法》中对“责任事故”与“技术事故”的划分。按照《办法》规定，如果构成责任事故的，则应当启动刑事诉讼程序，当事医生将被检察机关依据《刑法》第335条追究“医疗事故罪”。而《医疗事故处理条例》取消了此种划分之后，即使发生了责任事故，医生也不会被追究刑事责任。最高人民法院法官用“去刑事化”概括了《医疗事故处理条例》的这一变化，自从《医疗事故处理条例》实施以来，加大了医疗事故罪的认定难度，医生能被定医疗事故罪的很少。[①] 同时，患者及其家属打砸医院、对医务人员进行身体伤害、杀害或者辱骂等精神伤害、心理伤害的案件大多本应是刑事案件的医患纠纷，可大部分是按照民事案件赔偿处理，少部分由公安或其他部门予以行政处理，极少部分进入刑事司法程序，由司法机关追究刑事责任。

---

① 王丹峰：《论医患纠纷中患者权利及其保护》，中国政法大学2011年博士学位论文，第13页。

1999 年《执业医师法》和 2002 年《医疗事故处理条例》对承担刑事责任的情形作了规定，但是否追究刑事责任，还要以《刑法》为依据。《执业医师法》第 37 条规定：“医师在执业活动中，违反本法规定，有下列行为之一的……构成犯罪的，依法追究刑事责任：（一）违反卫生行政规章制度或者技术操作规范，造成严重后果的；（二）由于不负责任延误急危患者的抢救和诊治，造成严重后果的；（三）造成医疗责任事故的；（四）未经亲自诊查、调查，签署诊断、治疗、流行病学等证明文件或者有关出生、死亡等证明文件的；（五）隐匿、伪造或者擅自销毁医学文书及有关资料的；（六）使用未经批准使用的药品、消毒药剂和医疗器械的；（七）不按照规定使用麻醉药品、医疗用毒性药品、精神药品和放射性药品的；（八）未经患者或者其家属同意，对患者进行实验性临床医疗的；（九）泄露患者隐私，造成严重后果的；（十）利用职务之便，索取、非法收受患者财物或者牟取其他不正当利益的；（十一）发生自然灾害、传染病流行、突发重大伤亡事故以及其他严重威胁人民生命健康的紧急情况时，不服从卫生行政部门调遣的；（十二）发生医疗事故或者发现传染病疫情，患者涉嫌伤害事件或者非正常死亡，不按照规定报告的。”第 39 条规定：“未经批准擅自开办医疗机构行医或者非医师行医的，由县级以上人民政府卫生行政部门予以取缔，没收其违法所得及其药品、器械，并处十万元以下的罚款；对医师吊销其执业证书；给患者造成损害的，依法承担赔偿责任；构成犯罪的，依法追究刑事责任。”第 40 条规定：“阻碍医师依法执业，侮辱、诽谤、威胁、殴打医师或者侵犯医师人身自由、干扰医师正常工作、生活的，依照治安管理处罚条例的规定处罚；构成犯罪的，依法追究刑事责任。”《医疗事故处理条例》第 53 条规定：“卫生行政部门的工作人员在处理医疗事故过程中违反本条例的规定，利用职务上的便利收受他人财物或者其他利益，滥用职权，玩忽职守，或者发现违法行为不予查处，造成严重后果的，依照刑法关于受贿罪、滥用职权罪、玩忽职守罪或者其他有关罪的规定，依法追究刑事责任。”第 55 条第 1 款规定：“医疗机构发生医疗事故的……情节严重的，……对负有责任的医务人员依照刑法关于医疗事故罪的规定，依法追究刑事责任。”第 57 条规定：“参加医疗事故技术鉴定工作的人员违反本条例的规定，接受申请鉴定双方或者一方当事人的财物或者其他利益，出具虚假医疗事故技术鉴定书，造成严重后果的，依照刑法关于受贿罪的规定，依法追究刑事责任。”第59条规定：“以医疗事故为由，寻衅滋事、抢夺病历资料，扰乱医疗机构正常医疗秩序和医疗事故技术鉴定工作，依照刑法关于扰乱社会秩序罪的规定，依法追究刑事责任；尚不够刑事处罚的，依法给予治安管理处罚。”第61条规定：“非法行医，造成患者人身损害，不属于医疗事故，触犯刑律的，依法追究刑事责任；有关赔偿，由受害人直接向人民法院提起诉讼。”

2012年《刑事诉讼法》主要对精神病人、保外就医和强制医疗程序做了规定，不直接涉及医患纠纷，但与医患纠纷的原因、最终处理、赔偿、责任承担等有密切关系。

第一，2012年《刑事诉讼法》第一编总则第34条第2款规定：“犯罪嫌疑人、被告人是盲、聋、哑人，或者是尚未完全丧失辨认或者控制自己行为能力的精神病人，没有委托辩护人的，人民法院、人民检察院和公安机关应当通知法律援助机构指派律师为其提供辩护。”第40条规定：“辩护人收集的有关犯罪嫌疑人不在犯罪现场、未达到刑事责任年龄、属于依法不负刑事责任的精神病人的证据，应当及时告知公安机关、人民检察院。”第65条规定：“人民法院、人民检察院和公安机关对有下列情形之一的犯罪嫌疑人、被告人，可以取保候审：……（三）患有严重疾病、生活不能自理，怀孕或者正在哺乳自己婴儿的妇女，采取取保候审不致发生社会危险性的……”第72条规定：“人民法院、人民检察院和公安机关对符合逮捕条件，有下列情形之一的犯罪嫌疑人、被告人，可以监视居住：（一）患有严重疾病、生活不能自理的……”

第二，2012年《刑事诉讼法》第二编第二章侦查第四节勘验、检查第126条规定：“侦查人员对于与犯罪有关的场所、物品、人身、尸体应当进行勘验或者检查。在必要的时候，可以指派或者聘请具有专门知识的人，在侦查人员的主持下进行勘验、检查。”第129条规定：“对于死因不明的尸体，公安机关有权决定解剖，并且通知死者家属到场。”第130条规定：“为了确定被害人、犯罪嫌疑人的某些特征、伤害情况或者生理状态，可以对人身进行检查，可以提取指纹信息，采集血液、尿液等生物样本。犯罪嫌疑人如果拒绝检查，侦查人员认为必要的时候，可以强制检查。检查妇女的身体，应当由女工作人员或者医师进行。”第七节鉴定第147条规定：“对犯罪嫌疑人作精神病鉴定的期间不计入办案期限。”

第三，2012年《刑事诉讼法》第三编审判第200条规定：“在审判过程中，有下列情形之一，致使案件在较长时间内无法继续审理的，可以中止审理：（一）被告人患有严重疾病，无法出庭的；（二）被告人脱逃的；（三）自诉人患有严重疾病，无法出庭，未委托诉讼代理人出庭的；（四）由于不能抗拒的原因。中止审理的原因消失后，应当恢复审理。中止审理的期间不计入审理期限。”第209条规定：“有下列情形之一的，不适用简易程序：（一）被告人是盲、聋、哑人，或者是尚未完全丧失辨认或者控制自己行为能力的精神病人的……”

第四，2012年《刑事诉讼法》第四编执行部分第254条第1款规定：“第二百五十四条对被判处有期徒刑或者拘役的罪犯，有下列情形之一的，可以暂予监外执行：（一）有严重疾病需要保外就医的；（二）怀孕或者正在哺乳自己婴儿的妇女；（三）生活不能自理，适用暂予监外执行不致危害社会的。对被判处无期徒刑的罪犯，有前款第二项规定情形的，可以暂予监外执行。对适用保外就医可能有社会危险性的罪犯，或者自伤自残的罪犯，不得保外就医。对罪犯确有严重疾病，必须保外就医的，由省级人民政府指定的医院诊断并开具证明文件。”

第五，2012年《刑事诉讼法》第五编特别程序第四章规定了依法不负刑事责任的精神病人的强制医疗程序。第284条规定：“实施暴力行为，危害公共安全或者严重危害公民人身安全，经法定程序鉴定依法不负刑事责任的精神病人，有继续危害社会可能的，可以予以强制医疗。”第285条规定：“根据本章规定对精神病人强制医疗的，由人民法院决定。公安机关发现精神病人符合强制医疗条件的，应当写出强制医疗意见书，移送人民检察院。对于公安机关移送的或者在审查起诉过程中发现的精神病人符合强制医疗条件的，人民检察院应当向人民法院提出强制医疗的申请。人民法院在审理案件过程中发现被告人符合强制医疗条件的，可以作出强制医疗的决定。对实施暴力行为的精神病人，在人民法院决定强制医疗前，公安机关可以采取临时的保护性约束措施。”第286条规定：“人民法院受理强制医疗的申请后，应当组成合议庭进行审理。人民法院审理强制医疗案件，应当通知被申请人或者被告人的法定代理人到场。被申请人或者被告人没有委托诉讼代理人的，人民法院应当通知法律援助机构指派律师为其提供法律帮助。”第287条规定：“人民法院经审理，对于被申请人或者被告人符合强制医疗条件的，应当在一个月以内作出强制医疗的决定。被决定强制医疗的人、被害人及其法定代理人、近亲属对强制医疗决定不服的，可以向上一级人民法院申请复议。”第288条规定：“强制医疗机构应当定期对被强制医疗的人进行诊断评估。对于已不具有人身危险性，不需要继续强制医疗的，应当及时提出解除意见，报决定强制医疗的人民法院批准。被强制医疗的人及其近亲属有权申请解除强制医疗。”第289条规定：“人民检察院对强制医疗的决定和执行实行监督。”

第二节 医疗犯罪概述

一、医疗犯罪的概念和范围

医疗犯罪并不是刑法典中所明确规定的犯罪种类，而是学者在理论上的一类归纳。在我国，卫生犯罪大于医事犯罪，医事犯罪包含医疗犯罪。我国刑法理论界并没有关于医疗犯罪的统一定义，理论中医疗犯罪的概念有狭义、广义和最广义之分。一般而言，医疗犯罪是指行为人在实施医疗行为时，违反了国家医疗管理法律法规以及相关规章制度，对就诊人的人身、财产等合法权益造成严重侵害，依照刑法规定应当受到处罚的行为。

对于医疗犯罪的范围，刑法学界认识不一致，有的学者认为仅有《刑法》第335条的“医疗事故罪”，有的学者认为有2个罪名，即第335条的“医疗事故罪”和第336条规定的“非法行医罪”，还有的学者认为有3个罪名，即第335条的“医疗事故罪”、第336条“非法行医罪”和“非法进行节育手术罪”，另有学者认为包括5个罪名，除了第335条的“医疗事故罪”、第336条的“非法行医罪”和“非法进行节育手术罪”，还有第334条的“非法采集、供应血液、制作、供应血液制品罪；采集、供应血液、制作、供应血液制品事故罪”，本书暂且认为有5个罪名。

二、医疗犯罪的犯罪构成要件

医疗犯罪作为一类犯罪行为，除了本身所具有的专业性、违规性和过失性以外，还应当具备一般犯罪所必须拥有的社会危害性、刑事违法性以及应受刑罚处罚性的特征。医疗犯罪具有如下犯罪构成。

（一）医疗犯罪的犯罪客体是国家医疗管理秩序和患者的生命、健康权利

（二）医疗犯罪的犯罪客观方面表现为违反国家医疗行政法律法规和诊疗护理常规，情节严重，造成或足以造成就诊人死亡或者严重损害就诊人身体健康

1. 要有医疗行为

医疗犯罪是医疗行为的一种。我国现行法律中并未明确规定医疗行为的概念，《侵权责任法》和《医疗事故处理条例》使用的是类似概念“医疗活动”，但对这一类似概念也没有做出明确的定义。《北京大学法学百科全书》将医疗行为定义为：“又称为治疗行为。医务工作者出于医疗目的，经本人或监护人同意，采用适当的方法损伤他人身体的行为。”《中国伦理学百科全书·职业伦理学卷》将其定义为“指人类为战胜疾病与伤残疾病的自觉行为。医疗行为包括临床诊断和治疗，临床护理和临床检验。医疗行为是医务人员职业思想的外在表现形式，是由心理到行动，由内往外转化的表现”。[①] 法学界对医疗行为的定义表述有争议，并且有广义和狭义之分。一般而言，医疗行为是指具有执业资格的医生以维护人体生命健康或提高患者生活质量为目的，依据医学知识与技术，对人体的结构和/或生理机能发生影响或改变的行为。在法学界，有学者认为，医疗行为是指医务人员对患者疾病的诊断、治疗、愈后判断及疗养指导等具有综合性内容的行为。医疗行为的范围十分

① 王丹峰：《论医患纠纷中患者权利及其保护》，中国政法大学2011年博士学位论文，第24页。

广泛，疾病的检查、治疗、手术、麻醉、注射、给药以及开处方、病历记录、术后疗养指导，中医的望、闻、问、切、针灸、推拿等，均属于医疗行为。[①]还有学者认为，医疗活动是指，医疗机构及其医务人员借助其医学知识、专业技术、仪器设备及药物等手段，为患者提供的紧急救治、检查、诊断、治疗、护理、保健、医疗美容等维护患者生命健康所必需的活动的总和。[②]

刑法学界对医疗行为有一定的研究。在刑法学界，有的学者认为，医疗行为是指对疾病的预防、诊断、治疗护理和对身体的矫正、助产、堕胎等以医学知识与医学技术为行为的准则，直接作用于人体，导致人体的形态和（或）功能发生一定变化或恢复的医学行为的总称。[③] 有的学者将医学美容行为、卫生防疫行为和药房发药行为、合法的强制医疗排除在医疗行为之外，如有的刑法学者认为，医疗行为是医务工作者出于正当目的，经就诊人或其监护人、亲属、关系人同意，对其进行身体健康检查、疾病治疗或进行计划生育手术的行为。[④] 还有一部分学者则认为这几种行为应当包括在医疗行为之内，如有学者认为，医疗行为是指取得相关医学资格或以诊疗服务为职业的自然人或单位以人体形态、构造和生理机能的优化、变更或恢复为目的，以适当的现代医学理论和技术手段为准则，对医疗需求者进行具有损伤性的医学过程。[⑤] 医学美容行为和义诊活动都属于医疗行为的范围，而所谓的“类似医疗行为”，如配眼镜、练气功、单纯的推拿按摩等行为则不是医疗行为。[⑥] 不论如何定义，医疗行为都是以当时的医学技术为基则，并且以人体形态、构造和生理机能的优化、变更或恢复为最终目的的行为。

医疗行为的主体是具有执业资格的医生。医疗行为是一种行为，医疗行为实施人在法律上有严格的要求，不仅被要求有医学知识和技术，并根据医

---

① 柳经纬、李茂年：《医患关系法论》，中信出版社2002年版，第14页。

② 唐德华：《〈医疗事故处理条例〉理解与适用》，中国社会科学出版社2002年版，第50页。

③ 臧冬斌：《医疗犯罪比较研究》，中国人民公安大学出版社2005年版，第49页。臧冬斌：“医疗事故罪中医疗行为的法律界定”，载《甘肃政法成人教育学院学报》2003年第2期。王骏：“医疗行为正当化问题探析”，载《中国石油大学学报（社会科学版）》2010年第2期，第60页。

④ 王政勋：《正当行为论》，法律出版社2000年版，第346页。

⑤ 莫洪宪：“医事刑法学中医疗行为概念的新界定”，载《国家检察官学院学报》2011年第2期，第98页。

⑥ 臧冬斌：《医疗犯罪比较研究》，中国人民公安大学出版社2005年版，第49页。

学知识和技术从事行为就可以，而且必须有执业资格。否则，无论患者是否受到损害，该行为都属于非法行医。如果遭受了损害，可以根据《民法通则》第106条第2款之规定，要求行为人承担侵权责任。情节严重的，还将根据《刑法》第336条有关规定，按非法行医罪追究刑事责任。而且无论患者是否遭受了损害，行为人都要承担相应的行政责任。实习医生行医是否是合法的医疗行为的主体？根据2009年卫生部、教育部印发的《医学教育临床实践管理暂行规定》，经患者同意参加诊疗活动的实习生也可以成为医疗行为的主体。基于此，如果没有经过患者同意，实习医生尽管掌握医学知识和技术，但是因为没有医生执业资格，所从事的行为也不是医疗行为。无论该行为是否对患者造成损害，如果患者追究起来，实习医生将面临“非法行医”的法律后果。不过，并不是医生所有的行为都是医疗行为。如果医生不是在正常医疗活动中进行的行为，而是发生在其他场合，如为他人偷取节育环、私自为他人堕胎、未经批准擅自外出会诊等，也不属于医疗行为，而属于非法行医，情节严重的构成非法行医罪①或非法进行节育手术罪等。

医疗行为的内容是指医生依据医学知识与技术，实施的对人体的结构和/或生理机能发生影响或改变的行为。医疗行为是根据医学知识和技术而为的行为，不应当包括医院为医疗行为提供服务的后勤和管理等活动。例如，患者在医院住院，饮食是维护患者生命健康所必需的，属于医院为医疗行为提供的服务，提供患者饮食的行为显然不属于医疗行为，患者在医院食物中毒，由此引发的医患纠纷就是普通的民事纠纷，而不是医疗纠纷。医疗行为的内容包括药房司药的发药行为。因为司药行为表面上看仅是药物的给予，但是需要药剂师的专业知识。司药行为是医师的治疗行为的有机补充，司药可以被认为是医师的诊断、治疗行为的辅助人，因而其发药行为亦属于医疗行为。医疗行为包括医学美容，根据2000年卫生部颁布《关于加强美容服务管理的通知》，该通知将美容分为生活美容与医疗美容，并认为，生活美容行为并不会对人体的组织结构、形态产生破坏与影响，也不以医学知识与技术为行

① 王丹峰：《论医患纠纷中患者权利及其保护》，中国政法大学2011年博士学位论文，第26页。

为的理论依据，仅以人身表面化妆、美容为限。但是医疗美容行为已经完全超出了上述范围，已经对人体的结构和/或生理机能发生影响或改变，而且这类美容行为的实施必须以医学知识与技术为指导来进行，否则不足以保证人身安全。医疗美容包括重睑形成术、假体植入术、药物及手术减肥术等医疗项目，应符合《执业医师法》与《医疗机构管理条例》的规定，由卫生行政主管部门登记并取得医疗机构执业许可证后才能进行，所以医疗美容属于医疗行为范围。

目前，我国广大农村或灾区，存在着大量的义诊行为，我国法律尚未针对这种行为有专门规定。义诊多表现为医疗咨询行为，只有当患者在咨询医生后采纳了医生建议，义诊行为才是医疗行为，否则只是一种出于公益性的普通民事行为。虽然医疗咨询行为并不像典型的医疗行为那样用药、动手术，但是符合医疗行为的定义。参加医疗咨询的人必须是医生，在咨询过程中，医生运用了医学知识和技术回答患者提问，这与通常的问诊行为相同。咨询后，尽管在当时未能对患者的身体结构和/或生理机能发生影响或改变，但是患者咨询后往往依据医生的建议去买药，从而实现了服药或自我治疗的目的，达到了导致人体形态或功能改变的效果，只不过与典型的医疗行为相比，这个结果是医疗行为事后发生的。如果患者没有采纳医生的建议，医疗行为改变人体形态或功能效果就没有出现，就不符合医疗行为的定义；医生的咨询行为就不是医疗行为，也不必对患者负医疗损害责任。①

医疗行为违法阻却事由包括知情同意或患者的承诺、医疗紧急情况的救助、医疗特权、容许的危险、患者放弃知情权、患者偏见或误解、疾病的自然转归、并发症、无过错输血、医疗意外、患者特异体质、医疗尝试、法令行为等。医务人员的刑事违法阻却事由或刑事豁免是为了医务人员的履行职务的方便，由国家法律赋予医务人员（含科学工作者）在行使职务的过程中，因为某种过失给国家、集体或他人的生命健康造成某种损失（或损害）时，不受刑事追究的权利。

---

① 王丹峰：《论医患纠纷中患者权利及其保护》，中国政法大学2011年博士学位论文，第27页。

2. 要违反国家医疗行政法律法规和诊疗护理常规

国家对医疗行为制定的法律法规如《执业医师法》《药品管理法》《医疗事故处理条例》《医疗机构管理条例》等。

3. 要求情节严重，造成或足以造成就诊人死亡或者严重损害就诊人身体健康

死亡一般都是指生命的终结，生命机能的永久终止。死亡的判断标准有传统的心脏不可逆的停止跳动、呼吸终止心脏死或肺脏死、全脑功能丧失的脑死亡。关于“严重损害就诊人身体健康”的内涵和标准，理论界有不同的意见，大致有医学标准说、法学标准说、折中说三种观点。医学界通过《医疗事故条例》和《医疗事故分级标准（试行）》将严重损害他人健康的程度进行详细分级：一级标准是造成患者死亡和重度残疾；二级标准是造成患者中度残疾、器官组织损伤导致严重功能障碍；三级标准是造成轻度残疾、器官组织损伤和一般功能障碍；四级是造成明显人身损害的其他后果。刑法学界认为，医疗过失犯罪严重损害他人健康的严重程度应达到“重伤”或者“轻伤”的结果，根据《人体重伤鉴定标准》和《人体轻伤鉴定标准（试行)》的规定进行判断。一般认为，“严重损害就诊人身体健康”在内含上基本可以和“重伤”保持一致，即“严重损害就诊人员身体健康”经鉴定应当达到《刑法》规定的重伤标准，才能对行为人追究刑事责任。最高人民法院2008年发布的《关于审理非法行医刑事案件具体应用法律若干问题的解释》第3条对“严重损害就诊人身体健康”进行了解释，该解释对“残疾、器官组织损伤导致功能障碍”的认定，应以卫生部《医疗事故分级标准（试行)》为标准，这就明确了“严重损害就诊人身体健康”的含义，即应当依据医学标准来进行判断。医疗行为与患者损害结果之间要具有因果关系，医疗行为与就诊人死亡之间不但要具有事实因果，也要具有刑法上的因果关系，主要有一因一果关系、一因多果关系、多因一果关系、连锁的因果关系、异步的因果关系和助成的因果关系等。

（三）医疗犯罪的医疗犯罪主体既有一般主体也有特殊主体，有的犯罪的犯罪主体必须是特殊主体即医务人员

犯罪主体都拥有一定的医疗执行能力，即实施了现实意义上以治疗为目

的的医疗行为。

（四）医疗犯罪的犯罪主观方面既有过失也有故意

医疗犯罪的主观方面因不同的犯罪而不同，有的是过失，有的是故意，而具有不同的主观心理态度和内容。

医疗过失是一种业务过失，对于医疗过失的定义，学者有着不同的看法，在学界中也没有统一的标准。一般而言，医疗过失是指医疗机构及其医务人员于诊疗、预防、保健、计划生育技术服务等医疗活动过程中，在具体医疗活动时违反医疗卫生管理法律、行政法规、部门规章制度、诊疗护理规范、常规等要求的业务上必要的注意义务，[①] 从而导致患者人身或财产利益受损的一种心理状态。医疗过失行为是医疗机构及其医护人员在提供医疗服务的过程中，违反医疗方面的法律、法规或诊疗常规，或者违反了其应负的注意义务，或者违反了医疗行为地所属医疗执业群体所能接受的诊疗水平，而可能给患者造成人身财产损害的一种职业行为。医疗过失的类型主要有诊断过失、治疗过失、手术过失、注射过失、用药过失、麻醉过失、护理过失、采血和输血过失等。

医疗过失的理论依据有容许的危险和信赖原则，其中，注意义务是医疗过失的核心内容。医疗过失的具体标准是医务人员的注意义务，其可以分为一般的注意义务、特殊的注意义务和其他注意义务。一般的注意义务是在医疗过程中医生必须履行依据法律和规章所规定的操作规程进行诊疗的义务，它包括在诊断过程中、在治疗过程中、在手术过程中、在注射过程中、在麻醉过程中、在输血过程中、在用药过程中、在护理过程中以及在医院内的感染等方面预见结果的义务；特殊的注意义务又称医疗伦理上的注意义务，是在医疗过失诉讼中从一般的注意义务中分化出来，并在内容上、名称上具有一定特殊性的几项独立的注意义务，它主要包括说明义务、转医义务、保密义务、问诊义务以及充分注意患者特异体质的义务；其他注意义务是无法用医疗过程加以划分的义务，主要包括真实记载和妥善保管病例资料的义务、

---

① 袁彬、刘杰：“论医生过失移植来源非法的器官的行为定性”，载《刑法论丛》2012 年第 4 期，第 289 页。

不断掌握新的医学知识和技术的义务、医师的监督义务和医疗机构的组织义务等。医疗过失的抽象标准又称为医生注意义务的基准，它主要指的是医疗水准问题。医疗注意义务的来源主要有民事、行政、卫生法律法规规章、诊疗护理常规和技术操作规程、医疗习惯和惯例、医学文献记载、当事人的特殊约定甚至医疗伦理道德等。[①]

刑法理论认为，过失就是对注意义务的违反。医疗过失犯罪的基本问题是具备注意能力的人对注意义务的违反。从刑法学角度来看，违反注意义务是犯罪过失的本质属性。基于此，医疗过失作为一种业务过失，是指医务人员在诊疗、预防、保健、计划生育技术服务等医疗过程中，没有履行其应尽的注意义务，主观上严重不负责任，违反医疗规章制度或者诊疗规范，导致就诊人死亡或者身体健康严重受损的危害后果的主观心理态度。

医务人员违反注意义务以其有注意能力为基础。医务人员的注意能力是指，医务人员对自己的医疗过失行为发生危害结果的可能性具有一定认识能力，医疗过失的认定标准就是医生的注意义务。注意义务是过失犯罪的成立前提，是指法律和社会伦理要求为或不为一定行为时主观上的留心注意以避免危害后果发生的义务。注意义务包括结果预见义务与结果回避义务。医疗过失中，结果预见的义务是指医疗行为人在进行诊疗护理行为时，应当集中注意力、保持紧张，并根据具体情况预见到自己的行为可能会引起的危害结果的义务；结果回避的义务是指如果行为人在实施行为是预见到了自己的行为可能发生不好的后果，会导致损害，那么此时行为人就应当保持谨慎的注意，并想办法采取避免损害结果发生的措施，有效地避免不好结果的发生。回避结果的发生有舍去危险行为和提高注意并采取安全措施两种方式。[②]

大陆法系刑法一般认为，因医疗过失导致患者受到严重伤害的，一般不能免除刑事责任；而英美等普通法系国家却排除了过失成立刑事责任的可能性，而就世界各国的实践来看，医疗过失不负刑事责任的国家毕竟只是少数。

---

① 艾尔肯：“论医疗过失的判断标准”，载《辽宁师范大学学报（社会科学版）》2007年第3期，第22页。

② 周晓红：《论刑法中的医疗过失》，山东大学2011年硕士学位论文，第24页。

虽然医疗过失具有其业务特殊性，但是其危害却不一定就小于普通过失，应当对严重的医疗过失行为追究刑事责任。与其他危害社会的行为相比，其具有医疗行业的专业性、局限性、高度风险性、主观恶性较小等特征，因此，对医疗过失行为人的刑罚处罚，应持慎重态度，只有对于情节极其恶劣和伤害结果极其严重的医疗过失行为人方应处以刑罚处罚。

第四章
医疗犯罪罪名

第一节　医疗事故罪

根据《刑法》第335条的规定，医疗事故罪是指医务人员由于严重不负责任，造成就诊人死亡或者严重损害就诊人身体健康的行为。

一、医疗事故罪的犯罪客体

医疗事故罪的犯罪客体是国家正常的医疗秩序即国家对医疗工资进行管理活动的正常状态以及就诊人的健康权、生命权。就诊人是到医疗机构接受医务人员医疗服务的人员，包括病人（患者）和非病人，就诊人与医疗单位之间存在着医疗服务契约关系。[①] 例如，天津宁河县检察院以涉嫌医疗事故罪对付某荣提起公诉，起诉书指控称，2003年12月24日13时许，被告人付某荣在宁河县七里海医院为22岁产妇郑某凤做剖宫产手术过程中，未通过器械护士，违反规定擅自下手术台从敷料储槽取过一块纱布垫（39cm×18cm），放置在郑某凤被打开的腹腔内，用于挡肠管，造成手术后器械护士清点器械敷料遗漏，致使纱布垫遗留在郑某凤腹腔内。郑某凤剖宫产手术后不久，感到腹痛难忍。2004年1月8日，宁河县医院通过手术从其腹中取出一块39cm×18cm的纱布，因其绝大部分小肠、回盲部和结肠已经溃烂、粘连，医生决定保留1.7米小肠，其余部分全部切除。经天津市医学会医疗事故技术鉴定，由于纱布垫遗留在郑某凤腹腔内，造成患者小肠坏死，近70%被切除，结肠

① 臧冬斌：《医疗犯罪比较研究》，中国人民公安大学出版社2005年版，第251页。

造瘘，存有因短肠所致营养吸收障碍，属二级丁等医疗事故。同时，郑某凤向法院提起刑事附带民事诉讼，要求七里海医院赔偿附带民事诉讼原告人医疗费和交通费等85396.57元。2007年7月10日，天津市宁河县人民法院开庭审理，法庭在查明案件事实后，依法对刑事附带民事原告人提出的赔偿请求进行了当庭调解，但因双方分歧较大未果。2007年8月17日，宁河县法院以医疗事故罪判处宁河县任凤医院（现更名七里海医院）当事医生付某荣有期徒刑1年6个月，缓刑2年。2006年7月17日，天津二中院判决七里海医院赔偿郑某凤包括精神抚慰金在内的各项损失16万余元，认定郑某凤的后续治疗费用待实际发生后另行解决。郑某凤的小肠仅剩1.7米，每天吃6顿饭还迅速消瘦。解放军南京军区总医院为其出示的诊断证明中称，郑某凤患有“短肠综合征”，营养无法吸收，给其使用了一种名为“能全素”的药物。宁河县法院对郑某凤后续治疗费索赔案一审判决称，“能全素”非医保用药，由郑某凤和宁河县七里海医院各担50%。双方均不服，向市二中院提起上诉。2008年09月2日，该案在天津市二中院二审开庭，当事双方就后续治疗费的责任承担展开了辩论。郑某凤的父亲认为，既然此案因医疗事故引起，医院就该负全责。医院认为，既然该药不属医保药物，医院就不应赔偿，连一审法院判定的50%都不应承担。

又如，李某朝从1983年开始行医，并创办涡阳李氏骨科。2013年下半年，骨科“神医”李某朝从涡阳来到安徽合肥市蜀山区，在黄山路与东至路交口创办了“涡阳李氏骨科中医诊所”，并担任该诊所的法人和主治医师。2014年3月16日，53岁的合肥市民刘某清来到其诊所第一次就诊，经检查，被害人患有颈椎病和心肌梗死。3月31日上午，刘某清来到诊所复诊，诊所里只有他和李某朝两人。在医治过程中，李某朝向刘某清颈椎附近注射了一支“脉络宁”针剂。注射完毕后，刘某清出现明显不适，并有呕吐现象，李某朝本应组织转院治疗，但他却置病人生死于不顾，放任其病情恶化，最后致刘某清死亡。事发后，李某朝并未报警或通知死者家属，因害怕受到相关部门的处罚影响到诊所的经营和自己30多年的从医声誉，便没有声张，而是将尸体藏在办公室的角落里，决定将此事隐瞒不报。当天22时，李某朝将刘某清尸体用编织袋套起来，驾车将尸体运至蜀山区南岗附近的一处荒地，将尸体扔进路边一大坑内，并用土将其掩埋。事后，为躲避公安机关侦查，李某朝将诊所内的监控录像全部销毁。刘某清的家人多次寻找均未发现其踪迹，而医生李某朝在犯案后则表现得异常平静，并帮助死亡家属将寻人启事贴在自己诊所的墙上。警方接到报案后，开展了大量的工作，在掌握了确凿的证据后，于5月9日将嫌犯李某朝抓获。5月11日，公安机关以涉嫌医疗事故罪将李某朝刑事拘留。5月23日，犯罪嫌疑人李某朝被合肥市蜀山区检察机关以涉嫌医疗事故罪批捕。

二、医疗事故罪的犯罪客观方面

医疗事故罪的犯罪客观方面是医务人员在诊疗护理工作的过程中，违反规章制度和诊疗护理常规，严重不负责任，致使就诊人死亡或严重损害就诊人身体健康的行为。

首先，医务人员在诊疗护理工作中有严重不负责任的行为。严重不负责任，是指医务人员在诊疗护理工作中，违反诊疗护理规章制度和技术操作规程，不履行或者不正确履行诊疗护理职责，粗心大意，马虎草率。违反医疗规章制度，严重不负责任的行为，既可以是积极的作为形式，如错误的手术、错误投药，也可以是消极的不作为形式，如不履行职责、拒绝救治或不积极采取措施等。依据最高人民检察院、公安部2008年公布的《关于公安机关管辖的刑事案件立案追诉标准的规定》第56条的规定，医务人员具有下列情形之一的，属于严重不负责任：一是擅离职守的；二是无正当理由拒绝对危急就诊人实行必要的医疗救治的；三是未经批准擅自开展试验性医疗的；四是严重违反查对、复核制度的；五是使用未经批准使用的药品、消毒药剂、医疗器械的；六是严重违反国家法律法规及有明确规定的诊疗技术规范、常规的；七是其他严重不负责任的情形。对于“严重不负责任”的认定关键在于不负责任的严重程度如何，由于“严重”是指行为的违规程度，很难用客观标准来衡量，所以实践中一般是通过结果和主观心态两方面来衡量行为的性质。例如，2010年，山东省郯城县，村卫生室医生开好药后，实习护士没做皮试就直接给一名86岁的老人静脉滴注头孢曲松等药物，致使其药物反应死亡。2011年，法院以医疗事故罪判处医生有期徒刑1年6个月，缓刑2年；

护士有期徒刑1年，缓刑2年。又如，2004年8月27日中午，河南省漯河市源汇区问十乡农民赵某因病到村卫生所治疗。村医李某为其输上液后，擅离职守外出理发，留下自己的儿子“照看”。不久，赵某输液中出现过敏反应，当日下午5时许因抢救无效死亡。9月29日，漯河市医学会做出医疗事故技术鉴定书，认定作为主治医生的李某擅离职守，抢救措施不力，应负主要责任，构成一级甲等医疗事故。源汇区人民法院以医疗事故罪判处其有期徒刑2年，并赔偿被害人家属死亡赔偿金等共计78486元。一审宣判后，两方均不服判决而双双上诉。经漯河中院审理，维持一审判决中对李某的定罪、量刑，改判李某赔偿被害人家属经济损失共计66417元。还如，2008年1月15日，已经有七个多月身孕的陈某找到中国第二机电安装有限公司职工医院员工王某，要求王某到其家中为其做引产手术，并承诺给予相应报酬。王某告知在家中引产有危险，让陈某在医院做手术，陈某因不愿多花钱坚持在家引产。随后，王某找到十堰市白浪开发区某社区卫生服务站妇产科医生郑某，请郑某到陈某家为其做引产手术，郑某当即表示同意。2008年1月21日13时许，郑某、王某来到陈某家，郑某在不具备完全条件下为陈某做引产手术，王某在旁边协助。15时许，手术完成，郑某和王某观察情况未发现异常后离开。17时许，王某接到陈某朋友龚某打来的电话，告知陈某出血量大。王某便通知郑某一起赶到陈某家，在对陈某检查后，确认是产后大出血，便积极施救，并告知龚某将陈某送到附近的大医院或中医院治疗。龚某犹豫之际，王某打120请求赶紧让附近的医院来把病人接走。陈某提出要到人民医院，王某又打120请求人民医院来车接病人。郑某、王某及龚某将陈某送往十堰市人民医院抢救，但陈某经抢救无效死亡。法医病理学鉴定结果显示：陈某系引产后大出血以致失血性休克死亡。经医疗事故技术鉴定：王某（属于非法行医）、郑某共同承担主要责任；龚某及患者本人承担次要责任；十堰市人民医院不承担任何责任。另据查明，在案件侦查阶段，王某、郑某与死者父母自愿达成民事赔偿协议，已赔偿各项经济损失80000元。十堰市茅箭区人民法院审理认为，被告人郑某、王某严重违反医疗规章制度，在不具备引产手术条件的陈某家为陈某做引产手术，致陈某失血性休克死亡，其行为已构成医疗事故罪。鉴于本案二被告人认罪态度好，案发后积极施救，主动赔偿并取得受害人父母谅解，根据二被告人的犯罪情节和悔罪表现，茅箭区法院认为对其适用缓刑不致再危害社会，遂于2009年4月一审以医疗事故罪分别判处医生和医务人员有期徒刑1年缓刑2年。本案中，社区医务人员郑某在不具备完全手术条件的情况下为孕妇陈某实施引产手术，致陈某死亡，其行为完全符合医疗事故罪的四个构成要件，应以此罪论处。在本案中郑某与王某不是共同犯罪，分别构成医疗事故罪。

其次，因严重不负责任行为导致病人严重损害身体健康或死亡的结果。对于“严重损害身体健康”的判断标准，应将“刑法标准”和“医学标准”结合起来，既符合《人体重伤鉴定标准》又符合《医疗事故处理条例》和《医疗事故分级标准（试行）》的规定。医疗事故罪是结果犯，是否达到造成就诊人死亡或严重损害就诊人身体健康的严重危害结果是认定医疗事故罪和量刑的首要条件和标准。如果没有发生就诊人死亡或其他严重损害就诊人健康的后果，即使医务人员有违章行为，也不构成犯罪。关于死亡标准的观点主要有“脑死亡说”“呼吸、心跳停止说”等，由于法律没有明确规定脑死亡标准，因此，应以呼吸、心跳停止为死亡的判断标准。例如，被告人戴某系湖南省长沙市攸县某医院检验科医生。2010年9月4日上午10时，戴某在血样定型时，由于未看清血样标本上的姓名就进行血型定型检验，最终将本应输B型血的受害人胡某检验为A型，并将A型血错输给胡某。当天下午2时，当戴某发现血样弄错之后，便立即通知医生对胡某进行抢救。当晚9时，胡某抢救无效死亡。戴某主动到公安机关自首。戴某所在的医院与被害人家属达成调解协议，赔偿了22.8万元。法院审理认为，戴某身为医务工作人员，工作严重不负责任，造成一名就诊病人死亡，其行为已构成医疗事故罪。鉴于戴某系自首，可从轻处罚，且系初犯，认罪态度较好，并能取得被害人家属的谅解，可酌情从轻处罚。12月，攸县法院一审以医疗事故罪判处被告人戴某拘役3个月。又如，2010年6月7日，如皋市营防镇上的李某英口腔诊所来了一位面肌痉挛患者，她叫朱某秀，时年56岁，是当地村民。“实际上，我母亲最早并不是在这个诊所治病，而是在当地的镇医院。”朱某秀的儿子吴某东介绍说，2010年5月份，经同村罗某介绍，母亲认识了当地营防医院的医生彭某，“当时人家都喊他院长，后来才知道是业务院长。”彭某经过诊断，指出朱某秀的病是可以治好的。随后，按照彭某的要求，从5月27日起，她开始接受彭某的治疗，每隔几天做一次面部针灸。2010年6月7日这天，朱某秀又给彭某打了电话预约治疗，彭某当即决定带朱某秀到自己妻子李某英开设的“李某英口腔诊所”治疗。因为两地相距不远，朱某秀同意了，并在自己丈夫的陪同下来到这家诊所。在诊所，彭某提出了新的治疗方案，“打针治疗得快，一针100元。”尽管当时没有带这么多钱，但毕竟都熟悉，彭某表示可以先治疗，钱以后再付。之后，彭某便用针管取了药液，在其右颈部予以注射。注射中，朱某秀忽然脸色骤变，嘴唇也开始不自觉颤抖，呼吸也困难起来。很快，朱某秀仅仅说了一句“我头晕”，便倒下了。朱某秀的丈夫吴某东见状连忙大声喊她的名字，但朱某秀一点反应也没有。彭某当即采取急救，上前按压朱某秀胸部。朱某秀的丈夫吴某东把手放在她鼻子下一探，顿时急得脸都白了：“没气了啊!”李某英听闻也吓坏了，三个人赶紧将朱某秀抬进里屋的床上，继续做按压抢救，但朱某秀仍旧没有醒来。最后，彭某只得拨打了120。后来的尸检报告显示，朱某秀被按断肋骨4根，胸骨1根。2010年6月14日，南通大学医学院法医学教研室对死者尸体进行了解剖，得出结论：朱某秀因过敏性休克致死的可能性大。9月8日，南通市医学会对此医疗事故做了技术鉴定，认为在治疗过程中，诊所方面对“面肌痉挛”的治疗方法不规范，没有理论依据，对封闭治疗后意外情况判断不足、抢救措施不完善，存在过失。据此得出结论：此病例属于一级甲等医疗事故，医方应承担完全责任。当事医生彭某和其妻李某英对此结论表示不服。李某英表示，像这种治疗她们经常做，从来没有出过这种事故。在此过程中，彭某矢口否认自己曾对朱某秀予以治疗，“所有操作，都是某建英所为。”吴某东多方投诉，最终，通过市长信箱，获得了来自如皋市卫生局的一份解答。在这封书面回复中，卫生局调查确认，彭某是最初接诊医生，给予针灸治疗。进一步调查显示，2010年6月7日当天，给朱某秀打针的是彭某。据此，卫生局认为，彭某涉嫌非法行医。2011年3月24日，江苏省医学会再次对此医疗事故进行技术鉴定，认为医方医疗行为存在严重过错：在口腔诊所进行这项医疗活动属超范围医疗；经治医生无正当行政管理手续许可，在非执业单位行医违反了有关规定。但是打针的封闭式治疗，的确是面肌痉挛的可用方法之一，患者在治疗中发生意外，与自身体质也有关。江苏省医学会得出结论：此病例属于一级甲等医疗事故，医方承担主要责任。事实上，在如皋卫生局对此事进行调查后，初步确认了彭某非法行医的事实，为了明确其是否构成非法行医罪，卫生局征询了公安和检察部门，两部门均认为目前构成犯罪的依据不足。在此期间，吴某东先后多次向公安和检察部门投诉报案，"明目张胆地在瞬间将我的母亲'残害'，这不是犯罪是什么?"吴某东表示，在与诊所及彭某沟通时，彭某一副耍赖的态度，先是坚决不承认其接诊治疗的事实，迫于无奈承认后，又推脱责任。"我母亲看病其实要去的是医院，但他却私下带我母亲到诊所，明显是私下拉生意。"吴某东说，在牟利需求的驱使下，身为医生的彭某却不顾打针存在的风险，为朱某秀治疗，最终造成惨剧，"彭某必须为此付出代价，承担责任。"在吴某东等家属的多方呼吁下，如皋市公安局最终决定立案侦查。2012 年 2 月 25 日，侦查终结后，警方移送如皋市检察院审查起诉，经检方审查查明，彭某于 2010 年 6 月 7 日，在如皋市其妻子李某英开设的诊所内，为面肌痉挛的朱某秀注射封闭治疗，因对封闭治疗的风险估计不足，无防范措施，在朱某秀出现头晕、脸色苍白症状后，抢救措施不得力，最终致朱某秀死亡。经鉴定，彭某的治疗行为欠规范，风险估计不足，抢救不得力，与患者死亡有因果关系。据此，检方认为，彭某身为医务人员，严重不负责任，造成就诊人员死亡，其行为触犯了刑法，犯罪事实清楚，证据确实充分，应以医疗事故罪追究其刑事责任。

最后，严重不负责任行为与就诊人重伤、死亡之间必须存在刑法上的因果关系。在医疗事故中，因果关系表现复杂，主要是应分清直接因果关系和间接因果关系、主要原因和次要原因，从而准确地定罪量刑。

例如，2004 年 3 月 14 日，伍某在合江县人民医院外二科（外二科为泌尿科，普外科、小儿科、烧伤科）任住院医师并当日值班。中午 12 点 20 分左右，敖某（女，17 岁）因车祸受伤送入合江县人民医院外一科（外一科为神经外科、骨科、胸外科）。外一科医生郑某对敖某进行了查体、照片处理。伍某因接到其妻的电话称伤者是其弟的同学，便将敖某接收到外二科医治。伍某对敖某作了临床常规查体后，进行了补液、抗炎、止血治疗。18 时左右，敖某出现嗜睡、呕吐的症状，家属要求作CT检查，伍某认为不需要而未做。直至次日1时30分左右，敖某又三次出现上述症状，并伴有呼之不应严重症状出现，均由值班护士通知伍某。在值班室睡觉的伍某只叫护士继续观察，未起床进行查看和处理。直至敖某又出现上述症状且越发严重，并伴有小便失禁症状，伍某才慌忙起床查看，请来外一科郑某会诊。郑某当即进行CT检查，并提出必须马上手术治疗，其家属对伍某的行为已极为愤慨要求转院治疗。转院后，敖某病情加重，经抢救无效死亡。后经过技术鉴定为一级甲等医疗事故，医方承担主要责任。合江县人民法院以医疗事故罪判处伍某有期徒刑1年6个月。伍某不服，提起上诉。2006年8月，二审法院经审理维持原判，驳回上诉。

又如，被告人朱某，原系某县水口中心卫生院护士；被告人罗某，原系某县水口中心卫生院妇产科医师；被告人赖某，原系某县水口中心卫生聘任副院长。2007年12月20日下午，被害人郭某到某县水口中心卫生院妇产科分娩，由该院当班的执业助理医师罗某负责接诊，经B超检查，被告人罗某发现胎儿臀位，即告知被害人及家属如果顺产易损伤胎儿的手臂丛神经。之后，被告人在征得被害人及其家属意见并电话请示主管业务的副院长赖某同意后，决定实施剖宫产手术。当晚7时许，被告人罗某（执业助理医师）担任主刀医师，被告人赖某（外科主治医师）担任第一助手，在器械护士林某、巡回护士许某的协助下，为产妇郭某实施剖宫产，手术在赖某的指导下进行，产出一活男婴，手术于当晚8时16分结束。之后将产妇郭某送至病房，并交由当班护士朱某护理。被告人罗某写了一级护理医嘱交被告人朱某执行。朱某按照医嘱对郭某进行生命体征测量及输液，并上了心电监护仪，之后就离开病房。次日凌晨1时30分许，郭某输完液后，被告人朱某在观察郭某的情况较平稳后，就撤了心电监护仪，即回护士办公室睡觉。5时30分许，郭某的丈夫谭某称其妻子不舒服，朱某即刻起床到病房查看，郭某说自己头晕，心里不适，朱某为其进行了简单的生命体征测量后，对谭某讲所测的项目一切正常，而后回护士办公室打电话告知罗某被害人郭某的情况，罗某在电话里询问了相关病情，初步判断是麻醉引起的反应，要求罗某注意观察即可。7时30分，朱某听到被害人丈夫谭某叫护士，即到病房查看，见郭某脸色苍白，脉搏已经摸不到，就为郭某注射了一针哌替啶，并打电话通知罗某，约一分钟后，被告人罗某立即赶到对郭某进行抢救，但抢救无效，7时10分，产妇郭某死亡。被告人罗某将郭某死亡的情况电话告知被告人赖某。之后，被告人罗某到护士办公室进行了医嘱的更改。被告人朱某依照罗某更改后的医嘱改动了对郭某的护理记录。后经该市医学会医疗事故技术鉴定，认定产妇郭某系剖宫产术后大出血，因医院一方医护人员监护不力，没有及时发现其病情变化，延误了抢救时机，致使产妇中度失血性休克，循环衰竭死亡，医方的医疗行为违反了《中华人民共和国职业医师法》第14条之规定及诊疗规范，其医疗行为与郭某的死亡存在直接因果关系。根据《医疗事故处理条例》第2条及《医疗事故分级标准（试行)》第1条第1款之规定，构成一级甲等医疗事故，医方负完全责任。最后，法院依照《刑法》第335条、第25条第2款、第61条、第72条第1款、第73条第2—3款之规定，认定三被告人均构成医疗事故罪，分别判处被告人朱某有期徒刑1年6个月，宣告缓刑2年；罗某有期徒刑1年，宣告缓刑1年6个月；赖某有期徒刑6个月，宣告缓刑1年。[①]

本案的争议焦点：

第一，关于医务人员过失认定的争议。控方认为，罗某身为执业助理医师，在明知自己无权为被害人郭某进行“剖宫产”手术，可能发生被害人死亡或者严重损害被害人身体健康的后果，但轻信能够凭借自己的经验和技术，使手术得以顺利进行，其医疗行为已经超出了一般的职业活动。当值班护士朱某打电话告知其被害人“头晕时”，只是简单询问了病情，未亲自诊查就武断为是麻醉后引起的“头晕”，致使病人贻误了抢救时机，罗某的客观行为对郭某的死亡存在直接的因果关系。辩方认为，罗某主观上无重大差错，与郭某的死亡无直接因果关系。主要理由是：被告人罗某在医疗过程中其医疗行为的确存在扩大化的问题，这属于违反医疗规章制度的行为，但不是违法犯罪行为，并且罗某的医疗行为是经过医院领导的同意，罗某在手术过程中严格遵守医师操作规范，这样的医疗行为没有触犯法律的禁止性规定，主

① 李萍映：《医疗事故罪疑难问题研究》，西南政法大学2011年硕士论文，第2页。

观上不存在过失，因此，罗某的医疗行为只能是违规行为，不是违法行为，更不是犯罪行为。结论：罗某的主观意识存在过失。其一，本案的罗某身为执业助理医师，在明知自己无权为被害人郭某进行“剖宫产”手术，应当预见到可能发生被害人死亡或者严重损害被害人身体健康的严重后果，而轻信凭借自己的技术能力能够避免，违反了医疗人员的谨慎注意义务。其二，在病人出现病情突变的情况下，罗某没有尽到合理的注意义务，罗某在接收到病人病情恶化的通知后，并没有及时对病人增加医疗方案。其三，在病人抢救无效死亡后，罗某在明知其违法的前提下，仍擅自更改医嘱单和护理记录，违反了医务人员妥善保管病历资料的注意义务。

第二，关于竞合过失犯罪下刑事责任的分担争议。控方认为，朱某作为值班护士，在术后的护理过程中未严格执行剖宫产Ⅰ级护理，且在未查明其疼痛原因的情况下擅自为其肌注哌替啶，其行为与被害人郭某的死亡有直接的因果关系；赖某身为普外主治医生，其手术行为超出了个人执业范围，违反了操作规程，其行为与被害人郭某的死亡存在因果联系。辩方朱某认为，自己已经履行了相应的护理责任，不应承担主要刑事责任；辩方赖某也以在手术操作过程中无任何过失，被害人郭某的死亡是在手术后护理过程中出现的病变引起，与自己的手术无因果关系，不应承担刑事责任为由提出抗辩。

本案中罗某本在不完全具备执刀手术的资格下对被害人郭某实施剖宫产手术，在手术中对被害人的子宫切口及子宫左侧肌层撕裂位置不当，且作为被害人的主治医师，在后期监护中未认真履行职责，在郭某抢救无效死亡后擅自修改医嘱，其行为与损害结果的发生存在因果关系，应负刑事责任。被告人赖某作为罗某的助手，在明知罗某的医疗行为不符合相关的法规、规章规定，而轻信自己能够顺利地完成手术，赖某的医疗行为存在一定的过失。被告人朱某身为值班护士，在被害人郭某手术后未严格按照医师安排的医嘱执行术后Ⅰ级护理，且在病人病情突变的情况下，在未了解病人病痛的原因及未经医师的医嘱下擅自为其注射哌替啶，试图掩盖症状，贻误抢救时机，最终造成被害人郭某的死亡，其介入的医疗行为对被害人的死亡结果起直接的积极作用，存在直接的因果关系，虽然罗某在先的医疗行为存在一定的过失，但直接致害因素为朱某的介入因素，朱某的过失医疗行为作为介入因素出现后，成了最终损害结果发生的主要原因，但罗某的前一主医疗行为仍对这一损害结果的产生起了次要的积极作用。从刑事责任的分配比例来说，朱某的原因力强于罗某，罗某的原因力强于赖某。

总之，在诊疗过程中，三名医务人员因为主观上的过失，严重不负责任，造成被害人郭某的死亡，其医疗行为与郭某的死亡之间存在因果关系，其医疗行为完全符合医疗事故罪的主客观要件。从朱某的行为来看，其擅自注射哌替啶的医疗行为最终对被害人郭某的死亡起决定作用，与被害人郭某的死亡存在直接的因果关系，应承担主要责任。罗某作为主治医师，虽然在实施手术的过程中存在过失，但因为朱某的过失行为与被害人郭某的死亡结果发生中断，承担次要责任。赖某由于监督过失导致的医疗事故，其原因力不如前两名被告人强，所承担的刑事责任相对较轻。法院的判决是正确、合理的。①

三、医疗事故罪的犯罪主体

医疗事故罪的犯罪主体为特殊主体，是达到刑事责任年龄并具有刑事责任能力的实施了违章医疗行为的医务人员。医疗事故罪是身份犯，医务人员是取得行医资格并专门从事医疗合理工作的专业人员，主要包括四类，即医疗防疫人员（如中医、西医、卫生防疫、寄生虫防治、地方病防治、职业病防治和妇幼保健人员）、药剂人员、护理人员以及其他技术人员（如检验、理疗、病理、口腔、同位素、放射、营养技术等专业人员）。对于“医务人员”的范围，有广义说、狭义说和限定说三种。限定说认为，医疗单位中其他负有为保障公民的生命和健康权益而必须实施某种行为的特定义务，由于不履行或者不认真履行这种义务，以致造成就诊人身体健康严重受损或死亡的人员，也可以成为医疗事故罪的主体。医务人员，顾名思义，指的就是负有诊疗护理义务、在医疗单位中实施医疗执业活动的人员。但基于刑法保护的内容来看，部分负有保障公民生命和健康权特定义务的人员如行政管理和

---

① 李萍映：《医疗事故罪疑难问题研究》，西南政法大学2011年硕士学位论文，第12－18页。

后勤人员也可以构成医疗事故罪，不具有特定义务的行政管理人员和后勤服务人员不能成为医疗事故罪的犯罪主体。所以，在没有相关的立法或司法解释明确规定医务人员应具有医生执业资格之前，限定说的观点是值得参考的。[①] 由于医疗业务具有很强的技术性和风险性，为了保障就诊人的健康和生命，我国对医务人员实行严格的管理制度。按照1999年《执业医师法》的规定，在我国从事医师执业工作，应当具备两个基本条件：取得执业医师资格；注册领取医师执业证书。如果对医疗行政管理和后勤服务人员不能以医疗事故罪论处，那么根据他们的工作性质和内容来看，其违反规章制度的行为如果符合重大责任事故罪的构成要件则应以重大责任事故罪论处；如果符合过失致人重伤、死亡犯罪构成要件则应以过失致人重伤、死亡犯罪处理，[②] 否则就应按无罪处理。

医务人员跨越执业地点从事医疗活动称为“走穴”，“走穴”造成医疗事故是否能够成立本罪，理论上存在着较大的争议。其一，合法化的多点执业行为。经多点执业注册后的医师在注册的多个执业地点从事医疗活动，是合法正常的医疗活动，当然可构成医疗事故罪；其二，跨地点行医的行为，即未经多点执业注册而跨越执业地点从事医疗活动的行为。当医务人员跨越执业地点从事医疗活动造成医疗事故时，只要其在执业地点具有执业医师等资格并进行执业注册，就具有从事其执业类别、范围内医疗活动的能力，就符合医疗事故罪主体的实质要求，因而可成立医疗事故罪。[③]

来华短暂行医的外国医师在我国卫生行政部门注册，取得卫生部门颁发的外国医师短期行医许可证，则属于医疗事故罪的犯罪主体。

四、医疗事故罪的犯罪主体

医疗事故罪的犯罪主观方面是过失，即医疗事故罪中的医务人员对造成就诊人死亡或者严重损害就诊人健康的危害结果是持过失的心理状态。在过失心态下，行为人对其危害社会的行为所造成的严重危害社会的结果发生是

---

① 陈石：《我国医疗犯罪问题研究》，河北师范大学2013年硕士学位论文，第18页。

② 臧冬斌：《医疗犯罪比较研究》，中国人民公安大学出版社2005年版，第289页。

③ 杨欣：《略论医疗事故罪》，中国政法大学2010年硕士学位论文，第22页。

持否定态度的，本意上也并不希望或放任危害结果的发生。过失既可以表现为疏忽大意的过失，也可以表现为过于自信的过失。2002年4月国务院颁布了《医疗事故处理条例》，其中规定，“医疗事故是指医疗机构及其医务人员在医疗活动中，违反医疗卫生管理法律、行政法规、部门规章和护理规范、常规，过错造成患者人身损害的事故”。这一概念，在过失的认定上强调了以医疗活动的特殊行业标准加以衡量，过失主要体现在两个方面。第一是因违反技术操作环节而导致过失，如医嘱药量违反规定而致患者损害发生，输血减省操作环节致损害发生等；第二是违反医疗活动特殊的管理规程而导致过失，医疗实践活动中，主要是违反查对制度和值班交接班制度，如执行医嘱没有进行“三查七对一注意”而导致损害发生。对比《医疗事故处理办法》中对过失的认定，它排除了具体医疗工作人员技术上不胜任而导致患者权益受到损害的情形，如癌症患者因长期误诊而失去早期治疗机会，手术患者因术者业务不熟练，手术时间过长而致损害的情况。其过失认定与一般医疗诊疗活动中医患关系委托合同法律性质中有偿受托方业务能力不胜任，而导致委托方利益损害时，受托方负有过失责任的认定情形比较，外延也是较窄的，排除了技术上的过失，不符合民法过错责任原则。《医疗事故处理条例》中医疗事故的认定，对比医疗过错的认定，过错范围、危害程度范围过窄。《医疗事故处理条例》第33条规定，有下列情形之一的，不属于医疗事故，主要指以下六种情况：其一，在紧急情况下为抢救垂危患者生命而采取紧急医学措施造成不良后果的；其二，在医疗活动中由于患者病情异常或者患者体质特殊而发生医疗意外的；其三，在现有医学科学技术条件下，发生无法预料的不良后果的；其四，无过错输血感染造成不良后果的；其五，因患方原因延误诊疗导致不良后果的；其六，因不可抗力造成不良后果的。过错行为在“紧急医学措施”“医疗意外”“医学科学技术限制”“不可抗力”等情况下，一般也不能成立医疗过错。[①]

---

① 陈正华：《医患关系的法律属性及医疗过错构成分析》，广州中医药大学2007年博士学位论文，第34页。

五、医疗事故罪的司法认定

在医疗事故罪的司法认定中，要注意医疗事故罪与抢救行为、医疗差错、误诊误治、医疗意外、紧急避险、一般医疗责任事故、医疗技术事故、医疗风险事故、故意杀人罪、过失致人死亡罪、过失致人重伤罪、玩忽职守罪、非法行医罪、非法进行节育手术罪、重大责任事故罪、非法采集、供应血液、制作、供应血液制品罪的界限。例如，医生徐某夜间在急诊室值班，其间送来一位因交通事故而受重伤的患者，患者已严重失血失液，徐某仔细打量，发现此患者正是以前夺走自己恋人的情敌。遂起报复之心，故意拖延时间，迟迟不为患者诊治，任其继续失血失液，直至最后失血性休克死亡。本案中，徐某的行为属于不作为的故意杀人。徐某作为值班医生，没有履行其完全有能力履行的抢救伤员的义务，却怀着希望或者放任的心态，意欲报私仇，导致了伤员死亡的结果，故应以故意杀人罪处罚。在借医疗之机实施的故意杀人行为中，行为人对于患者死亡的结果是抱着希望或放任的心态；而在医疗事故致人死亡的案件中，行为人对患者的死亡结果是完全持否定的态度，这是医疗事故罪与故意杀人罪的根本区别。①

在医疗事故罪的司法认定中，要注意正常生产、疾病医治与并发症的界限和处理。所谓并发症，是指《医疗事故处理条例》第 33 条规定的第 3 种情形的某些情况，通常是指某一种疾病在治疗的过程中，发生了与这种疾病相关的另一种或几种疾病。并发症的出现，往往是带有一种随机性，它的发生不是必然故难以预料，而且一般来说往往会加重原先病情，甚至造成患者伤残或死亡。所以，实践中出现难以防范和避免的并发症时，如果医务人员不存在过失，属于医疗意外情形；如果医务人员存在过失，或者没有选择适合患者的治疗方案加以避免，或者发生并发症后没有及时采取适当措施，则可以成立医疗事故罪。例如，2004 年 7 月 1 日 10 时 30 分，位于北京市郊区的李某因足月分娩到中国人民解放军某部队医院正常生产，后被告之须进行剖宫产手术。当晚 22 时 50 分患者进入产房，次日凌晨 1 时 30 分，北京市某

---

① 冯卫国：《医疗事故罪的认定与处理》，人民法院出版社 2003 年版，第 203 页。

医院的救护车突然赶到并将患者转入该医院。2004年7月2日8时30分，医院宣布患者死亡。死亡证明中记载的死亡原因为：羊水栓塞→DIC。事后发现，医院虽然病例内有记载术前检查但没有具体的检查化验单；术前也未检查患者血型；发现羊水栓塞迹象仍使用宫缩剂等诸多问题。本案的羊水栓塞是一种产科的急性并发症，指羊水突然进入母体血液循环引起急性肺栓塞，过敏性休克，弥散性血管内凝血，肾功能衰竭的疾病，发病率较小，但是医务人员在发现栓塞的情形下仍用宫缩剂催产等行为并没有做到自己的注意义务，有过失的存在，所以，本案可以成立医疗事故罪。①

第二节　非法行医罪

根据《刑法》第336条第1款的规定，非法行医罪是指未取得医生执业资格的人非法行医，情节严重的行为。

一、非法行医罪的犯罪客体

非法行医罪侵犯的客体为复杂客体，其中主要客体是国家对医疗机构和医务从业人员的管理秩序，次要客体为就诊人的生命、健康权。例如，被告人安某，女，生于1960年，汉族，Q市人，中专文化程度，农民，家住Q市F区W乡D村。因涉嫌犯非法行医罪于2011年2月20日被Q市公安局F分局刑事拘留，同年3月28日逮捕，2011年4月15日取保候审。被告人安某与其丈夫均毕业于中医学校，1988年，被告人安某与其丈夫在Q市安定东路开办了“L诊所”。2002年10月，该诊所搬迁至Q市F区。2004年4月30日，被告人安某与其丈夫均取得乡村医生执业资格，有效期5年，即至2009年4月29日到期。2003年7月25日，“L诊所”取得医疗机构执业许可证，有效期3年。2006年7月24日，该诊所执业许可证到期后，未进行换发，仍继续经营。2007年8月6日，Q市卫生局工作人员督查时发现该诊所的违规情况，遂于同年10月16日对该诊所作出责令停止执业活动、没收药品器械、

---

① 陈石：《我国医疗犯罪问题研究》，河北师范大学2013年硕士学位论文，第23页。

罚款人民币3000元的行政处罚，并于当日将行政处罚决定书送达被告人安某的丈夫。经Q市卫生局行政处罚后，被告人安某继续在该诊所从事医疗活动。2011年2月19日上午10时许，李某因身体不适，其亲属请被告人安某前往李某的住处诊治，被告人安某在向李某的亲属询问了李的症状，并测量了体温后，将李某的病情诊断为胃肠性感冒引起的美尼尔综合征。被告人安某为李某开具了二组液体，挂上吊瓶后离开。李某在输液过程中感觉不适，家人两次拔掉针头叫被告人安某，被告人安某看后均觉得无大碍又扎上针头继续输液。当日下午3时许，李某情况危急，由家人抬至“L诊所”，经被告人安某及120大夫抢救无效死亡。被告人安某于2011年2月19日16时许，自动到Q市公安局F分局北街派出所，如实供述了自己的犯罪事实。Q市F区公安司法鉴定中心鉴定，李某的死亡原因应为自发性脑出血（小脑实质出血）；李某生前因身体不适通过家属请安某个体诊疗所诊治，该诊所以胃肠型感冒美尼尔综合征施治，就药物的用法、用量、配伍、并无差错，所用药物也不能直接导致患者死亡，但该诊所无相关的检验、检查设备，无法对患者的病情给予相对准确的诊断，根据尸检及组织的病理学检验，证实李某有明显的小脑实质出血，该诊所对患者的诊断不清，甚至误诊，延误了患者的最佳治疗时机；理化检验未检出镇静催眠药物，有机磷类、拟除虫菊醋类、氨基甲酸酯类农药，吗啡、甲基苯丙胺、氯胺酮等违禁毒品以及氟乙酞胺、毒鼠强等杀鼠剂。2011年4月10日，被告人安某亲属与李某亲属就民事部分达成112000元的赔偿协议，已履行。被害人李某亲属对被告人安某表示谅解。Q市F区人民检察院以被告人安某犯非法行医罪，向Q市F区人民法院提起公诉。Q市F区人民法院审理认为，被告人安某未取得医生执业资格而非法行医，情节严重，其行为已触犯刑律，构成非法行医罪。被告人安某案发后自动到司法机关投案，如实供述自己的罪行，是自首，依法应从轻处罚。被告人安某当庭自愿认罪且已赔偿了被害人家属的经济损失并取得被害人家属的谅解，可视为确有悔罪表现，根据最高人民法院《关于贯彻宽严相济刑事政策若干意见》第23条之规定，可酌定从轻处罚。被告人安某的辩护人认为，被告人安某未对李某的病情误诊或者延误治疗时机，有非法行医的事实但未构成非法行医罪的意见，与证人王某等人的证言及鉴定文书不符，理由不能成立，不予采信。依照《刑法》第336条第1款、第67条第1款、第72条第1、3款之规定，判决如下：被告人安某犯非法行医罪，判处有期徒刑2年，缓刑2年，并处罚金人民币2000元。[①]

二、非法行医罪的犯罪客观方面

非法行医罪的犯罪客观方面表现为未取得医生执业资格的人非法行医，情节严重的行为。"非法"主要体现在未取得医生执业资格的人进行各种各样的医疗行为。行为人非法行医的具体方式不影响非法行医行为的成立，其既可是在合法成立的医疗机构中非法行医，也可是在非法成立的医疗机构中非法行医，还可以江湖医生等形式非法行医。如果行为人具有医师资格，但是其执业的医疗机构尚未取得《医疗机构执业许可证》的，该机构不符合非法行医罪的主体构成要件，不能构成非法行医罪，对于这一类行为，一般不认为是犯罪，如果出现严重的伤害结果，而是以医疗事故罪或者过失致人死亡罪定罪处罚，"行医"指开业行医。在刑法理论中，"行医"一般具有三个特征：一是行医必须是根据医学知识与技能而实施的医疗行为；二是行医必须是以实施医疗行为为职业而反复进行的活动；三是构成非法行医之"行医"不要求以营利为目的。因此，非法行医罪属于职业犯。非法行医，是指非法行使以医疗行为为内容的医疗业务，且不以主观上具有营利目的为必要。最高人民法院2008年4月29日发布的《关于审理非法行医刑事案件具体应用法律若干问题的解释》第1条对"未取得医生执业资格的人非法行医"作了规定。

非法行医行为需达到"情节严重"的程度才能构成犯罪。2008年《关于审理非法行医刑事案件具体应用法律若干问题的解释》第2条对"情节严重"规定了以下情形："（一）造成就诊人轻度残疾、器官组织损伤导致一般功能障碍的；（二）造成甲类传染病传播、流行或者有传播、流行危险的；（三）使用假药、劣药或不符合国家规定标准的卫生材料、医疗器械，足以

---

① 沈晋芳："从安某非法行医案谈认定非法行医罪的几个问题"，载《法制与社会》2011年第12期（下），第77页。

严重危害人体健康的；（四）非法行医被卫生行政部门行政处罚两次以后，再次非法行医的；（五）其他情节严重的情形。”对于“严重损害就诊人身体健康”的认定标准，2008《关于审理非法行医刑事案件具体应用法律若干问题的解释》第3条规定：“（一）造成就诊人中度以上残疾、器官组织损伤导致严重功能障碍的；（二）造成三名以上就诊人轻度残疾、器官组织损伤导致一般功能障碍的。”第5条规定：“本解释所称‘轻度残疾、器官组织损伤导致一般功能障碍’‘中度以上残疾、器官组织损伤导致严重功能障碍’，参照卫生部《医疗事故分级标准（试行）》认定。”非法行医与严重损害就诊人身体健康或造成就诊人死亡之间具有刑法上的因果关系。例如，自2007年9月开始，刘某权在未取得医生执业资格的情况下，在常熟尚湖镇颜巷村开设个体诊所非法行医。2009年8月11日，徐某在不知自己正处于冠心病发病期的情况下至刘某权的诊所治疗，刘某权在为其针对治疗胃病进行输液过程中，徐某冠心病病情加重，刘某权遂拨打“120”将其送至医院救治，徐某经抢救无效于当日下午死亡。江苏省常熟市人民法院2010年8月12日审结一起非法行医案，以被告人刘某权犯非法行医罪，判处有期徒刑2年，并处罚金2000元。本案中，被害人生前处于发病期，其因冠心病发作而猝死，并非被告人在非法行医过程中所使用的药物诱发其冠心病发作，刘某权非法行医行为延误了徐某的治疗，但并未直接导致被害人的死亡，其行为与被害人的死亡无直接因果关系，故不应承担造成被害人死亡的刑责。根据罪刑相适应原则，应对被告人在3年以下有期徒刑、拘役、管制的幅度内量刑。

关于被害人承诺的效力，尽管刑法理论认为被害人承诺可以阻却犯罪，但在非法行医罪中不宜把被害人同意让行为人为其治病视为被害人承诺，对非法行医者不得因被害人同意而免除其刑事责任。非法行医罪侵犯的是公共卫生安全，威胁的是不特定患者的生命健康。因此，非法行医行为并不能因为个别患者的承诺而排除其社会危害性，这是非法行医罪中被害人承诺通常不能作为免责事由的根本原因。[①] 例如，2002年10月，被告人周某某在未取得医师执业资格和办理医疗机构执业许可证的情况下，在某市某区私设诊所

① 潘士红：《非法行医罪疑难问题研究》，西南政法大学2010年硕士学位论文，第21页。

擅自从事行医活动。2002 年 11 月 2 日，周某某应孕妇蒋某某亲属之邀为蒋接生。致使蒋的胎儿在脐带、胎盘病变的基础上，因肌肉注射催产素 1ml 引起强烈宫缩，导致胎儿在宫内窒息死亡。法院判决：被告人周某某非法行医罪成立，判处有期徒刑 2 年 6 个月，并处罚金 1000 元。本案中，未取得医师执业资格的被告人周某某固然是应孕妇蒋某某亲属之邀出诊为蒋某接生的，但其违规用药，引起蒋某强烈宫缩致胎死腹中，应当认为其行为已达到“情节严重”的程度，故认定其构成非法行医罪是正确的，周某某系因他人之邀为蒋某某接生一节，并不能排除其非法行医行为的犯罪性。

三、非法行医罪的犯罪主体

非法行医罪的犯罪主体是一般主体。一般主体仅是自然人，即年满十六周岁达到法定刑事责任年龄具备刑事责任能力的自然人，既可以是中国人，也可以是外国人或无国籍人。一般主体不包括单位。自然人既可以是一般公民，也可以是有一定的医疗技术但未取得医师执业资格的人，还可以是取得医师执业资格但缺乏医疗机构执业许可证的人员。根据《执业医师法》的规定，具体包括以下几种情况：（1）未参加或者没有通过医师资格考试，不具备注册资格的人；（2）虽然通过医师资格考试，但是不准备从事医师业务的人；（3）虽然通过医师资格考试，但具有法定情形不予注册的人；（4）处在暂停执业活动期间的医务人员；（5）曾经取得医师执业证书，但是该证书已经被卫生行政机关依法注销或者吊销的。另外，还包括通过非法手段取得医师执业资格的人。“医生执业资格”应指行为人既须具备医师执业资格证书，又须具备医师执业证书。例如，卢某娟和方某春两人原是同事，均是厦门某公立医院的护士。2011 年年末，方某春联系上卢某娟，声称自己有帮人鉴定胎儿性别的“渠道”，希望卢某娟为自己介绍“客户”。后经两人商量，卢某娟与方某春合作，由卢某娟帮孕妇抽血取样，再交由方某春送至“中介”，由其送到广东某机构鉴定胎儿性别。之后通过电话、短信、邮件等形式告知孕妇鉴定结果。在此过程中，两人向每名孕妇收取人民币 5000 至 5500 元，并从中“抽成”和拿“回扣”。为逃避卫生部门的查处，卢某娟特意采用“流动式采血”的方法，先用电话联系孕妇，后隐蔽在私家车内抽血。2012

年7月至11月，卢某娟利用此方法非法鉴定胎儿性别158起，多名妇女在得知“鉴定结果为女”时进行流产。2012年11月，卢某娟在为孕妇抽取血样时被卫生局执法人员当场查获。2013年3月，方某春主动向厦门市公安机关投案自首。法院查明，两人之前均为护士，并没有行医资格。后来看到该业务具有利润空间，两人先后辞职，专业从事“鉴定胎儿性别”工作。随着“生意”规模的日渐扩大，来自周边城市的孕妇也通过网络联系上卢某娟，来厦门做抽血鉴定。后来为了保证“生意”，两人又从淘宝网等非正规渠道购买常规试管、血样采集针等抽血工具，存在极大的卫生安全隐患。法院审理后认为，被告人卢某娟、方某春未取得医师执业资格，非法行医，情节严重，其行为均已构成非法行医罪，结伙作案部分系共同犯罪，且两人采集血样所用工具来源不明、涉案孕妇众多，对公共卫生秩序造成相当程度的危害。但是卢某娟到案后能如实供述犯罪事实并当庭自愿认罪，具有悔罪表现，方某春犯罪后能自动投案并如实供述犯罪事实，系自首，且通过家属退缴违法所得，同样具有悔罪表现，最终法院决定对两人从轻处罚。2013年10月，福建省厦门市思明区人民法院以非法行医罪分别判处两被告人有期徒刑9个月和7个月，现判决已生效。又如，被告人杜某芳，女，1967年出生，汉族，河南省固始县人，中专文化。因涉嫌犯非法行医罪，于2003年3月被羁押，同年4月被逮捕。一审公诉机关以被告人杜某芳犯非法行医罪，向一审法院提起公诉。附带民事诉讼原告人要求被告杜某芳赔偿各项经济损失共计人民币547142元。一审法院经审理查明：2002年1月，被告人杜某芳未经卫生行政机关批准、未取得个体医疗机构执业许可证的情况下，在北京市其私自开办的某个体诊所内，在没有医生执业资格的情况下，非法为被害人张某接生，后张某分娩时子宫颈多处破裂出血，后被送至正规医院抢救，抢救无效，最后被害人系因分娩时子宫多处破裂出血，致急性失血性休克死亡。被告人杜某芳于2003年被抓获归案。被告人杜某芳的丈夫出庭作证，证实被害人到杜某芳的诊所生小孩，杜某芳为张某接生后去休息，张某和其丈夫发生争执，之后发现张某产后出血，并证实发现被害人出血到送医院救治约50分钟左右。辩护人提交的相关书证证实被告人杜某芳毕业于某卫生学校，1987年至1998年在某镇中心医院从事医生工作，其间获得医生资格。一审判决：

被告人杜某芳犯非法行医罪，判处有期徒刑10年，剥夺政治权利2年，并处罚金人民币1万元，并判处被告人杜某芳赔偿附带民事诉讼原告人李某山、张某彬、陈某英等人经济损失10余万元。一审宣判后，原被告双方都提出上诉。二审法院经审理后认为杜某芳为获私利，明知自己不具备医生执业资格，未取得医疗机构执业许可证，私自开办诊所为他人非法接生，进行非法行医，导致被害人死亡，其行为已构成非法行医罪。一审法院根据被告人杜某芳的犯罪事实、性质、情节以及对社会的危害程度所作出的判决，定罪及适用法律正确，量刑适当，审判程序合法。二审终审裁定：驳回原审附带民事诉讼原告人及杜某芳的上诉，维持原判。[①] 相关案例又如：1名3岁儿童因有咳嗽、流涕等感冒症状，于2008年2月27日下午1时左右被家长带到浙江省某镇大众药店看病。一非法行医人员在未对患儿进行常规检查，未书写门诊病历，也未做药物过敏试验的情况下，肌内注射了一针头孢呱酮钠、地塞米松注射液，患儿立即出现头不停地摇晃、口吐白沫、嘴唇发紫等过敏症状。非法行医者经与药店经营者电话联系后，又给患儿肌内注射一针氯苯那敏、维丁胶钙注射液，患儿在送往县人民医院的途中死亡。县卫生局接到群众举报后，立即组织卫生监督人员前往事发地点进行调查。对事发现场进行检查后发现，该场所系大众药店仓库，内有盐酸林可霉素注射液和注射用头孢呱酮钠等药品。设有医疗操作台，摆放着听诊器1只及已使用过的20mL和5mL注射器各1支。大众药店内未见医疗机构执业许可证。经调查，该大众药店系个人独资企业，法人代表只是挂个名号，并不参与经营。药店的经营范围是处方药与非处方药，并未取得医疗机构执业许可证。经营者系浙江省某卫生院职工，于2005年12月16日取得执业助理医师资格证书，2006年8月4日取得执业助理医师执业证书，注册执业地点为浙江省某中心卫生院，执业范围为中医专业，2008年初到该中心卫生院上班。给死者看病、打针的是安徽省人，系经营者江西中医学院的同学。2005—2007年在大众药店工作过一段时间，2008年2月21日应经营者邀请来到药店上班，他于2007年12月26日通过考试在安徽取得助理医师执业资格，通过向安徽某乡卫生院申请

① 蔡佳钰：《杜志芳非法行医案的分析报告》，广西师范大学2012年硕士学位论文，第3页。

执业助理医师，2008 年 4 月 3 日取得助理医师执业证书。2008 年 3 月 25 日，浙江省温州医学院司法鉴定中心出具司法鉴定意见书，鉴定意见为：患儿符合过敏性休克死亡。2008 年 5 月 12 日，县卫生局根据行政执法机关移送涉嫌犯罪案件的规定，依法将该案件移送县公安局。2008 年 9 月 28 日，县人民法院做出刑事附带民事一审判决：被告人（经营者）犯非法行医罪，判处有期徒刑 10 年，并处罚金人民币 1 万元；被告人（行医人）犯非法行医罪，判处有期徒刑 7 年，并处罚金人民币 1 万元；附带民事诉讼被告人（药店法人代表）承担连带责任。获刑二人对法院的一审不服，向浙江省某市中级人民法院提出上诉，2008 年 11 月 27 日，中级人民法院做出刑事裁定：驳回上诉，维持原判。①

取得医生执业资格的人，超出执业地点、类别或范围行医的，是否构成非法行医罪？学界认识不一，有肯定说、否定说、折中说等观点，多数人认为原则上构成非法行医罪，但应具体问题具体分析，不能一概而论，有少数情况只要符合一定的条件就不构成非法行医罪。在具有集体执业资格的医疗机构中从事医疗业务的人员，擅自从事个体行医的，一般认为应当构成非法行医罪。具有医生执业资格的医生被邀请参加疑难病症的会诊跨地点行医，实施会诊行为的医师能否构成非法行医罪的主体？对此，有肯定说、否定说和折中说，因此，只要被邀请的医生符合法律规定的条件和参加会诊的审批程序，不应构成非法行医罪，在突发灾害或紧急救助的情况下，也不构成非法行医罪，除此之外，其他情况都应构成非法行医罪。

未取得医生执业资格的人，采取联营、挂靠、承包等方式在依法设立的医疗机构中行医的，是否构成本罪主体？在这种情况中，未取得《医师执业证书》的人，无论采用何种方式行医，其身份都是未取得医生执业资格的人，很显然，其行为性质是非法行医，因此，未取得《医师执业证书》的人，在依法设立的医疗机构中行医的，可以构成非法行医罪的主体。相关案例如“宿州眼球案”：一患者因患白内障于 2005 年 12 月 11 日上午在宿州市

---

① 林威才：“一起非法行医致人死亡案评析”，载《上海预防医学杂志》2009 年第 10 期（下），第 498 页。

立医院接受了右眼白内障雾化手术，并植入了一片人工晶体。当天，在宿州市立医院接受眼球植入人工晶体的白内障患者共有10人。12月12日，这10名患者眼部陆续出现异常症状，并先后到宿州市立医院就诊。当天下午4时左右，宿州市立医院将10名患者紧急送往上海五官科医院就诊。由于患者感染严重，上海五官科医院陆续对9名患者的单眼眼球进行了摘除，另一名进行玻璃体切割术。宿州“眼球事件”发生后，省卫生厅派出多批调查组赴宿州，对事件发生的原因、相关单位和个人的责任进行调查，卫生部也派出专家组帮助查找原因。现已查明宿州市立医院的违法、违规事实为：与不具备医疗服务资质的上海舜春扬科贸公司签订协议，合作开展白内障超声乳化手术，并组织病员、提供场地及相关设备材料；允许上海舜春扬公司组织的没有资质的人员在该院从事诊疗活动；医院院内感染管理混乱，手术过程中的相关设备没有做到一人一用一灭菌。由于这些原因，导致手术出现重大感染，对9名患者造成严重伤害。安徽省卫生厅确定这是一起非法行医事件。据宿州市卫生局调查，当日对10名患者施行手术的主刀医生并非宿州市立医院医生，而是来自上海交通大学医学院附属第九人民医院眼科的徐庆。然而，徐医生却是由上海舜春扬科技贸易有限公司组织到宿州市立医院进行这批次手术的。早在2003年11月，宿州市立医院就和上海舜春扬科技贸易有限公司签订了一份合作协议，协议规定由公司提供部分医疗器械、白内障手术用的人工晶体，组织眼科专家、护士到宿州市立医院开展白内障手术，宿州市立医院负责组织病员，提供手术室和相关设备材料，并负责手术前后的病人处理工作。每进行一例手术，公司收取2100元，其余收入归宿州市立医院。协议有效期为5年。据记者了解，12月11日进行的10例手术，每例手术费为2800元左右。按照国家有关规定，医院不能和非医疗机构签订医疗服务协议。宿州市立医院和不具备提供医疗服务资质的公司签订的协议，属于严重违规。按照国家有关规定，邀请外医院医生来本院进行手术，需经过以下程序：医院所在科室向医院医务科提出申请，医务科批准并报分管副院长签字，医务科向对方医院医务科发出邀请，对方医院同意并指定医生前来进行手术。12月11日的10例白内障手术，没有经过以上所有程序，医院医务科事后才知道有外院医生到本院进行了手术。12月21日，安徽省卫生厅决定取消宿州市立医院二级甲等医院称号。责令其立即终止合作、停止白内障超声乳化手术，没收其非法所得31万余元，并予罚款3万元；医院眼科3名医师被处停止执业活动9个月，手术室1名护士被处中止执业注册1年，给予医院医务科长等6名相关人员相应的行政处罚。有关人员分别受到党纪政纪处理，给予宿州市卫生局长行政记大过处分、分管副局长行政记过处分，撤销该医院院长党内外一切职务，给予医院分管院长党内严重警告、行政记大过处分，市卫生局医政科长党内警告、行政警告处分，医院眼科主任及2名医师给予行政记过处分。上海市卫生局吊销了擅自应公司邀请、赴宿州市立医院实施手术医师的《医师执业证书》，司法机关对该案中涉及违法犯罪问题立案调查。2006年10月1日宿州“眼球事件”在宿州市埇桥区法院开庭审理，宿州市埇桥区检察院对两名主要责任人睢国甲和睢国乙孪生兄弟以非法行医罪提起公诉。现年53岁的睢国甲和睢国乙兄弟系上海人，两人均无医生执业资格。起诉书指控，被告人睢国甲于2000年在上海市注册成立了上海舜春杨科技贸易有限公司，2000年9月16日，睢国甲的孪生弟弟睢国乙代表该公司与宿州市立医院签订了白内障超声乳化技术合作协议。协议规定，由上海舜春杨科技贸易有限公司负责提供超声乳化仪，进口人工晶体，并组织眼科专家到宿州市市立医院开展白内障超声乳化手术。协议签订后，睢国甲、睢国乙在明知未取得医生执业资格的情况下，携带相关设备，组织未参照《执业医师法》办理异地执业变更手续的上海市交通大学医学院附属第九人民医院的眼科医生徐某多次到宿州市立医院做白内障超声乳化手术。2005年12月11日，3人来到宿州市立医院，由徐某主刀，睢国甲帮助取出人工晶体，睢国乙操作超声乳化仪，与市立医院的医护人员一起，为该院王某凤等10名白内障患者进行了白内障超声乳化手术。术后，10名患者均出现患眼被感染，造成其中9名患者单侧眼球被摘除，1名患者患眼玻璃体被切除。经法医鉴定，10名患者的伤情均已构成重伤。在庭审上，法庭对4位证人进行了询问，证人陈述被告人进手术室时未穿隔离服，手未经消毒。公诉机关认为，根据证人证言证词，被告睢国甲、睢国乙在未取得行医资格的情况下，为了牟取个人利益，给患者带来了身心伤害，造成了恶劣影响，应当承担刑事责任，处3年以上10年以下徒刑。睢氏兄弟在庭上陈述时认为，受害者是由宿州市立医院组织实施手术的，他们只提供医疗设备和人工晶体，不存在与患者之间的医患关系，故不构成非法行医，辩方5名律师也在庭上做了无罪辩护。2006年11月，埇桥区法院以两被告人犯非法行医罪，判处被告人睢国甲有期徒刑6年，并处罚金人民币30万元；判处被告人睢国乙有期徒刑5年，并处罚金人民币20万元。一审宣判后，两被告人不服，向宿州市中级人民法院提起上诉。宿州中院经审理后认为，两上诉人在未取得医生执业资格的情况下，组织他人与医院合作开展白内障超声乳化手术，并参与手术过程，系非法行医行为，造成10名患者受到重伤，严重损害了就诊人的身体健康，构成非法行医罪，应依法惩处。对两上诉人的上诉理由及辩护人提出的辩护意见，审理认为，上诉人睢国甲、睢国乙无医生执业资格，以公司为依托，先后在多个省份的多家医院组织开展白内障超声乳化手术。在手术中，睢国甲具体负责人工晶体配送，睢国乙负责安装、操作超声乳化仪，二人的行为应当是完整手术的具体部分，是手术中的不同分工，不能以两上诉人在手术中的“辅助”行为而否定两人参与了10名患者的手术过程。中院认定，两上诉人的上诉理由及辩护人的辩护意见不能成立，原审判决事实清楚，量刑适当，审判程序合法，依法驳回上诉，维持原判。

实习医生能否成为非法行医罪的主体？关于医学专业学生在医院的实习行为是否构成非法行医的问题，全国人大法工委曾经针对河北省人大的询问明确答复：“根据执业医师法的规定，高等学校医学专业本科毕业的人，应当在执业医师的指导下在医疗单位试用一年才能参加国家统一考试取得执业医师资格。医科大学本科毕业，分配到医院担任见习医生，在试用期内从事相应的医疗活动，不属于非法行医。”经过国家正式医学教育的毕业生，按照执业医师的指导进行诊疗活动，主观上不具有非法行医的故意，客观上属于履行合法正常职责的行为，显然不构成非法行医罪。但是，实习医生免于非法行医罪的前提是其在医院从事正常的诊疗活动，如果违反规定，超出实习单位之范围行医的，仍然可以构成非法行医罪。另外，虽然实习医生进行正常的诊疗活动，造成就诊人死亡或健康严重受损的后果时不以非法行医罪论处，但并非意味该种行为都可免于刑事责任，如果构成医疗事故罪的，实习医生也可能面临刑事处罚。[①] 例如，2005 年 12 月，49 岁的熊某因长期伏案工作，出现腰疼，到北京某三甲医院拍片之后发现腰椎出现轻度滑脱，该医院的骨科主任李某（手术由其主刀，有行医资质）诊断需要尽快手术。2006 年 1 月 31 日，手术后的第 7 天，该医院宣布，熊某因发生术后并发症肺栓塞，抢救无效死亡。对于熊某的死亡，医院的结论是，手术后并发症肺栓塞，抢救无效死亡。而王某在妻子的病历记录上看到，妻子的肋骨折断了，心脏、肝脏竟然全都破了。从手术一记录中，王某发现，这些是医生在抢救的时候按压造成的。随后，王某和律师对参与抢救的 3 名医生的行医资质产生怀疑，其怀疑这个人是某大学医学院的在校学生。对此，院方强调，病人死于术后并发症肺栓塞，跟学生行医没有直接关系，医院对此无须承担责任。王某及其律师发现了为其妻熊卓为提供诊疗服务的于某、段某、肖某三名“医师”中，仅于某取得了执业医师资格，但没有经过医师执业注册，段某和肖某则既没有取得执业医师资格，也没有经医师执业注册。2007 年 10 月，王某将该医院告上法院。2009 年 7 月 1 日，此案在北京市某法院做出一审宣判。判决认定，该医院造成了患者死亡的损害后果，应承担全部民事损害赔偿责任，共计 70 多万元。但法院并未认定医院的行为涉嫌非法行医。对此判决结果，原被告双方均表示不满，其中，原告认为，为死者治疗的医务人员于峥嵘、段鸿洲、肖建涛均“未取得医生执业资格”，因此，应在判决中认定三人的诊疗行为在性质属于“非法行医”。医患双方向上级法院提出了上诉。医院是否涉及非法行医仍是双方争论的焦点，根据一些救治过程中的书面记载的情况来看，没有执业医师的签名，而只有实习生的签名，很明显不符合相关的规定。[②] 但是这不足以认定其是独立实施的医疗救治行为。2010 年，北京市高院经过二审后，分别驳回原告和被告的上诉请求，维持一审判决。虽然这起经历了长达 4 年之久的“北大医院案”暂告一段落，但是，医学界及法学界对此案的争议并未间断，特别是案件中有关实习医生的主体资格，更是成为理论界争议的焦点问题。对此判决结果，当事人双方均表示将继续申诉。

---

① 吴迪：《非法行医罪探析》，中国政法大学 2009 年硕士学位论文，第 28 页。

② 马旭之：《非法行医法律适用问题研究》，南昌大学 2011 年硕士学位论文，第 15 页。

对乡村医生，从2004年《乡村医生从业管理条例》的规定可以看出，国家对乡村医生的从业准入限制降低了标准。但村医生要符合相关的执业资格要求，同时也要求乡村医生进行注册。乡村医生的门槛设置虽然相对较低，但是从非法行医罪的保护法益角度分析，只有在取得有关部门颁发的乡村医生证书并经注册，且在村医疗卫生机构中执业才能保障就诊人的生命健康，也才符合医疗管理秩序。对非法行医罪所保护的双重法益没有造成侵害，才能阻却非法行医罪的成立，否则，构成非法行医罪。[①] 例如，被告人杜某在北京市某区，在未取得卫生行政部门的许可下私自在其所在的村庄开办了一个私人诊所，主要为周边的村民看病。2002年初，张某即将生产，由于没有准生证和几千元钱的接生费，怕被正规的医院拒之门外，于是就找老乡刘某帮忙，刘某就带张某夫妇到杜某开办的私人诊所接生。当时杜某并没有答应他们的请求，而是要求他们赶快去正规的医院，然而张某腹痛加剧，血流不止，眼看孩子就要出生了。此时再不为张某接生，孩子和大人都有危险。张某的丈夫和刘某再次请求杜某，在这种情况下，杜某才答应为张某接生，并且没有收取张某任何费用。杜某在为张某接生两个小时后，由于胎儿较大，张某的身材较小，又与丈夫发生争执，张某产后大出血。张某的丈夫就到诊所找杜某，说张某产后大出血，由于诊所医疗设施不全，不得不把张某送到正规的医院，但时间已晚，张某最终因产后大出血而死。被告人的辩护人认为杜某从正规的医学院毕业，毕业后又在国家医疗机构从医几十年，具有“医师资格”，不属于非法行医罪的主体。被害人产后大出血是由于胎儿太大和与丈夫发生了争执所导致的，与杜某的接生行为无关，两者之间无任何关系。并且认为杜某的接生是由于张某和丈夫再三请求下才为其接生的，也没有收取任何费用，其行为是紧急救助。一审公诉机关认为被告人杜某没有“医生执业资格”，在未经卫生行政部门的许可下，私自开办诊所，造成被害人张某某死亡，犯非法行医罪。一审法院经审理后认为，2002年1月，被告人虽然曾经从事过医疗活动，具有一定的医疗技术，但不能证实其在其他地区行医行为的合法性。行医者是否具“医生职业资格”，是要看是否具有

---

① 刘康琴：《论非法行医罪的主体》，西南财经大学2010年硕士学位论文，第20页。

《执业医师法》所规定的从事诊疗活动所必须具备的条件。杜某在没有医生执业资格的情况下，在北京市私自开办的诊所，非法为被害人张某接生，后张某分娩时子宫多处破裂出血，致急性失血休克死亡，应构成非法行医罪。一审判决后，双方都提出了上诉。二审法院经审理后认为杜某在未取得医疗机构执业许可证情况下，为了谋取利益，私自开办诊所为他人非法接生，导致被害人死亡，其行为已构成了非法行医罪。二审维持原判。[①]

《关于医师、中医师个体开业暂行管理办法》对于师承中医进行了规定，师承医生只要符合有关法律规定从业，原则上都不构成非法行医罪，但在一定条件下也可能成为非法行医罪的主体。对个体诊所，《执业医师法》《医疗管理条例》都规定了特别严格的限制条件。医师设立个体诊所或者在个体诊所从事医疗活动的，如果达不到法律规定的特定要求，也是可能成为非法行医的主体的。例如，占某某患心脏病多年未治愈，2005 年 5 月 17 日，他从朋友处听说暂住南平西芹纸厂的和尚“释功海师”（被告人郑某弟）有专治疑难杂症的“秘方”，并已治好朋友姐夫的肾病，遂前往求治。事实上，郑某弟在此之前就已打听了占某某的基本病情，故只看了占某某的耳根后就对占某某说其患心脏病六年，以此骗取了占某某的信任，并说若根治需 3 万元。当占某某质疑费用太高时，郑某弟又吹嘘秘方是高僧传授，用的均是藏药以及多种珍贵药材等。经过一番讨价还价后，双方以 2 万元成交，郑某弟遂配制了四个疗程共 16 副主要功效为清热解毒、祛痰止咳、清热平肝的普通中草药（经鉴定价值仅 80 元）给占某某，并嘱咐占某某停止服用医院开的药。占某某自从服用郑某弟开的中草药后，因病情未得到有效控制而逐渐恶化，造成心肺恶性循环，心力衰竭，于 2005 年 6 月 7 日送医院抢救无效死亡。被告人郑某弟获悉占某某死亡后，即携带情妇畏罪潜逃，于 8 日被公安机关抓获。2006 年 8 月，和尚郑某弟被福建省南平市延平区人民法院依法以非法行医罪判处有期徒刑 11 年，并处罚金 1 万元，赔偿被害人家属经济损失人民币 25 万余元。又如现年 68 岁的何某良，文盲，在未取得医生执业资格证书及医疗机构执业证书的情况下，以营利为目的，私自开设蛇医诊所，以所谓的

① 蒋锋：《非法行医罪构成要件的解读》，辽宁大学 2011 年硕士学位论文，第 3 页。

祖传药方为病人治疗。2006 年 9 月 5 日晚，萧山区戴村镇张家弄村村民郁某娟被蛇咬伤，到何某良处治疗，何某良用草药为其包扎伤口，并给其开出包括“五香草、白毛藤、黄药子、滴水珠、千子花”的中药让其服用。其间，郁某娟先后五次到何某良的诊所内复查，何某良每次都给郁某娟开出同样的草药让其服用，所配制的中药未经称重控制剂量，仅由何某良用手凭感觉直接抓取。9 月 26 日左右，郁某娟将何某良所开的草药全部服用完毕。10 月 9 日，被害人郁某娟因全身浮肿、皮肤发黄、意识模糊被送往萧山区第一人民医院治疗，医院初步诊断为药物引发或蛇毒迟延引发的亚急性肝衰竭，当日即发出病危通知。经治疗后，郁某娟的病情继续恶化。10 月 17 日，在家属的要求下郁某娟出院，并于当日死亡。案发后，萧山区卫生局组织医疗专家对此案进行评析，经评析认为，中药黄药子、滴水珠等药物均有肝脏毒性作用，何某良在使用上述药物时均采用手抓方法配药，无剂量控制方法，且一天煎服四到六次，超过常规剂量，与患者急性肝衰竭有关；何某良给患者的治疗时间长达一个月，治疗期间一直保证能治愈患者，使患者失去了最佳治疗时机，延误病情，导致患者最终死亡的严重后果。审理中还查明，被告人何某良的行为给三位附带民事诉讼原告造成了经济损失。2006 年 10 月 18 日，被告人何某良已赔偿给三附带民事诉讼原告人人民币 1 万元。法院认为，被告人何某良未取得医生执业资格而非法行医，造成就诊人郁某娟死亡，其行为已构成非法行医罪，给三位附带民事诉讼原告人造成的物质损失应依法予以赔偿。2007 年 8 月 3 日，浙江省杭州市萧山区人民法院以非法行医罪判处被告人何某良，有期徒刑 10 年，并处罚金人民币 2000 元。同时，被告人何某良还应赔偿给三刑事附带民事诉讼原告人因被害人郁某娟死亡造成的补偿费、丧葬费、被扶养人生活费、医疗费等共计人民币 18 万元。

家庭接生员指依照相关规定，经县级以上卫生部门培训、考试考核、批准，获得《家庭接生员技术合格证书》，到居住在农村或县级政府所在地以外的建制镇产妇家助产的人员。家庭接生员只有不符合《母婴保健法》的规定，未达到《母婴保健专项技术服务基本标准》规定的要求，未取得《家庭接生员技术合格证书》，违反《家庭接生常规》，就能构成非法行医罪。相关案例如被告人夏某容，1995 年 7 月从巫山县卫校毕业后被巫山县福田镇医院下田分院招聘，从事护理、药房、注射等工作。从1996年开始在巫山县福田镇一带单独从事接生活动，并收取几十到几百元不等的费用，被告人夏某容有助产士和西医士证书，但未取得执业医师资格，2004年5月因福田镇卫生系统体制改革，夏某容被清退。2006年9月22日上午8时许，夏某容应刘学美之邀，为其儿媳龚某珍接生。9时许，夏某容到产妇龚某珍家中为其做了产前检查，并使用了5个单位缩宫素加250毫升葡萄糖水静脉滴注。10时40分，胎儿娩出，约15分钟后，胎盘娩出，继而出现阴道出血。夏某容遂采取肌肉注射缩宫素止血，同时按摩子宫，但未检查产妇宫颈情况。在对产妇止血无效、两次打电话向当地卫生院妇产科医生求助未果的情况下，夏某容分别取氨基酸、参麦、维C、糖盐水及血压计施救。12时许，夏某容再次打电话请求当地卫生院妇产科医生龚某平前往帮忙抢救。13时许，龚某珍之夫王祖明驾驶摩托车将龚某平接到家中，测得龚某珍血压为40/20mmHg，龚某平在为龚某珍检查和施救的同时喊打120急救和找车子送镇卫生院。夏某容遂几次打120电话请求急救。13时40分左右，产妇龚某珍死亡。经巫山县公安局刑事科学技术鉴定，龚某珍系宫颈撕裂伤大出血致失血性休克死亡。夏某容2006年10月20日到巫山县公安局治安大队投案自首，同日被巫山县公安局取保候审。夏某容在取保候审期间未经批准外出务工，于2007年11月17日被北京市公安局怀柔分局抓获归案。法院审理认为，夏某容没有取得医生执业资格，也没有县级以上地方人民政府卫生行政部门颁发的家庭接生员技术证书，非法为她人出诊接生，造成产妇生产后宫颈撕伤，虽然积极采取了施救的措施，但未对产妇施行宫颈撕伤缝合术这一根本的治疗措施，致使产妇失血性休克死亡，其行为已构成非法行医罪，公诉机关指控的事实和罪名成立。为打击犯罪，维护医疗机构的管理秩序，提高医生的职业道德和业务素质，保障公民健康，依照相关规定，2008年3月7日，重庆市巫山县人民法院宣判：被告人夏某容犯非法行医罪，判处有期徒刑10年，并处罚金。

医疗美容师能否构成本罪？医疗美容是通过药物、手术等进行的具有治疗性的行为，包括重睑形成术、假体植入术、药物及手术减肥术等医疗项目，具体又分为一级诊疗科目和二级诊疗科目。其中一级诊疗科目是指医疗美容科，二级诊疗科目包括美容外科、美容牙科、美容皮肤科和美容中医科等。从事生活美容服务不要求具有执业医师资格，但医疗美容属医疗行为的范畴，必须遵循《执业医师法》《医疗机构管理条例》《护士管理办法》《医疗美容服务管理办法》《医疗美容项目分级管理目录》等规定，经卫生行政部门批准领取医疗机构执业许可证后方可开展。根据《医疗美容机构服务管理办法》的规定，从事医疗美容执业的人员不仅要具有执业医师资格，而且需要注册，并具有相关临床工作经验，其中美容外科项目要求从事相关工作的年限达6年以上。根据上述规定，未取得执业医师资格的人开展医疗美容服务，可以成为本罪的主体。① 例如，2002年3月22日，某美容院业主甲从外地请医生乙、丙，为某患者做吸脂手术。当晚7时许，乙为患者注射麻醉后，丙开始做手术。在手术过程中因发现患者呼吸异常而将其送往医院抢救，后因抢救无效死亡。医学鉴定表明，死者因异丙酚用药过量引起呼吸抑制、呼吸功能障碍，导致肺、心等多处脏器功能衰竭而死亡。法院认定甲、乙、丙非法行医，分别判处有期徒刑10年、12年和10年，同时判处3名被告人承担民事赔偿责任。在该案中，被告人甲在未取得医生执业资格及医疗执业资格许可证的情况下，擅自开办医疗机构进行医疗美容手术，构成非法行医罪；被告人乙、丙虽然取得医生执业资格，但明知甲所开办的美容院并非医疗机构，但为谋取非法利益而在该院进行医疗美容手术并致人死亡，构成非法行医罪。

出卖（出租）、转让、出借《医疗机构执业许可证》给未取得医生执业资格的人，行为人与未取得医生执业资格的人构成非法行医罪的共犯。关于出租、承包部分科室或合作进行非法行医，医疗机构将内部科室部分出租或者承包给其他单位、个人经营，或与其合作经营，如明知对方没有经营资格或者无医师执业资格，应当对该医疗机构的直接负责人员以非法行医罪的共犯论处。

关于为非法行医者出资、免费提供场地的亲友，是否构成非法行医的共犯？对于这个问题，应分别对待，不能一概而论。在实践中，亲戚、朋友为非法行医者提供物资上的帮助，往往不知道开办医疗机构应具备哪些条件，

① 李秋霞：《非法行医罪构成问题研究》，郑州大学2011年硕士学位论文，第12页。

而且法律上也没有规定对于此种情形，亲戚、朋友有审查的义务。一般情况下，亲戚、朋友仅仅是一般意义上的帮助，不具有从中牟利或其他非法目的，主观上不具有共同的犯罪故意，因此不宜按非法行医罪的共犯论处。但对于明知非法行医者没有“两证”，仍为其提供便利，造成严重后果的，则应按非法行医罪从犯论处。[①] 合法医疗机构雇用未取得医生执业资格的人行医，合法医疗机构中的主管人员、直接责任人与被雇佣者构成共犯，其他人员在知情的情况下仍然与被雇佣者同进行医疗活动的，构成共犯。

在合伙开设非法诊所的情况下，其中一人的诊疗活动构成非法行医罪的情况下，其他合伙人无论是否参与医疗活动、无论是否具有医生执业资格都不影响非法行医罪的构成，只不过要区分教唆犯、帮助犯、共同正犯等，也影响各自的量刑。

为非法行医提供帮助的医托，主要看医托是否明知对方是非法行医，若明知是非法行医还为其拉客，主观上有共同犯罪的故意，客观上对非法行医起帮助作用，使更多的人受到非法的诊治，加大了非法行医的社会危害性，应以非法行医罪论处。反之，若不知其是非法行医，则主观上不具有共同犯罪的故意，不构成非法行医罪的共犯。司法实践中，有的法院对医托以诈骗罪追究刑事责任。[②]

四、非法行医罪的犯罪主观方面

非法行医罪的犯罪主观方面是故意。具体表现为行为人在明知自己未取得医生执业资格的情形下，无视国家医疗管理制度，仍开展医疗活动。非法行医犯罪主要惩治的是行为人无视我国医疗管理秩序，在未取得医师执业资格的情形下，而擅自开展医疗活动的行为。认识因素是行为人明知自己无医生执业资格却擅自行医会扰乱医疗管理秩序，危害公共卫生；意志因素是指，行为人希望或放任扰乱医疗管理秩序，危害公共卫生的结果发生。行为人多具有牟利的目的。本罪的基本犯为故意，结果加重犯为故意或过失。

---

① 刘平：“非法行医罪若干问题探讨”，载《江西公安专科学校学报》2008年第4期，第43页。

② 李建军：《非法行医罪若干问题研究》，华东政法大学2010年硕士学位论文，第25页。

五、非法行医罪的司法认定

在非法行医罪的司法认定中，要注意非法行医罪与一般非法行医、紧急救助、被害人承诺、医疗事故罪、非法进行节育手术罪、故意伤害罪、过失致人死亡罪、过失致人重伤罪、组织、利用会道门、邪教组织、利用迷信致人死亡罪、诈骗罪、非法经营罪的界限。例如，李某出身于农民家庭，年轻时曾经当过一段时间的“赤脚医生”，粗通一点医学知识。近几年由于年老体弱，难以从事农村体力活了，于是便操起了“赤脚医生”的老本行。因此，对其非法行医行为，区卫生行政部门分别在2006年10月和2008年7月两次给予行政处罚。在第二次对其处罚时有关人员明确警告他，如果再一次发现非法行医，将移送公安机关追究非法行医罪的刑事责任。此后，李某下决心不干了，也曾有几个乡亲找到他要求给打针配药但都被他回绝了。2008年10月19日晚上6点多钟，同村农民田某突然跑到家来找李某，说是他12岁的儿子不知道吃什么东西卡住了气管，人眼看就要不行了，求李某去给想办法救一救。李某说自己也没有什么办法，没有医生资格也不能随便想什么办法。但由于想到救人要紧还是去了。来到现场后，李某见孩子呼吸、心跳已经停止，他知道县医院的救护车赶到至少也要50分钟，孩子肯定性命不保了。在孩子父母等亲人的哀求下，李某果断地为孩子实施了简易的气管切开手术。很快，手术见效了，孩子有了心跳和呼吸。果然50分钟之后，救护车也赶到了。孩子的性命保住了，但却半身瘫痪。医院的诊断结果认为是最初实施的气管切开手术不当导致的结果。县卫生行政部门知道这一情况后，将情况报告给公安机关，公安机关以李某的行为涉嫌非法行医罪立案侦查后向检察机关移送起诉。检察院以李某的行为涉嫌非法行医罪向法院提起公诉。法院受理后，依法组成合议庭公开开庭进行了审理，检察院指派检察员顾某出庭支持公诉，被告人李某及其辩护人周某到庭参加诉讼。在法院在审理过程中，经过合议庭评议，形成以下两种皆然相反的观点：一种观点认为被告人林某没有取得医生执业资格非法行医且发生了严重后果，并且是在被两次行政处罚后又非法行医的，是属于非法行医情节严重的行为，已构成非法行医罪；另一种观点则认为，被告人李某在被害人的生命危急关头，而不得已地为其进行简易的气管切开手术，其行为是一种紧急避险行为，而非行医行为，更不是非法行医行为，其行为不构成犯罪。经过合议庭评议及审委会讨论决定后，最后法院采纳了第二种观点，判决被告人李某无罪。

本案中，被告人李某没有取得医生执业资格并且对被害人实施了简易的气管切开手术，并且因为该手术导致了被害人的半身瘫痪，而且在此之前还因为非法行医曾两次被行政处罚。以此来看，这当然是属于非法行医情节严重的行为，构成非法行医罪是没有问题的，控方也正是如此看问题的。但是，仔细分析我们会发现，如此看问题是不正确的，主要理由如下。（1）曾经违法被处罚的人是否可以成为紧急避险的主体。我国《刑法》第 18 条规定是："为了使国家、公共利益、本人或者他人的人身、财产和其他权利免受正在发生的危险，不得已采取的紧急避险行为，造成损害的，不负刑事责任。紧急避险超过必要限度造成不应有的损害的，应当负刑事责任，但是应当减轻或者免除处罚。避免本人危险的规定，不适用于职务上、业务上负有特定责任的人"。紧急避险作为公民的一种权利，一种对社会有益的行为，法律对紧急避险的主体限制仅有一种情况，即"职务上、业务上负有特定责任的人"不能成为紧急避险的主体。很明显，李某不属于"职务上、业务上负有特定责任的人"。也就是说，不管是好人还是坏人，只要实施了符合紧急避险构成要件的，都是可以的。那种认为李某行为不是紧急避险的观点，其思维可能就是仍然停留在他是非法行医的主体，而忽略了他也同样是紧急避险的主体。（2）李某的行为是否是在紧急状态下不得已实施。12 岁的被害人被异物卡住了气管，呼吸、心跳已经停止，救护车赶到至少也要 50 分钟，李某正是在这种具体情况下，才实施气管切开手术取出异物，这是保住其生命的唯一选择。因此，李某是在紧急情况下不得已才实施的这种行为。另外，这也不能认为是一次单纯行医行为，何况李某在第二次被处罚后他已经不再行医（曾多次拒绝为他人打针配药），退一步说，即使他是在非法行医过程中遇到了如此情况，也同样是符合法律规定的紧急避险规定的，我们也不应当或者说没有理由否认其紧急避险的性质。（3）李某的行为是否超过必要限度。李某的这一紧急避险行为虽然造成了被害人半身瘫痪的结果，但他对此在主观上并没有过错，并且挽救了其生命，在客观效果上利弊权衡，生命权大于健康权，终究还是利大于弊的。因为如果不是李某对其实施的气管切开手术，将卡在气管内的异物取出，对于一个已停止呼吸的人来说，不要说是50分钟，即使是20分钟、10多分钟其性命也就不保了。因此，李某的行为并没有超过必要限度。（4）非法行医行为与紧急避险行为竞合时对行为人行为的认定问题。认为李某的救治行为是非法行医的观点也是有一定道理的：因为李某曾经非法行医被行政处罚两次，而这一次也仍然可以认定为行医行为，也仍然是没有行医资格，并且还出现了严重后果。这样看问题也是有一定事实根据的。但问题是，这种观点仅仅就看到了这一个方面，而没有看到另一个方面：如果不对患者采取气管切开术，该患者的出路只有死亡一条。且如此做，也是李某尽到了自己的最大努力，而这后者的情形又符合法律规定的紧急避险的条件。在某一方面看行为人李某的行为符合非法行医的条件，而从另一方面看又符合紧急避险的条件下，我们只能选择其中一种。那么，该如何选择呢？毫无疑问，应当选择对社会有利的一方面。显然，类似李某遇到的这种情形，允许紧急救治，挽救生命才是对社会有利的；另外，非法行医罪规定在《刑法》分则之中，紧急避险则规定在《刑法》总则之中，根据刑法学理论，总则的规定适于分则之中，总则具有优先适用性，故林某的行为认定为紧急避险较妥当。综上所述，李某本身是符合避险的主体要件，并在紧急情况下实施的为挽救他人生命的紧急避险行为，虽然造成了被害人生命健康权的损害——半身瘫痪的结果，但在那种特定情况下挽救了生命并没有超过必要限度，完全符合紧急避险的法律规定，是法律允许并提倡的合法行为。认为李某的行为构成非法行医罪的观点忽略了本案的细节、具体情况及竞合适用原理，是错误的。所以，法院认定李某的行为构成紧急避险行为，判决其无罪的观点是正确的。①

第三节 非法进行节育手术罪

根据《刑法》第336条第2款的规定，非法进行节育手术罪是指未取得

① 刘作翔：“紧急避险：解决权利冲突的制度设计及刑民案例”，载《河北法学》2014年第1期，第18页。

医生执业资格的人擅自为他人进行节育复通手术、假节育手术、终止妊娠手术或者摘取宫内节育器，情节严重的行为。

一、非法进行节育手术罪的犯罪客体

非法进行节育手术罪侵犯的客体是国家的计划生育制度、国家对医务从业人员的管理秩序以及就诊人的生命、健康权。

二、非法进行节育手术罪的犯罪客观方面

非法进行节育手术罪的犯罪客观方面表现为擅自为他人进行节育复通手术、假节育手术、终止妊娠手术或者摘取宫内节育器，情节严重的行为。擅自，是指没有经过有关部门的合法授权而私自采取措施。节育复通，是指采取吻合术或者清阻法等方法，使原来接受了输卵管或输精管结扎术、物理注射阻塞输卵管或输精管的绝育术等使精子和卵子不能结合的手术的女性或男性恢复生育能力。“节育复通手术”即输卵（精）管复通手术。擅自为他人进行节育复通手术，是指没有取得医生执业资格的人，违反计划生育政策和制度，为他人进行输精管或输卵管复通手术的行为。“假节育手术”即假结扎输卵（精）管手术。擅自为他人进行假节育手术，是指行为人给就诊人作不真实的节育手术，手术后就诊人仍具有生育能力。如有的行为人故意将就诊人的输卵管或输精管做比较松散的结扎，粗略检查，就诊人的输卵管或输精管已被阻塞，无法生育，实际上并没有阻塞，就诊人仍具有生殖能力。这种行为常常为就诊人逃避计划生育检查、超生创造条件。“终止妊娠手术”即流产或引产手术。擅自为他人终止妊娠手术，是指给已经怀孕的妇女进行非法的人工流产或引产手术。[①] 例如，现年68岁的黄某系九江某医院退休人员，其有医生资格证，但未经注册取得执业证，不能从事医师活动。2006年4月23日上午11时许，肖某到黄某家中要求黄为其做引产手术，黄某在明知自己没有医生执业资格的情况下，仍擅自为被害人肖某进行终止妊娠手术，

---

① 孟庆华：“非法进行节育手术罪的构成要件问题探讨”，载《南都学坛（人文社会科学学报）》2005年第3期，第94页。

结果由于其操作不当致肖某子宫破裂失血性休克死亡。案发后，黄某主动报警，且如实供述了自己的犯罪事实，并积极主动赔偿了被害人家属的全部经济损失。7月4日，江西省九江市浔阳区人民法院依法以非法进行节育手术罪，判处被告人黄某有期徒刑3年，缓刑5年，并处罚金5万元。“摘取宫内节育器”即为育龄妇女摘取为计划生育放置的避孕环等宫内节育器。擅自为他人摘取宫内节育器，是指非法将放置在育龄妇女了宫内的节育器摘除以恢复其生育能力的行为。经过法律批准而为他人摘取宫内节育器不属此种行为。例如，2006年5月21日上午，被告人赵某莲在未取得医生资格证的情况下，在其丈夫张某某开办的诊所内擅自为李某某做摘取避孕环手术，导致李某某肠管及子宫多处穿孔，后在其他医院抢救并做好肠管修补和子宫切除手术。经司法技术鉴定，李某某损伤已构成重伤。另查明，被告人的丈夫张某某在民事赔偿上已与李某某达成调解协议，一次性赔偿医疗费、误工费、护理费、残疾补助和精神损害抚慰金共计38000元（不含已支付的医疗费）。法院审理认为，被告人赵某莲在未取得医生执业资格的情况下，擅自为他人做摘取宫内节育器手术，造成他人重伤的行为，严重损害了他人的身体健康，已构成非法进行节育手术罪。鉴于被告人赵某莲能够积极对被害人抢救治疗，认罪悔罪较好，其家人又积极赔偿损失，取得了被害人的谅解，可酌情从轻处罚，对其适用缓刑确实不致再危害社会。2007年12月27日，依据《刑法》第336条、第72条、第73条、第52条规定，河南省虞城县人民法院以被告人赵某莲犯非法进行节育手术罪判处有期徒刑3年、缓刑5年，并处罚金4000元。

上述行为只要具备其中之一的，即可构成本罪。对非法进行人工授精、非法“克隆”人的行为，刑法没有规定。

所谓情节严重，根据学理解释，主要是指实施行为次数较多的；给多人实施此类行为的；经教育屡教不改的；非法进行节育手术经两次行政处罚后又非法进行节育手术的；获取非法利益数额较大的；造成多人计划外怀孕、生育或流产的等后果的；使用不符合卫生标准或医疗标准的方法致使就诊人遭受重大痛苦或损害就诊人身体健康的；非法进行节育手术足以造成就诊人重伤或者死亡的危险的；由于为他人进行手术而造成恶劣影响的；由于为他人进行手术而妨害计划生育工作顺利开展的等。例如，2009年5月，湖北省望江县华阳镇磨盘村孕妇方某家人向村干部反映，方某怀孕5个月的胎儿不慎流产了。方某属于再生育对象，按照惯例，华阳镇对该个案立即进行逆向查究。在发现疑点后，该镇专案组对方某夫妇进行立案调查。调查中，方某夫妇主动交代了在务工地的湖北省武汉市江汉区非法进行B超鉴定，并到湖北省孝昌县非法终止妊娠的违法事实。在两地多部门的配合下，多次从事非法手术的孝昌县花西乡卫生院职工刘某被抓获。孝昌县法院审理认为，被告人刘某在未取得《医疗机构执业许可证》的情况下，擅自为他人进行终止妊娠手术达6次，情节严重，其行为已构成非法进行节育手术罪，依法对刘某做出了以上判决。2010年，湖北省孝昌县人民法院以犯有非法进行节育手术罪判处刘某管制1年，并处罚金人民币1万元。① 本案中，被告人刘某多次非法擅自为他人进行终止妊娠手术，属于“情节严重”的情形。

在司法实践中，对非法进行节育手术罪的“情节严重”“严重损害就诊人身体健康”与轻伤、重伤的关系存在争议。例如，犯罪嫌疑人徐某在沪未取得《医师执业证书》及《医疗机构执业许可证》，自2009年起开设诊所非法行医。2010年5月20日，被害人何某到犯罪嫌疑人徐某开设的非法诊所内，要求徐某为其进行摘取节育器手术。犯罪嫌疑人徐某在为何某进行摘取节育器手术时，因操作不慎致取环工具刺入何某体内，造成被害人何某子宫穿孔、小肠穿孔，经法医鉴定已构成重伤。本案对于犯罪嫌疑人徐某未取得医生执业资格，擅自为他人进行摘取节育器手术，致人重伤，应当以非法进行节育手术罪追究其刑事责任，控辩双方没有异议，但对于“致人重伤”的情节如何认定，存在不同意见。辩护人认为，犯罪嫌疑人徐某的非法进行节育手术行为虽造成被害人重伤的结果，但未达到严重损害就诊人身体健康的程度，理由是根据《最高人民法院关于审理非法行医刑事案件具体应用法律若干问题的解释》（法释〔2008〕5号）第3条和第5条的规定，该规定虽然仅针对《刑法》第336条第1款的非法行医罪，但非法进行节育手术罪作为

① 严贵珍、鲍国华：“非法堕胎被处罚”，载《江淮法治》2010年第12期，第30页。

《刑法》第336条第2款，同一法条不同款项所设罪名的相关解释应该具有借鉴意义，因此，以被害人系重伤认定犯罪嫌疑人徐某系严重损害就诊人身体健康依据不足，只能认定其非法进行节育手术，情节严重，处3年以下有期徒刑、拘役或者管制，并处或者单处罚金。公诉人认为，犯罪嫌疑人徐某非法进行节育手术行为致人重伤，已经达到严重损害就诊人身体健康的程度，理由是根据《最高人民检察院公安部关于公安机关管辖的刑事案件立案追诉标准的规定（一）》（公通字〔2008〕36号）第58条“非法进行节育手术案”的规定，因此犯罪嫌疑人徐某非法进行节育手术的行为造成被害人何某重伤的伤害结果，达到严重损害就诊人身体健康的程度，应处3年以上10年以下有期徒刑。有学者分析认为，认定“严重损害就诊人身体健康”的法律依据应为《最高人民检察院公安部关于公安机关管辖的刑事案件立案追诉标准的规定（一）》，因为：其一，从法律效力的竞争与冲突角度分析，同一位阶的法律应遵循新法优于旧法的规则，《最高人民法院关于审理非法行医刑事案件具体应用法律若干问题的解释》颁布比《最高人民检察院公安部关于公安机关管辖的刑事案件立案追诉标准的规定（一）》早；其二，高法解释针对的是审理非法行医刑事案件中的具体法律应用而不涉及非法进行节育手术罪，两罪在犯罪客体和犯罪客观方面存在差别；其三，《最高人民法院关于审理非法行医刑事案件具体应用法律若干问题的解释》没有规定非法进行节育手术罪，而《最高人民检察院公安部关于公安机关管辖的刑事案件立案追诉标准的规定（一）》对非法进行节育手术罪有明确表述；其四，从法律依据上分析，对非法行医过程中造成就诊人死亡或者身体严重损害的，不认为是医疗事故，不适用医学标准；其五，从探求立法本意来看，非法进行节育手术罪是遵循故意伤害罪的刑罚幅度进行量刑的。综上所述，应认定为“严重损害就诊人身体健康”，应处3年以上10年以下有期徒刑。[①] 又如，2007年11月初，河北来京人员陈明兰在自己租住的房屋内为一女子非法进行人工流产手术，造成该女子子宫和肠道穿孔，经鉴定已经构成重伤，后陈

---

① 梁春程：“非法进行节育手术造成就诊人重伤应如何认定”，载《上海政法学院学报（法治论丛）》2012年第2期，第135－138页。

某兰被警方抓获。陈某兰在接受询问时称自己毕业于陕西一卫生学校，并且是具有多年行医经验的内科大夫，但根据陈某兰所说的医院和卫生学校出具的证明，陈某兰没有医生执业资格。公诉机关即以非法行医罪提起公诉。法庭上，陈某兰承认自己没有执业资格，但否认自己为被害人实施过节育手术，只是为她输液，自己也从未在租住地为别人看病。其辩护律师出示了一份证明，证明事后陈某兰家属积极向受害人进行了赔偿，受害人请求法院对陈某兰从轻处理。公诉人认为，这份证明恰恰证明了陈某兰在此案中有不可推卸的责任。法院认为，被告人陈某兰未取得医生执业资格，擅自为他人进行终止妊娠手术，造成他人重伤，情节严重，并严重损害就诊人身体健康，其行为已构成非法进行节育手术罪，依法应予以惩处。公诉机关指控被告人陈某兰犯非法进行节育手术罪，事实清楚，证据确实充分，指控罪名成立。考虑到被告人陈某兰的家属已经与被害人达成和解，并赔偿了被害人的经济损失，取得了被害人对陈某兰的谅解，根据其犯罪的事实、情节、性质、社会危害程度，酌情对其予以从轻处罚。2008 年 4 月 15 日上午，北京市昌平区人民法院认定被告人陈某兰犯非法进行节育手术罪，判处有期徒刑 4 年 6 个月，罚金人民币 5 千元。同样，本案被告人陈某兰非法进行节育手术也造成被害人子宫和肠道穿孔，并经法医鉴定已构成重伤，司法机关认定是“严重损害就诊人身体健康”，判处的刑罚是“3 年以上 10 年以下”有期徒刑。司法实践中，对于造成重伤的，对被告人都是处以“3 年以上 10 年以下”有期徒刑，有的同时判处缓刑。

三、非法进行节育手术罪的犯罪主体

非法进行节育手术罪的犯罪主体是特殊主体，即未取得医生执业资格的人。例如，张某在未取得卫生行政部门核发的《医疗机构执业许可证》《医师执业证》的情况下，于 2008 年 9 月至 10 月期间，在江苏省无锡市滨湖区华庄街道旺安村其开设的私人诊所内为孕妇魏某多次做胎儿性别鉴定，并告知魏某所怀胎儿系女性。同年 10 月 1 日，双方商定以人民币 1200 元的价格，由张某为孕妇魏某实施终止妊娠手术。结果导致魏某子宫破裂伴感染，因子宫损伤无法修补只得切除。经鉴定，魏某伤势属重伤。案发后，张某赔偿了

魏某经济损失 17 万元。庭审中，张某自愿认罪。法院审理后认为，被告人张某未取得医生执业资格，擅自为他人进行终止妊娠手术，严重损害就诊人身体健康，其行为已构成非法进行节育手术罪。被告人张某的家属案发后给予被害人经济赔偿，被告人张某某归案后如实供述罪行，庭审中自愿认罪，可以酌情从轻处罚。2009 年 2 月江苏省无锡市滨湖区人民法院以非法进行节育手术罪判处张某有期徒刑 3 年 6 个月，并处罚金人民币 5 千元。具有医生执业资格的人不能成为本罪的主体，如果实施非法节育手术行为，不以本罪论处，但应给予相应的行政处分或行政处罚，如果给就诊人身体造成严重损害的，可视不同情形分别按医疗事故罪、故意杀人罪、故意伤害罪或过失致人重伤罪、过失致人死亡罪论处。[①]

四、非法进行节育手术罪的犯罪主观方面

非法进行节育手术罪的犯罪主观方面是故意。行为人明知自己的行为是无权为他人实施节育手术，仍实施这种行为。行为的犯罪动机不影响本罪的成立，仅影响量刑。行为人对于在进行各种手术过程中，严重损害就诊人身体健康或造成就诊人死亡的结果则是过失，否则，如是出于故意，则将以故意伤害罪或故意杀人罪等罪论处。

五、非法进行节育手术罪的司法认定

在非法进行节育手术罪的司法认定中，要注意非法进行节育手术罪与医疗事故罪、非法行医罪、故意伤害罪、过失致人重伤罪、过失致人死亡罪的界限。相关案例如：1980 年宋某芳开始在灵璧县大庙计划生育服务所从事人流、接生等项工作，1985 年取得个体行医许可证，1998 年取得医士资格。法院审理查明，2008 年，灵璧县某村妇女苗某在生育两个女儿均是剖宫产的情况下，怀孕第三胎，因体质不好，不想再生育，便多次带礼物到宋某芳家中要求做人流手术。6 月 11 日，宋某芳给苗某打了一针 1992 年前生产的堕胎

① 左坚卫、史丹如：《危害公共卫生和环境资源犯罪司法适用》，法律出版社 2006 年版，第 167 页。

药。次日，苗某因发烧、腹痛到宋某芳家中，宋某芳给其用药并引产一女胎后，苗某感到身体不适，被送医院抢救并于当日死亡。在宋某芳赔偿经济损失10万元后，苗某家人将苗某尸体火化。2008年8月，灵璧县公安局法医依据灵璧县冯庙卫生院抢救记录，出具分析意见书认为，苗某的死亡原因符合失血性休克。在灵璧县法院主持调解下，宋某芳家人再次赔偿3万元，苗某家人表示谅解。2009年9月，灵璧县人民法院作出一审判决，以非法进行节育手术罪判处宋某芳有期徒刑10年，并处罚金1万元。宣判后，宋某芳不服，以其仅构成过失致人死亡罪、一审量刑太重为由，提出上诉。2009年12月，宿州市中级人民法院开庭审理了此案。宿州市检察机关认为，宋某芳未取得医生执业资格，在明知苗某已生育两女且均为剖宫产的情况下，使用了16年前生产的“依沙吖啶”为苗某进行终止妊娠手术，造成苗某因失血性休克死亡，其行为构成非法进行节育手术罪。根据我国刑法相关规定，灵璧县人民法院一审判决并无明显不当之处。但鉴于宋某芳是应苗某多次上门要求为其手术，也未牟利，归案后认罪、悔罪且积极赔偿苗某家人经济损失，并取得苗某家人谅解，为此，检察机关建议法院合议庭在报请最高人民法院核准的情况下，可以对宋某芳在法定刑以下减轻处罚。安徽省宿州市中级人民法院采纳了这一建议，于2010年3月二审改判宋某芳有期徒刑5年。

第四节　非法采集、供应血液、制作、供应血液制品罪

根据《刑法》第334条第1款的规定，非法采集、供应血液、制作、供应血液制品罪，是指非法采集、供应血液或者制作、供应血液制品，不符合国家规定的标准，足以危害人体健康的行为。

一、非法采集、供应血液、制作、供应血液制品罪的犯罪客体

非法采集、供应血液、制作、供应血液制品罪侵犯的客体是复杂客体，其主要客体是国家对血液和血液制品的管理制度，次要客体是公共卫生和公众的生命、健康权。本罪侵犯的对象是血液和血液制品。所谓血液，是指用于临床的全血、成分血和用于血液制品生产的原料血浆。其中原料血浆是指

由单采血浆站采集的专用于血液制品生产原料的血浆。所谓血液制品，则是特指各种人血浆蛋白制品，具体而言它是指将人的血液自供者采出后，用适当方法将其不同成分单个分离制成的各种制剂，从而能按不同需要输送给病人或做其他用途。血液制品主要包括人血丙种蛋球白、人胎盘血蛋白、人胎血丙种球蛋白、冻干健康血浆等。

二、非法采集、供应血液、制作、供应血液制品罪的犯罪客观方面

非法采集、供应血液、制作、供应血液制品罪在客观方面表现为非法采集、供应血液或制作、供应血液制品，不符合国家规定的标准，足以危害人体健康的行为。

首先，具有非法采集、供应血液或者制作、供应血液制品的行为。“非法”包括两层含义：一是指违反国家的操作规程；二是指未经国家主管部门批准，不具备采集、供应血液或者制作、供应血液制品的资格。根据《献血法》《血液制品管理条例》等规定，非法包括下述情形：（1）未经国家主管部门批准，擅自设立血站，非法采集血液。（2）将无偿献血的血液供应给临床用血以外的单采血浆站、血液制品生产单位或者其他单位。（3）未经国家主管部门批准，非法采集单采血浆。（4）单采血站向与其签订质量责任书的血液制品生产单位以外的单位供应原料血浆。（5）未经国家主管部门批准，擅自设立血液制品生产单位，非法生产血液制品。（6）未经国家主管部门批准，擅自设立血液制品经营单位，非法经营血液制品。（7）其他非法采集、供应血液或者制作、供应血液制品的行为。根据《最高人民法院、最高人民检察院关于办理非法采供血液等刑事案件具体应用法律若干问题的解释》（法释〔2008〕12号）第1条的规定，对未经国家主管部门批准或者超过批准的业务范围，采集、供应血液或者制作、供应血液制品的，应认定为“非法采集、供应血液或者制作、供应血液制品”。非法采集、供应血液或者制作、供应血液制品的行为，包括非法采集、供应血液的行为和非法制作、供应血液制品的行为。非法采集、供应血液，是指未经卫生行政主管部门批准，擅自设立采血点采集、供应血液。非法制作、供应血液制品，是指无权制作、供应血液制品的个人、单位制作、供应血液制品。例如，2004年7月初，陕

西省卫生厅根据群众举报获悉，西安瑞克生物制品有限责任公司（以下简称瑞克公司）涉嫌将15批87份检测呈阳性的原料血浆违法分13批次投料生产人血白蛋白产品61044瓶，已销售60248瓶。陕西省卫生厅立即会同省食品药品监管局、公安厅对瑞克公司进行检查。在案件办理过程中，瑞克公司法定代表人克某伙同黄某武、徐某洪、丁某花等人多次在不同时间、地点建立攻守同盟，谎称该87份呈阳性的法定检测报告为该公司的“前瞻性实验”报告，并授意、指使他人向公安机关提供伪证。在卫生、公安、食品药品监管等部门的通力合作下，办案人员克服重重困难，终于查清了瑞克公司的违法事实。2004年11月13日，公安机关对涉案的5名犯罪嫌疑人中的4人予以逮捕，克某见其犯罪事实已经败露，负罪潜逃，经侦察于2004年12月31日在北京市将其抓获归案。2005年9月30日，西安市未央区人民法院宣判，克某犯非法制作、供应血液制品罪，判处有期徒刑3年，宣告缓刑3年，并处罚金150万元；黄某武（2003年10月至2004年11月任瑞克公司质保部部长）犯非法制作、供应血液制品罪，判处有期徒刑2年，宣告缓刑2年，并处罚金3万元；徐某洪（2003年5月至2003年10月任瑞克公司质保部部长）犯非法制作、供应血液制品罪，判处有期徒刑2年，宣告缓刑2年，并处罚金3万元；胡某（瑞克公司血浆库库管员）犯非法制作、供应血液制品罪，判处有期徒刑1年，宣告缓刑1年；丁某花（瑞克公司浆检组组长）犯非法制作、供应血液制品罪，免予刑事处罚。①

非法采集、供应血液的行为具体包括：（1）采集血液、血浆前未按照国务院卫生行政部门颁布的健康检查标准对供血者、供血浆者进行健康检查和血液化验的；（2）采集非划定区域内的供血者、供血浆者或其他人员的血液、血浆的，或者不对供血者、供血浆者进行身份识别，采集冒名顶替者、健康检查不合格者或者无《供血证》《供血浆证》者的血液、血浆的；（3）违反有关血液采集的技术操作标准和程序，过频过量采集血液、血浆的；（4）向医疗机构直接供应原料血浆或者擅自采集血液的；（5）未使用单

① “卫生部关于对陕西省卫生厅组织查处西安瑞克生物制品公司非法制作供应血液制品案予以表扬的通报”，载《中华人民共和国卫生部公报》2005年第12期，第12-13页。

采血浆机械进行血浆采集的；（6）未使用有产品批准文号并经国家药品生物制品检定机构逐批检定合格的体外诊断试剂以及合格的一次性采血器材的；（7）未按国家规定的卫生标准和要求包装、储存、运输血液、血浆的；（8）对国家规定检测项目检测结果呈阳性的血液、血浆不清除、不及时上报的；（9）对污染的注射器、采血器材及不合格血液等不经消毒处理，擅自倾倒、污染环境，造成社会危害的；（10）重复使用一次性采血器材的；（11）其他非法采集、供应血液的行为。例如，1999 年 4 月至 11 月，王某明伙同占某祥（已判刑）共同出资，租用长垣县城孔某治养猪场以及城关镇东街薛某香的房屋，设立非法采血点。二人先后雇用史某明（已判刑）、夏某华、王某伟、占某华、占某伍（均另案处理）非法从事采血工作。采血点以外来社会闲散人员为主要采血对象，对供血人员不进行健康检查即采血、分浆，并将所制血浆非法销售。2003 年 11 月 15 日，王某明到公安机关投案自首。法院审理后认为，王某明伙同他人非法采集血液并制作、供应血液制品，不符合国家规定的标准，足以危害人体健康，其行为已构成非法采集血液、制作、供应血液制品罪，公诉机关指控罪名成立。被告人系投案自首，可以从轻处罚。2004 年 1 月 9 日，被告人王某明因犯非法采集血液、制作、供应血液制品罪，被河南省长垣县人民法院一审判处有期徒刑 3 年，缓刑 4 年，并处罚金 1 万元。

其次，不符合国家规定的标准，主要是相对于非法采集、供应的血液和非法制作、供应的血液制品的质量而言的。血液、血液制品质量的好坏，集中表现在有效性和安全性两方面，这是由其本身的性质和纯度而定的。有效性是发挥治疗效果的基本条件，安全性是保证其充分发挥作用而又减少损伤和不良影响的必要条件。

最后，行为人实施非法采集、供应血液或者制作、供应血液制品的行为，客观上还必须是足以危害人体健康。“足以危害人体健康”是指血液和血液制品一旦被使用，就可能让使用者感染疾病。行为人非法采集、供应血液或者制作、供应血液制品的行为只有与他人人体健康足以受到侵害的危险状态之间具有刑法上的因果关系，才能构成本罪。根据《最高人民法院、最高人民检察院关于办理非法采供血液等刑事案件具体应用法律若干问题的解释》

(法释〔2008〕12号)第2条的规定，具有下列情形之一的，应认定为“不符合国家规定的标准，足以危害人体健康”：(1)采集、供应的血液含有艾滋病病毒、乙型肝炎病毒、丙型肝炎病毒、梅毒螺旋体等病原微生物的；(2)制作、供应的血液制品含有艾滋病病毒、乙型肝炎病毒、丙型肝炎病毒、梅毒螺旋体等病原微生物，或者将含有上述病原微生物的血液用于制作血液制品的；(3)使用不符合国家规定的药品、诊断试剂、卫生器材，或者重复使用一次性采血器材采集血液，造成传染病传播危险的；(4)违反规定对献血者、供血浆者超量、频繁采集血液、血浆，足以危害人体健康的；(5)其他不符合国家有关采集、供应血液或者制作、供应血液制品的规定标准，足以危害人体健康的。例如，被告李某武私购采血用离心机一台及其他采血工具，伙同其妻刘某阁于1998年2月14日至2月28日止，先后在河南南阳镇平县城郊乡肖营村李某瑞(外逃)家和镇平县城关镇东门村徐丰平家非法采集30余人的血液，加工后卖给李某生(外逃)转售。2月28日经群众举报，被告人李某武、刘某阁被公安机关抓获，并缴获已加工的血浆23袋。经南阳市卫生防疫站抽取其中7袋化验，均含有艾滋病病毒。镇平县法院认为，被告人李某武、刘某阁未经国家主管部门批准而非法采集、供应血液，足以危害人体健康，其行为已构成非法采集、供应血液、制作、供应血液制品罪；且系共同犯罪，检察机关指控罪名成立，予以支持。被告人李某武在作案过程中起主要作用，系主犯，被告人刘某阁在作案过程中起次要作用，系从犯。被告人李某武及辩护人辩解认为不构成犯罪，被告人采集的是血浆不是血液的理由，经查不能成立，不予采纳。被告人刘某阁及辩护人辩解被告人系从犯，应从轻、减轻处罚的理由，经查属实，予以采纳。1998年6月22日，法院根据刑法的规定，判决被告人李某武犯非法采集、供应血液、制作、供应血液制品罪，判处有期徒刑2年，并处罚金3千元；被告人刘某阁犯非法采集、供应血液、制作、供应血液制品罪，判处有期徒刑1年，缓刑1年，并处罚金2千元。

三、非法采集、供应血液、制作、供应血液制品罪的犯罪主体

非法采集、供应血液、制作、供应血液制品罪的犯罪主体为一般主体，

即达到刑事责任年龄并具有刑事责任能力的自然人，而单位则不能构成本罪。非法采集、供应血液或者制作、供应血液制品的行为，既可以由依法成立的血站、单采血浆站和血液制品生产单位的工作人员所为，也可以由不具备采集、供应血液或者制作、供应血液制品资格的单位和个人所为。由于本罪只能由自然人构成，而不能由单位构成，因而对于不具有采集、供应血液或者制作、供应血液制品资格的单位所从事的采集、供应血液或者制作、供应血液制品，不符合国家规定的标准，足以危害人体健康的行为，只追究有关直接责任人员的刑事责任。例如“国内最大的艾滋病索赔案”：某女 1966 年 10 月 4 日生，2002 年的 6、7 月份，因子宫出血到被告医院就诊。院方让输血并介绍本院有献血员，且说明献血人叫孙某四，有健康证，非常健康。因此，原告就接受了卖血者孙某四的 400 毫升血。出院后就经常高热不退，伴身体消瘦。2003 年 6 月，原告鼻出血，又到被告医院就诊，医院又让输血，又输入了孙某四 600 毫升血。2003 年 8 月开始，原告常发口腔溃疡，12 月份视力明显下降。2004 年 9 月 17 日原告抽血化验，10 月 3 日被告知因被告医院非法采供血而感染了艾滋病。10 月 4 日到省农垦总医院治疗，10 月 15 日开始口服抗病毒药。庭审调查中，她的丈夫回忆：2002 年 6 月，妻子腹痛被送到建设农场职工医院，医生告知是宫外孕，需要输血。医院给找来了“血鬼”（卖血的人），患者花了 600 元钱，买了孙某四 400 毫升的血液。谁也没想到就是这血液埋下了祸根。此后，患者就经常感冒，而且越来越消瘦，至 2004 年 5 月，患者瘦成皮包骨头一样，并出现腹泻、发烧、呕吐等症状。9 月到哈尔滨就诊时，在医生的建议下做了艾滋病毒检测。经过黑龙江省疾病控制两次检验，最终确认是艾滋病，二十几天后，这位患者便离开了人世。黑龙江省疾控中心在北安建设农场发现艾滋病患者后，要求当地疾控中心协助调查，结果在采集的 5 份血样中有 4 份艾滋病检测呈阳性。对于检测结果，黑龙江省疾控中心极为震惊，立即上报给黑龙江省卫生厅。省卫生厅第二天就成立了专家调查组，调出这家医院的 4000 多份病历，初步确定了 53 个密切接触者，对所有密切接触者都进行了艾滋病检测。卫生部也派出了专家调查组对这一事件进行调查，结果一共查出了 19 名艾滋病感染者。其中直接输血感染 15 人，间接感染，二代感染 4 人。调查发现，这 15 个直接感染者全都输过孙某四夫妇的血。由此断定，孙某四夫妇是这起艾滋病感染事件的源头，而孙某四的妻子在2002年就已经去世了，孙老四也在去年8月事件被发现之前的一个月死在了异地的火车站。2005年5月8日，北安建设农场卫生科原科长兼职工医院院长王某，北安建设农场职工医院原副院长、院长李某勇，门诊部原主任兼检验室负责人杨某均被依法逮捕。6月22日，北安农垦法院做出了一审判决。法院认为，3名被告人在担任医院领导职务期间，违反《中华人民共和国献血法》及《黑龙江省献血条例》的规定，在临床应急用血中，明知本单位不具备检测艾滋病病毒抗体的条件，非法采集、供应不符合国家规定标准的血液，侵害国家血液管理制度和公共卫生安全的行为构成非法采集、供应血液罪，分别判处王某、李某勇、杨某有期徒刑2年、5年、10年，并处1000元至3000元的罚金。该案赔偿于2006年1月17日黑龙江省农垦中级人民法院开庭审理。16名因在北安建设农场职工医院输血而被感染艾滋病的患者，向法院提出3000余万元的赔偿请求。1月19日，历时3天的庭审完毕。黑龙江农垦中级人民法院开庭审理本案后，法院和代理人在当事人间大力斡旋，终以逾千万元的赔偿条件达成当事人自行和解：每一受害人从被感染时起算，每月获得3000元的各项补偿费用，并将终身给付。另外每人将获得10万元精神损害抚慰金。初步测算，责任方需支付的前期赔偿费用达400余万元，日后定期支付费用累计将超过千万元。

四、非法采集、供应血液、制作、供应血液制品罪的犯罪主观方面

非法采集、供应血液、制作、供应血液制品罪在主观方面只能由故意构成，包括直接故意和间接故意。即行为人明知自己的非法采集、供应血液或制造、供应血液制品的行为足以危害人体健康，仍然希望或放任这种危险结果发生的心理态度，过失不能构成本罪。[①] 本罪多以谋取私利为目的，目的和动机不影响本罪的成立。

---

① 许红：“论‘非法采集、供应血液，制作、供应血液制品罪’的主观方面”，载《法学》2002年第4期，第101页。

第五节 采集、供应血液、制作、供应血液制品事故罪

根据《刑法》第334条第2款的规定，采集、供应血液、制作、供应血液制品事故罪，是指经国家主管部门批准采集、供应血液或者制作、供应血液制品的部门，不依照规定进行检测或者违背其他操作规定，造成危害他人身体健康后果的行为。

一、采集、供应血液、制作、供应血液制品事故罪的犯罪客体

采集、供应血液、制作、供应血液制品事故罪侵犯的客体是复杂客体，其主要客体是国家对血液、血液制品的管理制度，次要客体是公共卫生和公众的生命、健康权。国家有关行政主管部门对于采集、供应血液或者制作、供应血液制品工作，制定了一系列的检测、操作规定。如《采供血机构和血液管理办法》《供血者健康检查标准》《供血浆者健康检查标准》《血液制品管理条例》等，从而为血液、血液制品的采集、制作、供应工作建立了一整套的管理制度。然而，实践中有些单位仍违反检测、操作规定，不仅侵犯了国家对血液、血液制品的管理制度，而且往往会产生危害他人身体健康的严重后果，具有严重的社会危害性。本罪侵犯的对象是血液和血液制品。“血液”，是指全血、成分血和特殊血液成分。血液制品，则是特指各种人血浆蛋白制品。

二、采集、供应血液、制作、供应血液制品事故罪的犯罪客观方面

采集、供应血液、制作、供应血液制品事故罪在客观方面表现为采集、供应血液或者制作、供应血液制品时，不依照规定进行检测或者违背其他操作规定，造成危害他人身体健康的后果。

首先，经国家主管部门批准采集、供应血液或者制作、供应血液制品的血站（库）、单采血浆站及血液制品生产单位，不依照有关规定进行检测，主要表现为以下行为：（1）血站、单采血浆站采集血液、血浆前，未按照国务院卫生行政部门颁布的健康检查标准对供血者、供血浆者进行健康检查和

血液化验。(2) 血站、单采血浆站未使用有产品批准文号并经国家药品生物制品检定机构逐批检定合格的体外诊断试剂进行检测的。(3) 血液制品生产单位投料生产前未对原料血浆进行复检，或者使用没有产品批准文号或者未经国家药品生物制品检定机构逐批检定合格的体外诊断试剂进行复检的，或者将检测不合格的原料血浆投入生产的。(4) 对国家规定检测项目检测结果呈阳性的血液、血浆不清除、不及时上报的，或者将检测不合格的血液、血浆向有关单位供应的，或者将经检测不合格的产品出厂的。(5) 没有对其工作人员每年进行一次健康检查；或者让患有传染病、精神病、严重皮肤病、HBsAg 阳性、HCV 抗体阳性和体表有伤口者从事采供血、成分血制备、血液制品制作、供应等岗位的工作。[①]

其次，经国家主管部门批准采集、供应血液的血站（库）、单采血浆站，违背其他操作规定的行为，主要表现在如下方面：(1) 血站（库）、单采血浆站采集非划定区域内的供血者、供血浆者或者其他人员血液、血浆的，或者不对供血者、供血浆者进行身份识别，采集冒名顶替者、健康检查不合格或者无《供血证》《供血浆证》者的血液、血浆的。(2) 违反国务院卫生行政部门制定的血液、血浆采集技术操作标准和程序、过频过量采集血液、血浆的。(3) 单采血浆站向医疗机构直接供应原料血浆或者擅自采集血液的。(4) 单采血浆站未使用单采血浆机械进行血浆采集的。(5) 血站、单采血浆站未使用合格的一次性采血器材的，或者重复使用一次性采血器材的。(6) 未按照国家规定的卫生标准和要求包装、储存、运输血液、血浆的。(7) 单采血浆站向与其签订质量责任书的血液制品生产单位以外的其他单位供应原料血浆的。

再次，经国家主管部门批准制作、供应血液制品的血液制品生产单位，违背其他操作规定的行为，主要表现为以下几种：(1) 使用无《单采血浆许可证》的单采血浆站或者未与其签订质量责任书的单采血浆站及其他任何单位供应的原料血浆的，或者擅自采集原料血浆的。(2) 擅自更改生产工艺和质量标准的。(3) 与他人共用产品批准文号的。(4) 其他违背操作规定的

---

① 喻海松：“《刑法》第334条的几个问题探析”，载《中国检察官》2008年第5期，第57页。

行为。

根据《最高人民法院、最高人民检察院关于办理非法采供血液等刑事案件具体应用法律若干问题的解释》（法释〔2008〕12号）第5条的规定，具有下列情形之一的，应认定为“不依照规定进行检测或者违背其他操作规定”：（1）血站未用两个企业生产的试剂对艾滋病病毒抗体、乙型肝炎病毒表面抗原、丙型肝炎病毒抗体、梅毒抗体进行两次检测的；（2）单采血浆站不依照规定对艾滋病病毒抗体、乙型肝炎病毒表面抗原、丙型肝炎病毒抗体、梅毒抗体进行检测的；（3）血液制品生产企业在投料生产前未用主管部门批准和检定合格的试剂进行复检的；（4）血站、单采血浆站和血液制品生产企业使用的诊断试剂没有生产单位名称、生产批准文号或者经检定不合格的；（5）采供血机构在采集检验标本、采集血液和成分血分离时，使用没有生产单位名称、生产批准文号或者超过有效期的一次性注射器等采血器材的；（6）不依照国家规定的标准和要求包装、储存、运输血液、原料血浆的；（7）对国家规定检测项目结果呈阳性的血液未及时按照规定予以清除的；（8）不具备相应资格的医务人员进行采血、检验操作的；（9）对献血者、供血浆者超量、频繁采集血液、血浆的；（10）采供血机构采集血液、血浆前，未对献血者或供血浆者进行身份识别，采集冒名顶替者、健康检查不合格者血液、血浆的；（11）血站擅自采集原料血浆，单采血浆站擅自采集临床用血或者向医疗机构供应原料血浆的；（12）重复使用一次性采血器材的；（13）其他不依照规定进行检测或者违背操作规定的。

最后，本罪属于实害犯。只有实际上造成了危害人民群众的身体健康的后果，才能构成本罪。“造成危害他人身体健康后果”，通常是指由于血液或血液制品的质量问题而致使不特定受血者、使用者正常的生理机能遭受严重损害，或者由于采血器材、医疗器械材料的卫生清洁问题，或采血制血的具体技术、手法问题而导致供血者、受血者等正常的生理机能遭受严重损害。根据《最高人民法院、最高人民检察院关于办理非法采供血液等刑事案件具体应用法律若干问题的解释》（法释〔2008〕12号）第5条的规定，具有下列情形之一的，应认定为“造成危害他人身体健康后果”：（1）造成献血者、供血浆者、受血者感染艾滋病病毒、乙型肝炎病毒、丙型肝炎病毒、梅毒螺旋体或者其他经血液传播的病原微生物的；（2）造成献血者、供血浆者、受血者重度贫血、造血功能障碍或者其他器官组织损伤导致功能障碍等身体严重危害的；（3）造成其他危害他人身体健康后果的。

三、采集、供应血液、制作、供应血液制品事故罪的犯罪主体

采集、供应血液、制作、供应血液制品事故罪的犯罪主体是特殊主体，即必须是经国家主管部门批准的有权从事采集、供应血液或者制作、供应血液制品活动的单位，包括采供血机构和血液制品生产、经营单位。采供血机构，是指采集、储存血液，并向临床或血液制品生产单位供血的医疗卫生单位和机构，包括血液中心、中心血站、中心血库、脐带血造血干细胞库和国家卫生行政主管部门根据医学发展需要批准、设置的其他类型血库、单采血浆站。血站、单采血浆站是由卫生行政部门设置的卫生事业单位。血液制品生产单位，是经国家主管部门批准而从事制作、供应血液制品的单位。例如，某市血站采血中心是经某省卫生厅批准的采供血液及制作、供应血液制品的部门。1997 年下半年，某市出现血源紧张、用血告急的情况。为了增加采血数量，采血中心主任史某指示采血中心女化验员吴某、石某对献血者和卖血者可适当降低要求。吴某为了多拿奖金，就干脆不按规定在采血前对供血浆者进行健康检查和血液化验，只要自己觉得卖血者或者献血者看上去健康就行，至 1998 年 2 个月，采集约 1050 名卖血者或者献血者的血液，其中只做过约 30 次的采血前的健康检查。石某载化验采集血液过程中，曾多次发现国家规定检验项目的检测结果呈阳性的血液，却心存侥幸心理，认为不会出事，因而没有清除也没有及时上报。1997 年 11 月至 1998 年 1 月，曾从采血中心购买血液及血液制品的某市三家医院先后发生了病人输血后健康状况恶化，有 5 例病人染上了乙肝病毒，另有多名患者染上了丙肝病毒。1998 年 2 月，一名患者在某市人民医院输血后染上了艾滋病病毒。某省卫生厅调查得知某市人民医院给病人输的血是从该血站采血中心购买的。3 月 18 日，某省卫生厅配合当地司法机关追查出了采血中心的犯罪事实。某市某区人民法院公开审理认为，被告人某市血站采血中心为提高采血数量，获取更多利益，在采集、供应血液、制作、供应血液制品过程中，不依照规定进行检测，违背国家规定的操作规程，从而

使采集的血液、制作的血液制品含有传染病病毒，给病人身体健康造成了严重危害，其行为构成采集、供应血液、制作、供应血液制品事故。被告人史某作为采血中心主任，对这起事故的发生负有主要责任，被告人吴某、石某作为采血员、化验员，不尽职责，违背操作规定，是这起事故的直接责任人员，三人均构成采集、供应血液、制作、供应血液制品事故。依照《刑法》第334条第2款的规定，判决被告人某血站采血中心犯采集、供应血液、制作、供应血液制品事故罪，判处罚金人民币15000元；被告人史某犯采集、供应血液、制作、供应血液制品事故罪，判处有期徒刑3年6个月；被告人吴某犯采集、供应血液、制作、供应血液制品事故罪，判处有期徒刑3年；石某犯采集、供应血液、制作、供应血液制品事故罪，判处有期徒刑3年。另外，本案中某市人民医院医务人员在临床输血前已对所用血进行了检验、核对，严格履行了有关的法定义务，只是由于当时检测设备和能力所限，未能避免感染病毒的不良后果，故有关医务人员不构成医疗事故罪。

四、采集、供应血液、制作、供应血液制品事故罪的犯罪主观方面

采集、供应血液、制作、供应血液制品事故罪的犯罪主观方面是过失，即依法从事血液采集、供应或血液制品制作、供应的单位，应当预见到本单位不依照规定进行检测或者违背其他操作规定的行为，可能造成危害他人身体健康的后果，但因为疏忽大意而没有预见，或者已经预见但轻信能够避免，以致发生他人身体健康遭受损害的后果。通常情况下，依法采集、供应血液、制作、供应血液制品的行为人对于检测和其他操作规定，是明知故犯。①

① 喻海松："《刑法》第334条的几个问题探析"，载《中国检察官》2008年第5期，第58页。

第五章
医疗纠纷其他主要犯罪

第一节　非法组织卖血罪

根据《刑法》第 333 条第 1 款的规定，非法组织卖血罪是指非法组织他人出卖血液的行为。

一、非法组织卖血罪的犯罪客体

非法组织卖血罪的犯罪客体是国家采集、供应血液的管理秩序，该类罪行同时也对公共卫生和公民的身体健康与生命安全造成妨害。本罪的犯罪对象应是被组织者，被组织者可以是一人，也可以是多人，组织卖血行为的成立并不以被组织者的多寡来确定。

二、非法组织卖血罪的犯罪客观方面

非法组织卖血罪在客观方面表现为行为人实施了非法组织卖血的行为。非法，是指违反国家《献血法》《采供血机构和血液管理办法》等法律法规，组织他人出卖血液。具体而言，体现在行为人未经国家卫生行政部门的批准，不具有血液采集、供应许可资格，也没有受有关血液采集部门的指派或委托，而进行组织他人出卖血液的行为。从立法意图上看，该罪的严重社会危害性集中体现在行为具有组织性上。刑法之所以将其规定为犯罪，着眼点在于行为人组织了非法活动，而不在于其组织的结果，是否有买卖血的行为，不是认定该罪的关键。被组织者即使由于种种原因卖血未成，对于组织者来说，仍然可以构成该罪的既遂。也正因为如此，该罪是行为犯。由此，该罪的实

行行为应是组织行为。所谓组织，是指行为人实施了指挥、策划、领导并安排他人或者控制他人进行出卖血液的活动。这种行为一般表现采取引诱、雇佣、招募、纠集、串联、欺骗、动员、拉拢等手段，实践中甚至出现过利用互联网联络的手段非法组织卖血的非法活动。例如，2011 年 8 月间，张某、丁某、谢某伙同“二哥”（在逃）、黄某（另案处理）等人通过网络等方式联系卖血者，并以让卖血者冒充用血患者亲友的手段组织卖血。其间，张某伙同他人在 301 医院内，组织曹某等 3 人以每 400 毫升血液 300 元的价格卖血。丁某、谢某伙同他人组织王某等 3 人以每 400 毫升血液 320 元的价格卖血。同年 8 月，熊某、孙某伙同黄某等人以同样手段组织卖血。8 月 22 日，熊、孙二人组织陈某等人以每 100 毫升血液 100 元的价格卖血。随后，两人被当场抓获。以“二哥”为首的卖血团伙已在 301 医院等大医院活动了近两年。“二哥”负责所有账目的结算，由他分配卖血钱，卖血者每卖出 400 毫升血液，家属要支付报酬 1500 元至 2000 元。这其中“二哥”拿走大头，张某、黄某等负责发放小广告及组织卖血，每天仅得一二百元。而负责在网上联系卖血者的丁某等人每介绍一人获 20 元至 50 元，最后落到每个卖血者手上只有 300 元至 400 元，仅占总报酬的 20% 至 30% 。此次受审的血贩子主要是通过网络联系卖血者的。法院经审理后认为，张某等 5 人未经卫生行政主管部门批准，组织他人出卖血液，其行为均已构成非法组织卖血罪，应予惩处。5 人到案后均能如实供述犯罪事实，认罪态度较好，可对其依法从轻处罚。但被告人张某曾因犯罪被判处刑罚，在量刑时应对其酌予从严。对于孙某辩护人提出孙某为从犯的意见，法院认为，孙某负责寻找并联系卖血人员，在非法组织卖血共同犯罪中处于不可或缺的关键环节，地位突出、作用明显，依法不能认定为从犯。2012 年 3 月 21 日上午，海淀法院以非法组织卖血罪判处张某有期徒刑 1 年 6 个月，罚金 2500 元，丁某等其余 4 人均被判处有期徒刑 1 年，罚金 1000 元。又如，2012 年年底，李某在 QQ 群里看到有人发消息称“有病人急需用血，捐献血小板可给予报酬”，正缺钱的他便联系上对方。因为没带身份证，李某没能献成功，却发现了“商机”：血小板不易保存，供需矛盾大；而“互助献血”的方式，可以将血小板“点对点”捐献给病人，病人家属还会在血站给的营养费之外，再付 200 元至 300 元的报酬。

发现赚钱法门后，李某迅速印刷一批名片和传单，或去医院散发，或在网吧、小区等地张贴，招募愿意“卖血”的血源。很快，李某建立QQ群，招揽了二三十名固定献血者，“业务”如火如荼地开展起来。法院审理查明，病人需要用血时，会联系李某介绍献血人开具互助献血单。每次献20单位的血小板，血站会给献血者100元交通餐饮费和价值150元的超市购物卡，李某凭献血证和单据能从病人家属处得到300元报酬。通常，李某从中抽取100元“提成”。从今年2月中旬开始第一笔“业务”到3月13日被拘留，一个月内李某便组织近40余人次献血，获利四千多元。2013年8月，江苏省苏州市姑苏区人民法院判决被告人李某有期徒刑8个月，并处罚金1万元。

现实中，非法组织卖血大体有两种形式，一是被下达献血指标的有关单位，因种种原因不能达成献血指标。在这种行政指标的压力下，为了完成献血指标任务，在本单位献血人数有限或者有关人员不愿意献血的情况下，会采取种种方法出钱，由无关人员组织其他单位或者社会上的人员，假冒指定献血单位的人员献血。这就给“血霸”“血头”提供可乘之机，由这些人非法组织他人卖血；二是组织者本人多为社会上无职业的闲散人员，或者就是当地的“血霸”“血头”，以提供住宿、营养品等，引诱、劝说他人加入卖血行列。而且，在后一种情况下，也可能存在其他的表现方法，例如，“血霸”“血头”自设血液、血浆采集点，非法组织他人采集血液、血浆后倒卖给血站或者血液生物制品生产单位牟利。从现实中看，后一种情况下组织的多是社会上无正当职业或者因某种原因背井离乡之人，身体健康状况很难保障，所“献”血液更容易对医疗卫生安全构成严重的隐患。现实中，这两种形式的非法组织卖血通常也可能交织在一起。例如，组织者既可能组织社会上的卖血人员以个体形式“献血”，对获得献血站、献浆站的一定补助抽头获利，也可能组织一定人员假冒献血指标单位的人员献血，从献血指标单位给予献血人员的补偿中抽头获利。因此，行为人具体以何种具体方式非法组织卖血，不影响本罪的认定。[①] 例如，两“血头”刘甲、刘乙，均为湖北籍男子。

---

① 林亚刚：“论非法组织卖血罪的几个争议问题”，载《辽宁大学学报（哲学社会科学版）》2010年第4期，第138页。

2011 年，刘甲、刘乙看到媒体有关“血荒”的报道，萌生了当“血头”赚钱的想法。经过“市场摸底”，他们找到了组织卖血的“途径”。两人在劳务市场以“招半日工”名义找来“献血者”，让其以医院患者亲属的身份去“献血”，再根据献血量的不同给“献血者”数额不等的所谓“营养费”。然后，“血头”将献血证卖给病患家属，从中牟利。2011 年 10 月 20 日上午，刘甲在劳务市场以“献血”后可以拿到“营养费”为诱饵，带王某、赵甲、赵乙三人去血站以他人名义献血。之后，刘甲将三人献血证拿走，给每人 200 元到 450 元的营养费，卖掉献血证后，自己则从中赚取了 450 元。10 月 22 日，白血病患者王某急需血小板，其亲属通过电话联系上了刘乙，刘乙于是找来田某，让其去中心血站以患者王某亲属的名义献血。当天下午，田某献了一个单位量血小板。刘乙给了郑某 650 元“营养费”，自己则赚了 175 元。10 月 30 日中午，刘甲、刘乙带黄某、尹某到市区某献血车以患者吴某家属额名义献血，以一个单位量血小板 800 元的价格向吴某家属收取费用。天网恢恢，疏而不漏。经市民举报，媒体暗访，“血头”组织卖血的“非法利益链”被摸清，公安部门随即展开行动。2011 年 10 月 31 日，刘乙又带着郑某去“献”血，900 元的“献”血钱还没到手，就被警察当场抓获。在今天的庭审中，刘甲和刘乙对自己的犯罪事实供认不讳。刘甲为自己辩解道：“我不知道这样做是犯法的，我知道错了。但献血是通过正当途径，献血是救人，希望法庭从轻处罚。”刘乙在法庭上也曾一度哽咽。法院审理认定，刘甲非法组织他人出卖血液五人次，刘乙非法组织他人出卖血液四人次，已构成非法组织卖血罪。2012 年 3 月 14 日上午，温州鹿城区人民法院作出宣判，分别判处被告人刘甲、刘乙有期徒刑 8 个月、7 个月，并各处罚金 1000 元。

被下达献血指标单位负责献血工作的人员将不能完成的献血指标，交由组织者实施组织他人卖血的，或者献血站、采浆站以及血液生物制品生产单位的人员参与“血霸”“血头”组织卖血活动的，是否可能成立共同犯罪的主体？这需要具体分析。作为本罪，打击是非法的组织他人卖血的活动，被组织者具体是何种人员，献血、献浆前是否经过健康检查，检查是否合格以及检查中是否作假，都不是认定本罪是否成立必须考察的内容。本罪亦为行为犯，无论其非法组织出卖的血液是否导致公共卫生严重后果的发生，都不影响认定，如果查证与其非法组织出卖的血液有因果关系的，也只是量刑的情节。[①] 对此问题，关键是看单位负责无偿献血的人员是否实施了非法组织卖血的实行行为、教唆行为或者帮助行为。如果单位负责无偿献血的人员只是答应为了冒名顶替的献血者提供报酬，招募卖血者完全是由“血头”独自完成，则不宜认定这种答应向卖血者提供报酬的行为属于非法组织卖血的帮助行为，其也就不属于本罪的共犯。如果单位负责无偿献血的人员不但答应为冒名顶替的献血者提供报酬，而且积极采取措施促成“血头”顺利完成非法组织活动，或者怂恿他人去实施非法组织卖血行为，则应当认定其为非法组织卖血罪的共犯。[②]

根据《最高人民检察院公安部关于公安机关管辖的刑事案件立案追诉标准的规定（一）》（公通字〔2008〕36 号）的规定，非法组织他人出卖血液，涉嫌下列情形之一的，应予立案追诉：（一）组织卖血三人次以上的；（二）组织卖血非法获利二千元以上的；（三）组织未成年人卖血的；（四）被组织卖血的人的血液含有艾滋病病毒、乙型肝炎病毒、丙型肝炎病毒、梅毒螺旋体等病原微生物的；（五）其他非法组织卖血应予追究刑事责任的情形。例如，王某等 12 名被告人于 2011 年左右逐渐形成固定团伙，长期在北京五棵松附近一家医院内非法组织卖血，所得赃款统一管理并逐级分赃。其中，王某是该团伙头目，张某介绍线下多人参与组织卖血活动并抽头牟利，另一位张某主要负责收钱、管账。李某等四人主要负责在医院找客源、谈价钱，薛某等四人主要负责根据客户要求对外招募卖血人员。这一卖血团伙组织严密，分工明确，甚至安排赵某专门负责监督内部成员，防止私自挣钱。2012 年 1 月，该团伙成员在医院内多次组织他人卖血。张某等人在组织卖血时被抓获，王某和赵某等人在之后的两三个月内陆续落网。庭审中，12 名被告人均表示认罪。“我弟弟当兵时得了白血病，家里遭了难，为了救我弟我们家把房子

---

① 林亚刚：“论非法组织卖血罪的几个争议问题”，载《辽宁大学学报（哲学社会科学版）》2010 年第 4 期，第 138－139 页。

② 左坚卫、史丹如：《危害公共卫生和环境资源犯罪司法适用》，法律出版社 2006 年版，第 63－64 页。

都卖了，我不知道这么做是犯法的，”王某在庭上称，“我现在缺钾，浑身没劲，请法官给我重新做人的机会。”王某的弟弟刚刚接受完骨髓移植，也参加了庭审。据非法组织卖血团伙成员供述，献血者按照100毫升100元获取酬劳，献400毫升血液，最多给500元，最少甚至给350元。而这些廉价买来的血液，却被高价卖给病人家属。病人家属购买100毫升血液要支付400到500元，400毫升血液总价在1800元到2000元。买卖之间的巨大差价成为团伙的获利，除去开销外，王某分得三分之一，剩下的由另外三名骨干平分，每人每天都有数百元收入。海淀法院经审理认为，12名被告人的行为均已构成非法组织卖血罪。鉴于各被告人在到案后及庭审过程中均能如实供述犯罪事实，认罪态度较好，故对12人均依法从轻处罚。2012年11月28日，海淀法院结合案件中各被告人的主观恶性及在共同犯罪中所起的作用作出判决，团伙头目王某被判处有期徒刑2年，罚金人民币2000元。团伙其他成员分别被判处有期徒刑1年6个月至1年8个月。

三、非法组织卖血罪的犯罪主体

非法组织卖血罪的犯罪主体是一般主体，即达到刑事责任年龄，具有刑事责任能力的自然人。在实践中，组织者通常被称为“血头”，掌控一方“市场”、有一定实力的也被称为“血霸”，长久被组织卖血者一般被称为“血奴”。“血头”“血霸”一般会为长期被组织者或者受其控制的“血奴”提供一定的诸如住宿的条件或者提供一定的营养品、药品，而“血奴”则将“献血”所得的一部分补助费用以各种方法返给“血霸”“血头”作为交换，或者“血霸”“血头”直接倒卖血液而牟利。至于“血霸”“血头”与“血奴”之间的关系是否固定，在所不同。[①] 单位不能构成本罪，在实践当中可能有血站或医疗单位内部人员利用业务上形成的便利条件，自己组织或与他人共同组织卖血或为他人组织卖血提供便利条件，这种行为也只追究个人的刑事责任，而不以单位犯罪论处。

---

① 林亚刚：“论非法组织卖血罪的几个争议问题”，载《辽宁大学学报（哲学社会科学版）》2010年第4期，第138页。

对于仅仅只是出卖自己血液的被组织者不应以非法组织卖血罪的共犯定罪处罚，因为被组织者虽然对组织卖血者顺利完成其非法组织卖血活动客观上具有促成作用，但这类人通常只是被动地参加到卖血活动中，并不存在协助组织者顺利完成组织他人卖血活动的故意。但是，如果卖血者不仅参加卖血，还积极帮助组织者完成组织卖血活动，甚至直接参与组织卖血，此时其就不再仅仅只有卖血者这一身份了，同时还是非法组织卖血行为的帮助者或实行者，应以非法组织卖血罪的共犯论处。例如，被告人蔡某22岁的蔡某是北京一所高校的大学生，因为家境困难而想要卖血，并在网上看到了“血头”发出的招募帖子，她便和同案的“血头”李某等人取得了联系。李某等人告诉蔡某，如果可以招募到更多的朋友、同学来献血，就可以给她提成。于是，蔡某开始在网上发帖招募有偿卖血者。不久后，有人将李某等人组织卖血的行为发到网上，引起了有关部门的重视。2011年4、5月间，李某等人先后被警方控制，2011年6月，蔡某归案。法院查明，以李某为首的“卖血团伙”，除了通过网上发帖外，还通过亲戚、朋友介绍，招人“卖血”。然后，联系有献血指标的单位，顶替单位完成献血名额，进而得到一些费用，并从中抽取提成。2011年3月31日，李某纠集同案，通过互联网等媒介发布招募信息，组织33人到北京市房山区第一医院长沟分院卖血。其中，蔡某伙同他人组织了10人。李某在此次“卖血”中获利3700余元，蔡某获利六百余元。同一天，李某等人还组织了三十余人，到北京市房山区琉璃河地区卖血，李某从中获利四千余元。2012年1月，北京第一中级人民法院认为，李某等人构成了非法组织卖血罪，终审判处李某有期徒刑1年，蔡某有期徒刑6个月，缓刑1年，团伙其他成员也因此获刑。

四、非法组织卖血罪的犯罪主观方面

非法组织卖血罪的犯罪主观方面为故意，即行为人明知自己是在非法组织他人出卖血液仍然实施该行为。过失不构成本罪。行为人通常具有牟利的目的，但成立该罪并不要求必须具有此目的。现实中，非法组织卖血的案件组织者通常是以非法牟利为目的，但“血霸”“血头”非法组织卖血活动获利的方式方法以及是否获利，都不是认定是否构成犯罪的必要条件，有无获利只应为量刑情节来考虑。现实中，组织者的非法获利的方式，可能直接从献血指标单位处，也可能从出卖血液者处抽取，或者转手倒卖后获利等。[①]例如，饶某说到温州市中心血站准备献血，突然有个大姐走过来说："我家人急需要血小板，你如果肯献血小板给我，我可以给你钱。"饶某一打听，献一次，对方能给600元，他立即答应了下来。不过，饶某根本没打算自己献血，而是转身去了一家网吧。进网吧后，饶某趁机问几个没钱上网的人："要不要卖血?"还真有一名男子，愿意接下这单"生意"。饶某和他商量好，事后支付300元。第二天，饶某带这名男子去献了血，赚了300元差价。2012年5月份，饶某在双屿一带献血。这时，一名男子过来问他，能不能叫人顶替他们村里的献血名额。饶某答应后，双方互留电话。第二天，饶某带了4个人去，体检后，两人合格。完事后，饶某收了1050元。7月，饶某又找人，替一个村干部完成了该村剩余的几个献血指标。7月19日，饶某再次在温州市广电中心门口，打算组织他人卖血时，被警方当场抓获。从开始组织人员卖血到被抓，饶某利用这种方式，赚了1700元。2013年2月18日，浙江温州龙湾法院经审理认为，饶某多次非法组织他人出卖血液，已构成非法组织卖血罪，判处有期徒刑9个月，并处罚金1000元，追缴没收违法所得1700元。

第二节　强迫卖血罪

根据《刑法》第333条第1款的规定，强迫卖血罪是指以暴力、威胁方法强迫他人出卖血液的行为。

一、强迫卖血罪的犯罪客体

强迫卖血罪的犯罪客体是复杂客体，其主要客体是国家对血液的管理制度，次要客体是公共卫生和被强迫人的身体健康权利、人身自由权利以及其

---

① 林亚刚："论非法组织卖血罪的几个争议问题"，载《辽宁大学学报（哲学社会科学版）》2010年第4期，第139页。

他人身权利。犯罪对象是他人，他人既可以是除行为人外的特定的他人，也可以是除行为人外的不特定的他人。

二、强迫卖血罪的犯罪客观方面

强迫卖血罪的犯罪客观方面表现为以暴力、威胁方法强迫他人出卖血液的行为。违背卖血者的意志，是本罪的本质特征。暴力是指对他人人身进行打击或实施强制，如殴打、捆绑等，威胁是指以杀害、伤害、毁坏财产、破坏名誉等手段进行要挟，迫使他人接受自己的意志，从而实施卖血行为。以暴力方法强迫他人出卖血液对他人造成伤害的，应以故意伤害罪论处，不再另定本罪。强迫，是指在他人不愿意，甚至反抗情况下，采用殴打、禁闭、捆绑、恐吓、折磨、剥夺甚至限制人身自由的方式，迫使其出卖血液。行为人利用诸如教养、从属关系或某种地位、权势，迫使他人屈从的，亦属强迫他人卖血的行为。本罪是行为犯，故犯罪的成立不以发生实害后果为条件。例如，2001 年 6、7 月份，血霸王某、于某礼组织策划替单位人员献血。二人通过电话传呼方式叫孙某顺、韩某军、陈某伟、方某田到潍坊某劳动技校采取持刀和语言威胁的方法，强迫该校 14 名学生分别到昌邑市中医院、寿光市稻田镇等地顶替他人参加献血。其中，在 6 月 14 日，学生孙某、夏某不愿意，见只有韩某军一人，就逃跑。在逃跑过程中，被韩某军追上，韩某军持刀威胁，孙某、夏某与韩某军搏斗，造成韩某军腿骨骨折。孙某、夏某逃走。山东潍坊市奎文法院认为，六血霸使用威胁手段，强迫他人卖血，其行为构成强迫卖血罪。2002 年 2 月 6 日，奎文法院一审判决王某、于某礼各有期徒刑 5 年 6 个月并处罚金 2000 元，孙某顺、陈某伟、韩某军有期徒刑各 5 年并各处罚金 2000 元，方某田有期徒刑 1 年缓刑 1 年并处罚金 1000 元。本案中，王某、于某礼实际上实施了非法组织卖血与强迫他人卖血两个行为，但两个行为符合牵连犯的构成特征，理由是：首先，两行为之间存在着牵连关系。非法组织卖血是目的行为，强迫卖血是手段行为。作为“血霸”，王某、于某礼主观上有牟利的目的，为了实现这一目的，二人实施了非法组织他人卖血的行为，该行为为二人犯罪的主行为，但是，由于客观条件制约，王某、于某礼担心被组织人员并不会按其所愿自愿献血，于是二人便通知韩某军等人采取持刀和语言威胁的方法强迫学生参加献血。这里，二人虽然不是强迫行为的实行犯，但二人的行为实质上是以命令的方式教唆他人实施犯罪，因此，属于教唆犯，即王某、于某礼二人是强迫卖血罪的，其行为亦构成强迫卖血罪。在这里，二人的“强迫”行为即属于辅助其非法组织他人卖血这一行为得以实现的帮助行为：非法组织卖血是目的，强迫他人卖血是手段，二者之间存在着目的和手段的牵连关系。其次，两被告人认识到了上述牵连关系。如前所述，王某、于某礼之所以要教唆韩某军等人实施强迫他人卖血的行为，原因是他们担心无人参加他们非法组织的“献血”活动，这样一来，他们牟利的目的就不能实现，也就是说，“强迫行为”是两被告人主动选择实施的结果，二人为这种强迫行为赋予了“辅助行为”“手段行为”的性质，使其不再独立存在，而是依附在非法组织卖血这一主行为之上。综上，对被告人王某、于某礼应当按照牵连犯从一重罪处断的原则，以强迫卖血罪定罪处罚。

三、强迫卖血罪的犯罪主体

强迫卖血罪的犯罪主体是一般主体，任何达到刑事责任年龄且具备刑事责任能力的自然人均能构成本罪。单位不能成为本罪的主体。单位犯本罪的，只对其直接负责的主管人员和其他直接责任人员依本条规定判处相应刑罚。

四、强迫卖血罪的犯罪主观方面

强迫卖血罪的犯罪主观方面是故意，过失不构成本罪。虽本罪多以牟利为犯罪目的，但不为此为构成要件。

第三节　故意杀人罪

根据《刑法》第 232 条的规定，故意杀人罪是指故意非法剥夺他人生命的行为。

一、故意杀人罪的犯罪客体

故意杀人罪的犯罪客体是他人的生命权。法律上的生命是指能够独立呼吸并能进行新陈代谢的活的有机体。例如，2006 年 11 月 1 日中午，山西临猗县七级镇麻家卓村发生一起凶杀案，一计划生育下乡服务队的 3 名工作人员，免费为群众进行体检。在给村民毛某（女）检查完身体后，医生开具了 230 元的药品，遭到毛某家人的反对。在退药不成的情况下，毛某的丈夫焦务军持刀将医生黄某（女）杀死。

二、故意杀人罪的犯罪客观方面

故意杀人罪的犯罪客观方面是非法剥夺他人生命。首先必须有剥夺他人生命的行为，作为、不作为均可以构成。以不作为行为实施的杀人罪，只有那些对防止他人死亡结果发生负有特定义务的人才能构成。其次，剥夺他人生命的行为必须是非法的，即违反了国家的法律。执行死刑、正当防卫均不构成故意杀人罪。经受害人同意而剥夺其生命的行为，也构成故意杀人罪。对所谓的“安乐死”，仍应以故意杀人罪论处，当然，量刑时可适用从轻或减轻的规定。① 例如，某女患者因恶性瘤入某院治疗，经诊查，发现患者恶性肿瘤已广泛转移，尤其以肺部转移为明显。病人住院日久不见好转而每况愈下，出现恶病质和呼吸困难，经治医师应患者丈夫提出的“安乐死”要求，对患者肌肉注射哌替啶两支，致本有呼吸困难的病人呼吸衰竭死亡。该医生即以故意杀人罪被判刑。最后，直接故意杀人罪的既遂和间接故意杀人罪以被害人死亡为要件，但是，只有查明行为人的危害行为与被害人死亡的结果之间具有因果关系，才能断定行为人负罪责。例如，2010 年 11 月 19 日，患者年初吃药后拉肚子归罪于医生怀恨在心在前，年底因自带药水不让挂起杀心，到社区卫生服务站从背后将南京市白下区石门坎银龙社区卫生服务中心银龙东苑社区卫生服务站山东临沂人续某军医生刺成重伤。在南京军区南京总医院抢救了一个多小时，续某军终因利器刺戳背部导致心肺破裂，引起失血性休克继发多脏器功能衰竭死亡。犯罪嫌疑人申某，47 岁，南京晨光机械厂工人，2000 年病退。据其供述，2010 年年初，因为患了糖尿病，他

---

① 马德：“试论杀人罪罪名细分及规范”，载《河北职业技术学院学报》2007 年第 4 期，第 88 页。

到银龙社区卫生站去看病，卫生站只有一个戴眼镜的男医生续某军。按照正常的看病程序，续某军给申某配了药。之后，申某回家发现自己拉肚子了，他认为这是因为吃了续某军医生开的药引起的。其实，申某并不清楚吃药和拉肚子之间有无关联，仅凭表象就觉得是医生的错，继而对续某军怀恨在心。2010 年 11 月 19 日早晨 8 时许，申某从家里拿了一把刀（单刃尖头钢刀，刃长 15 厘米，宽约 4 厘米，柄为本色木质）揣在外套左内侧口袋，就去了卫生站。在医生办公室内，他看到续某军正在为一个女病人看病，其径直走到续某军背后站着，等女病人看完病离开办公室后，他就用右手掏出刀，向续某军背部猛力刺去，接着拔出刀后就往外跑。在一菜地躺到晚上，把刀扔了以后，申某回去找大哥，大哥继而带着他去投案自首。经南京市脑科医院司法鉴定所鉴定，申某患有双相情感障碍，作案时具有限制刑事责任能力，可以承担部分刑事责任。2011 年 2 月初，南京市白下区检察院以故意杀人罪将申某批捕。2011 年 4 月 20 日上午，申某刀捅续某军一案在南京市中级人民法院开庭审理，庭审中，他称自己非常后悔，对不起续某军。江苏省南京市中级人民法院审理认为，被告申某不计后果，持刀猛捅被害人背部，导致被害人死亡，被告人的行为已构成故意杀人罪，尽管申某患有“双相情感障碍”，作案时具有限制刑事责任能力，且发案后有自首情节，但因为申某犯罪后果严重，社会影响恶劣，因此，精神病和自首不足以使申某减轻处罚，只能对其从轻处罚。2011 年 5 月 4 日上午 9 时半，法院一审判处凶手申某无期徒刑，剥夺政治权利终身，同时赔偿附带民事诉讼原告人死亡赔偿金、丧葬费、交通费等费用共计人民币 478825 元。双方都表示上诉。

三、故意杀人罪的犯罪主体

故意杀人罪的犯罪主体是一般主体，即已满 14 周岁、具备刑事责任能力的自然人。例如，2011 年 11 月 4 日，广东潮州市潮州大道潮州男科医院发生一起凶杀案。江西安远县黄某金持刀砍向医院医务人员，造成河南洛阳 49 岁的医院副院长宋某当场死亡，一名江西景德镇 32 岁邹姓医生和另外一名 24 柯姓工作人员被砍伤。黄某金行凶后当场被潮州警方抓获，同时缴获其用于行凶的作案刀具。据潮州市公安局通报，江西省安远县 32 岁的黄某金称系因患前列腺炎10月在该医院花费约3000元治疗，但效果不佳且无法退还治疗费用，老婆又吵着要跟他离婚，遂怀恨在心，对医务人员产生报复心理。潮州市中级人民法院经审理查明：被告人黄某金因患男科疾病于2011年10月7日到潮州男科医院就诊，由项某对其进行治疗，花费医药费共计人民币两千多元。后黄某金认为治疗效果不理想且项某在为其治疗过程中存在欺骗行为，该院院长宋某作为领导也负有责任，遂产生报复念头。同年10月下旬，黄某金的女友在潮安县龙湖镇鹳四村李某义的电木厂打工时，因工作散漫被老板李某义批评辞退，黄某金怀恨在心，遂产生杀掉李某义夫妻及男科医院的项某与宋某的念头并准备了作案刀具。2011年11月3日上午10时许，黄某金趁李某义外出送货期间，携带匕首及弹簧刀潜入李某义家中，趁李某义之妻李某婵不备，用匕首朝其颈部等部位乱刺数刀，致李某婵当场死亡。作案后，黄某金藏尸于一楼卧室，换下血衣逃离现场。当日11时40分左右，黄某金携带刀具窜至潮州市区潮州男科医院，在医院二楼持匕首刺伤医生项某后背，用长刀刺伤医院院长宋某腹部、砍中宋某头部并砍落其手指一根，宋某倒地后，黄某金仍继续用刀捅、砍宋某，致宋某当场死亡。杀人后，黄某金返回医院大厅，持刀砍伤医院工作人员柯某。潮州市中级人民法院认为：被告人黄某金无视国家法律，为泄私愤而持械故意非法剥夺他人生命，致二人死亡、一人轻伤，其行为已构成故意杀人罪，应依法予以惩处。被告人黄某金归案后虽能如实供述自己的罪行，但其犯罪手段特别残忍，情节特别恶劣，后果特别严重，罪行极其严重，社会影响极其恶劣，应依法予以严惩。2012年4月28日，潮州市中级人民法院作出一审判决，被告人黄某金犯故意杀人罪，被判处死刑，剥夺政治权利终身。随案移送的作案工具摩托车一辆，予以没收，上缴国库。黄某金当庭表示，服从判决结果，不上诉。

四、故意杀人罪的犯罪主观方面

故意杀人罪的犯罪主观方面是故意，包括直接故意和间接故意。即明知自己的行为会发生他人死亡的危害后果，并且希望或者放任这种结果的发生。故意杀人的动机是多种多样和错综复杂的，常见的如报复、图财、拒捕、义愤、气愤、失恋、流氓动机等。动机可以反映杀人者主观恶性的不同程度，不同的犯罪动机影响量刑。例如，2004 年 2 月 11 日上午 8 时 10 分，川大华西医院普外一科医护人员召开例行晨会时，一名中年妇女冲进办公室，举刀砍向科主任李某，致其前额粉碎性开放性骨折、脑震荡和失血性休克。行凶者名叫陈某轩。2002 年 7 月，陈的丈夫、62 岁的退休干部尚某文不幸患肝癌晚期，接受李某的治疗。华西医院的李某对其采取了无创疗法治疗，但疗效不太理想。后来，当尚某文的病情加重，出现肝腹水等症状时，其妻陈某轩认为，是李某的治疗方案延误了丈夫的治疗，从而导致病情恶化，于是产生了报复医生的想法。2 月 11 日，一心想置李某于死地的陈某轩携带菜刀潜入医院，将正在开会的李某当众砍伤。病人家属砍杀医生案件发生后，案情惊动中南海，国务院副总理吴仪作出批示，要求查清犯罪事实，依法处理此案。2004 年 8 月 31 日，成都市武侯区法院经过连续三次审理后，终于对此案作出一审宣判，以故意杀人罪（未遂）判处陈某轩有期徒刑 8 年。

第四节　故意伤害罪

根据《刑法》第 234 条的规定，故意伤害罪是指故意非法伤害他人身体并达成一定的严重程度、应受刑法处罚的犯罪行为。

一、故意伤害罪的犯罪客体

故意伤害罪的犯罪客体是他人的身体健康权。故意伤害自己的身体，一般不认为是犯罪，只有当自伤行为是为了损害社会利益而触犯有关刑法规范时，才构成犯罪。

二、故意伤害罪的犯罪客观方面

故意伤害罪的犯罪客观方面表现为非法损害他人身体的行为。

首先，要有损害他人身体的行为。损害他人身体的行为的方式，既可以表现为积极的作为，亦可以表现为消极的不作为。前者如拳打脚踢、刀砍枪击、棒打石砸、火烧水烫等；后者则如负有保护幼儿责任的保姆不负责任，见幼儿拿刀往身上乱戳仍然不管，结果幼儿将自己眼睛刺瞎的行为，就可构成本罪。例如，2012年12月8日11时30分许，一名广西女子误认为女儿脑瘫系广东台山人民医院儿科治疗所致，到医院寻仇，从包里掏出“天拿水”淋在医生身上点燃导致儿科主任大面积烧伤。她自己也烧伤了手。据了解，天拿水是一种用来稀释油漆的液体，是一种易燃易爆的化学危险品，挥发性仅次于汽油。警方以涉嫌故意伤害罪处理。伤害他人身体的行为既可以由自己实施，又可以利用他人实施，还可以利用驯养的动物如毒蛇、狼犬等实施。既可以针对人身的外表，造成外部组织的残缺或容貌的毁坏，又可以针对人体的内部，造成内部组织、器官的破坏，妨碍其正常的功能活动。总之，无论是直接由本人实施还是间接实施，亦无论是针对何种部位，采取什么样的方式，只要出于故意，能造成他人的人身健康伤害，即可构成故意伤害罪。[①] 例如，2009年2月17日上午9时45分，安徽省合肥“患者最满意”眼科主任医院内被砍9刀。著名眼科专家柯某在其就职医院的门诊部六楼眼科门诊室内心为病人看病时，瘦瘦高高的病人丁某手提塑料袋突然闯入诊室，拨开候诊人群，从塑料袋拿出早已准备好的菜刀从其背后对其头部、面部连砍9刀，其中6砍在面部，柯某当即血流满面，挣脱凶手，慌忙向楼下跑去，可丁某依然持刀追赶，在四楼梯拐弯处其追上柯某继续行凶，致使柯某头面部受到严重创伤，血流不止，昏倒在地。闻讯赶来的该院一名医生及一名实习医生当场将歹徒制服。警方初步调查结果显示：犯罪嫌疑人丁某，1963年出生，家住合肥市包河区金寨南路，原丝绸厂工人，下岗后在某单位开车，因“右眼淋巴滤泡”曾多次到医院就诊，医生建议其手术治疗。2009年1月丁某在该医院康复部行“淋巴滤泡切除术”，当时由另一名医生主刀。术后恢复良好，但丁某自己认为不好，遂于2月5日向医院医患沟通办公室电话投诉，接诉后，医患办与柯某联系，眼科对丁某病情进行组织研究后，发现所有医疗行为未违反诊疗常规，且患者目前情况良好。丁某固执地认为手术效果不好，多次与柯某进行沟通，柯某也一次次耐心与其解释。但丁某还是认为眼睛被医院诊坏了，越想越生气，一个疯狂的想法在头脑中形成：医院诊

① 王喜：“浅谈故意伤害罪与故意杀人罪的界限”，载《湖北成人教育学院学报》2009年第6期，第59页。

坏我的眼睛，我就砍掉医生的眼睛。丁某开始着手准备，伺机找机会找医生泄愤，丁某买了一把锋利的菜刀，蓄意将菜刀隐藏在塑料袋里，带进门诊室。犯罪嫌疑人丁某以故意伤害罪予以刑事拘留，但丁某仍称不后悔自己的行为。

其次，损害他人身体的行为必须是非法进行的。如果某种致伤行为为法律所允许，就不能构成故意伤害罪，如正当防卫造成伤害而未过当的，医生对病人截肢治病等。经被害人同意的伤害，是否合法，要做具体分析。如果被害人的同意是为了达到危害社会的目的，这种同意不能排除伤害行为的非法性；如果这种同意是为了有益于社会的目的，则可以排除他人伤害行为的非法性。对于具有激烈对抗性体育运动项目中发生的伤害行为是否具有合法性，也应作具体分析。如果这种致伤动作本身为该项运动项目的规则所允许，这种伤害一般不能认为具有刑法上的非法性。如在足球比赛时，依据“合理冲撞规则”所实施而引起伤害的动作，一般不认为是伤害罪，如果比赛中动作粗鲁，明显违反规则要求，具有伤害他人身体故意的，也应按故意伤害罪论处。① 例如，2014 年 5 月 14 日 18 时 10 分，2 名醉酒男子陪同手部外伤患者刘姓男子赴甘肃张掖市人民医院急救中心就诊。接诊的李医生立即检查伤口，因患者创伤可能损伤手部肌腱，根据医院急诊病人接诊流程，遂建议患者至住院部骨一科进行专科诊疗。醉酒患者及其陪同人员拒绝专科诊疗建议，并破口大骂说医生素质差。当班的王医生上前解释，刘姓男子拿起桌子上的血压计欲砸向王医生，陪患者同来人员劝阻时，血压计砸至劝阻人头上致其受伤。3 人见状，恼羞成怒开始用诊断室内的血压计、凳子、铁质急诊呼叫器对王医生进行殴打，在现场的罗护士、李医生上前劝阻也遭到殴打。其他护理人员迅速向保卫科汇报并报警。打人者刘姓男子继续打电话叫人来，同时高声喊道：“我是人大常委，你们都敢惹。”案件当事人之一刘某（现年 48 岁）为张掖市甘州区十七届人大代表。15 日张掖甘州区公安局南街派出所对涉案嫌疑人传唤到案进行调查询问并于 5 月 15 日，正式立案进行调查。5 月 17 日，甘州区公安局对三名受害医务人员出具了伤势鉴定委托书，鉴定结果

① 龙秋生、李晓年：“校园对抗性体育运动伤害事故法律责任分析”，载《广州体育学院学报》2006 年第 3 期，第 127 页。

为李医生、罗护士伤势均为轻微伤。6月3日，受害人王医生在张掖市人民医院住院治疗结束后，甘州区公安局派人带领其到省政法学院，聘请专家作伤情鉴定。6月9日甘肃省政法学院专家鉴定结论，王医生属轻伤二级。6月9日，根据鉴定结果，张掖市甘州区公安局将案件转为故意伤害案立案查处，并报请甘州区人大常委会。经甘州区第十七届人大常委会第三十二次主任会议研究，许可对区十七届人大代表刘某采取刑事拘留强制措施。6月9日下午，张掖市甘州区公安局以涉嫌故意伤害罪将犯罪嫌疑人刘某、宁某某刑事拘留。

最后，损害他人身体的行为必须已造成了他人人身一定程度的损害，才能构成故意伤害罪。只是一般性的拳打脚踢、推拉撕扯，不会造成伤害结果的，则不能以故意伤害罪论处。伤害结果其表现可多种多样，有的是破坏了他人组织的完整性，如咬去鼻子、砍断手脚；有的是损害了他人器官的正常功能，如听觉、视觉、味觉丧失，精神失常等。但就结果的严重程度而言，则有三种形态，即轻伤、重伤或死亡。如果没有造成轻伤以上的伤害，没有达到伤害等级或虽达到等级却属轻微伤，则不能以故意伤害罪论处。所谓轻伤，是指由于物理、化学及生物等各种外界因素作用于人体，造成组织、器官结构的一定程度的损害或部分功能障碍，尚未构成重伤又不属于轻微伤害的损伤。鉴定应当以外界因素对人体直接造成的原发性损害及后果包括损伤当时的伤情、损伤后引起的并发症和后遗症等全面分析、综合评定。所谓重伤，是指使人肢体残废或者毁人容貌，丧失听、视觉或者其他器官功能以及其他对于人身健康有重大损害的伤害。[①] 例如，2005年4月，南通市儿童福利院普儿班的两名十三四岁的精神发育迟滞（重度）智障少女富某、通某某，在南通城东一家医院被医生切除了子宫。切除手术是在儿童福利院领导要求下做的，双方还签订了协议，规定一切法律责任由儿童福利院承担，福利院的一位副院长以监护人的名义在协议和手术病历上签了字。福利院领导还称，这两名女孩最近来了初潮，收拾起来非常麻烦，将来性成熟之后会更加麻烦，反正她们也不能生育，现在切除她们的子宫，省了许多麻烦。经南

---

① "打架，是否就会被判刑"，载《中国保安》2008年第9期，第45页。

通市公安局、南通市中级人民法院、南通市人民检察院法医鉴定，富某、通某某属重伤。辩护律师认为：（1）该案中手术的两名对象在行为上不能自理，同时也不具有结婚条件和生育的条件，在月经来时有痛经等痛苦的行为。从监护人及实施手术的医生来说，对其实施手术对于两名少女是有益的，是在维护两名残疾少女的权利。（2）当事人作为医生，缺乏犯罪的“主观故意”，可以说，手术本身完全是从两个孩子自身利益出发的，是个合理可行的医疗措施和手术治疗。(3) 公诉人提供的鉴定书称：两个孩子“不具备手术指征”。我认为这种鉴定是针对正常人的，而智障孩子是个完全不具备民事行为能力的人。对于这个群体出现剧烈痛经的症状，是否需要切除子宫？切除后对她们的健康是否会造成严重损害？都有待进一步的鉴定。(4) 对于智障人实施类似的手术在国外国内都有过类似的先例。如果以故意伤害来判罪的话，将开了一个危险的先例。在国外对类似的群体实施手术的话，要先向法院申请。但是由于在中国还缺少类似的法律制度，没有法律规定哪个机构能承担这样的责任。不能让当事人为国家法律的漏洞承担刑事责任。(5) 在我国，监护人只有财产的处分权，没有人身处分权，这个案件首次把这个特殊的问题提了出来，有着非常大的意义。两名智障少女经期不能自理，同时也存在意外怀孕的可能性，而且她们属于重度智障，本来就属于我国法律规定应当节育的对象，因此，子宫切除手术不失为一种解决问题的方法。公诉方认为：孤残儿童也是一个个人性化的个体，有着许多情感需要，孤残儿童不仅具有生存权，还应具有发展权，因此，要让他们能身心健康地融入社会。像南通市儿童福利院因担心护理麻烦而切除智障少女子宫，是剥夺少年儿童享有健康权、发展权的伤害行为，必须受到法律的制裁。江苏省南通市崇川区法院认为：缪某、陈某在对两名精神发育迟滞女孩行使监护人职责过程中，为降低监护难度，由陈某提议，并经缪某决定切除两被害人子宫；苏某在陈某与其联系后，与王某一起，在无手术指征的情况下对两被害人施行子宫次全切除术，致两被害人构成重伤，严重侵害了被害人的生命健康权，四人的行为均已构成故意伤害罪，且系共同犯罪，公诉机关指控成立。四人具有自首情节。崇川区法院一审宣判，判决南通市儿童福利院原副院长陈某、原院长缪某，南通某医院妇产科医生王某、苏某共四名被告人构成故意伤害罪，判处陈某有期徒刑1年、缓刑2年，判处其余3名被告人管制6个月。4人不服，向江苏南通市中级人民法院提起上诉。南通市中级人民法院经审理后，裁定驳回上诉，维持原判。[①]

三、故意伤害罪的犯罪主体

故意伤害罪的犯罪主体是一般主体。凡达到刑事责任年龄并具备刑事责任能力的自然人均能构成故意伤害罪，其中，故意伤害致人轻伤的必须已满16周岁，已满14周岁未满16周岁的自然人有故意伤害致人重伤或死亡行为的，应当负刑事责任。例如，2006年11月25日下午，在河北衡水第四人民医院门诊上班的内一科副主任、副主任医师张某某被一男子砍掉右手，脸上多处刀伤和骨折，左眼球破裂被摘除。据了解，行凶的男子是桃城区赵圈镇李店村人，三十多岁，案发前一天，曾在该院进行胃病检查，由于不满意医院收费与张医生发生争执，第二天该人携菜刀闯入该院内一科，遂导致惨案发生。

四、故意伤害罪的犯罪主观方面

故意伤害罪的犯罪主观方面是故意。即行为人明知自己的行为会造成损害他人身体健康的结果，而希望或放任这种结果的发生。犯罪动机多种多样，有的为了个人报复、嫉妒，有的出于滋事斗殴，有的由于家庭矛盾或婚姻纠纷，不同的动机不影响犯罪的成立。例如，外科医生刘某，曾与女青年黄某谈恋爱，后来黄某背弃刘某，与当地一官员的儿子结婚。某日，黄某患急性阑尾炎入住医院，恰由刘某主刀，刘某遂起报复之念。手术中，在切除病变阑尾炎之后，又将黄某双侧卵巢一并切除，造成黄出现月经停止、长期不孕等一系列症状。后此事被披露，刘某以故意伤害罪被判处有期徒刑7年。又如，2012年9月3日上午10时许，一名区姓男子携四把刀具在广东深圳鹏程医院看病时突然拔出菜刀，对正在工作的医生、护士、导医和保安等四人进行砍杀，造成耳鼻喉科医务人员和保安四人被砍伤，其中两名医护人员伤势

---

① 本案中，医务人员王某等人是在城东某医院领导的许可下做的手术，因为医院不能构成故意伤害罪的单位犯罪，因此，医院负有直接责任的领导也应构成故意伤害罪，但是，司法机关没有追究医院领导的刑事责任。

较重。据报道，其中一名31岁的耳鼻喉科主治医师肖世磊受伤最为严重，肩部中了3刀，其次重伤者为手术室一名27岁女护士叶某，被砍了十余刀，22岁导医姚兰、24岁保安李勇伟皆为手部被砍，四人均无生命危险。据调查，行凶者是该医院的一位43岁广东深圳南山区男患者区长军，据其交代，其因为患有鼻炎曾于7月1日到该院耳鼻喉科就诊，肖姓医生为其治疗鼻炎，经检查，区长军被诊断为“过敏性鼻炎”，当时医院给其进行了“双筛前神经阻滞”手术治疗，术后无不良反应。区长军随后在门诊间断治疗16天，总费用（检查费、手术费、药费、治疗费等）6627.87元。因治疗效果不明显，没达到预期，他因此怀恨在心，蓄意报复，9月3日带了两把菜刀、一把匕首和一把小刀入院砍伤医护人员，当一名医生从就诊室走到候诊厅后，他从包内掏出的菜刀将他砍伤。随后，先后有各有一名导医和保安也被砍伤。在保安人员的追赶下，他逃至手术室并劫持了一名正在工作中的护士，在劫持人质20分钟内，这名护士身中11刀。当天，区某被深圳罗湖警方以涉嫌故意伤害罪刑事拘留。在一般情况下，行为人事先对于自己的伤害行为能给被害人造成何种程度的伤害，不一定有明确的认识和追求。无论造成何种程度的结果都在其主观犯意之内，所以，一般可按实际伤害结果来确定是故意轻伤还是故意重伤。① 故意轻伤的犯罪还存在犯罪未遂问题。但对重伤意图非常明显，例如，企图严重毁容，并已着手实施的行为，由于意志以外的原因而未得逞的，即使未造成任何实际伤害，也应按故意重伤罪（未遂）定罪量刑。在故意伤害致死情况下，行为人主观上存在混合罪过形式，即同时具有伤害故意和致人死亡的过失，这是区别故意伤害致死同故意杀人、故意伤害致死同过失致人死亡的主要标志。

第五节 过失致人死亡罪

根据《刑法》第233条的规定，过失致人死亡罪是指是指由于普通过失致人死亡的行为。

---

① 王喜：“浅谈故意伤害罪与故意杀人罪的界限”，载《湖北成人教育学院学报》2009年第6期，第59页。

一、过失致人死亡罪的犯罪客体

过失致人死亡罪的犯罪客体是他人的生命权。

二、过失致人死亡罪的犯罪客观方面

过失致人死亡罪的犯罪客观方面是致人死亡。首先，行为人具有致人死亡的行为。行为人的行为可能是有意识的，或者说是故意的，但对致使他人死亡结果发生是没有预见的，是过失。本罪属结果犯，行为的故意并不影响其对结果的过失。过失致人死亡行为可以分为作为的过失致人死亡行为和不作为的过失致人死亡行为两种情况。例如，某医院婴儿室护士孙某给婴儿喂奶时，一男婴啼哭不止，孙嫌其哭叫闹得心烦，即将其翻过身来，以俯伏姿势放在床上，婴儿很快不哭了，之后孙便去忙别的事。半个小时后，孙回到婴儿室，发现该婴儿面色苍白，呼吸停止，经抢救无效死亡。本案中，孙某的行为已超出诊疗护理工作的范围，属于医务人员在岗时发生的非医疗过失，应以过失致人死亡罪论处。[①] 其次，客观上必须发生了致人死亡的结果。这是本罪成立的前提。例如，某患者系六十多岁的老人，某日因病至某医院就诊，因值班医生态度不好，与之发生激烈争吵。该医生情急之下，将老人猛地从室内推到室外，并喊了一声："你滚!"老人被绊倒在地，当场昏迷，经抢救无效死亡。事后经鉴定，老人系外界因素诱发先天性心脏病发作死亡。本案中，医生的行为构成过失致人死亡罪。尽管这一行为发生在值班期间，同时该行为造成了患者的死亡，但其同医务人员的职责无直接关系，其违反的是日常生活的道德准则和注意义务，不能认定为医疗事故罪。最后，行为人的过失行为与被害人死亡结果之间有因果关系。即被害人死亡是由于行为人的行为造成的。这里死亡包括当场死亡和因伤势过重或者当时没有救活的条件经抢救而死亡。如果行为人的过失行为致人重伤，但由于其他人为因素的介入（如医师未予积极抢救或伤口处理不好而感染）致使被害人死亡的，只应追究行为人过失重伤罪的刑事责任。

---

① 冯卫国："医疗事故罪的认定与处理"，人民法院出版社2003年版，第211页。

三、过失致人死亡罪的犯罪主体

过失致人死亡罪的犯罪主体是一般主体，凡达到法定责任年龄且具备刑事责任能力的自然人均能构成本罪，即已满16周岁的自然人。

四、过失致人死亡罪的犯罪主观方面

过失致人死亡罪的犯罪主观方面是过失，即应当预见自己的行为可能发生他人死亡的危害结果，因为疏忽大意而没有预见，或者已经预见而轻信能够避免，以致发生他人死亡的危害结果的心理态度。过失包括疏忽大意的过失和过于自信的过失。例如，被告人李某1972年起即在某村卫生室工作，曾取得卫生行政部门所发的《乡村保健医生证书》。2001年8月，该村村委会向区卫生局提出设置该村卫生室为医疗机构的申请，经主管部门验收，因故不合格，至本案案发时尚未领取到《医疗机构执业许可证》。2001年9月10日，王某（男，16岁）在镇卫生院做了青霉素皮试，其结果为阴性，但未在该院输液。随后王某来到李某所在的卫生室，李某看过王某在镇卫生院的病历、处方和皮试单后，要王某做皮试，王某称刚刚做过，李某即未坚持，遂对王某进行青霉素输液。王某在输液后不久即感到不适，经抢救无效后死亡。经鉴定，李某在未对王某重做青霉素皮试的情况下给王某注射了与镇卫生院皮试液不同厂家的青霉素，以致王某发生青霉素过敏性休克而死亡，属一级医疗事故（含责任和技术因素）。案发后，医生王某积极赔偿被害方经济损失并取得了患者家属的谅解，患者家属亦请求法院对医生王某从轻处罚。对于本案的定性和处理，出现了以下几种意见：第一种意见认为，李某未取得医生执业资格而非法行医，造成一人死亡的严重后果，构成非法行医罪。第二种意见认为，李某在给就诊人员治疗时严重不负责任，未做皮试就对就诊人员注射青霉素，造成就诊人员死亡，应按医疗事故罪处理。第三种意见认为，李某的行为应定为过失致人死亡罪。笔者赞同第三种意见，理由如下：(1) 本案不符合非法行医罪的主观方面要求。非法行医罪是故意犯，行为人在明知自己无医师执业资格的情况下仍实施非法行医行为的才构成犯罪。本案中，对于被告人李某的主观故意的认定不应脱离案情作一般化的判断，而应结合本案中的特殊背景进行分析。被告人李某曾取得《乡村保健医生资格证书》，一直作为乡村医生在村卫生室工作了近30年。1999年5月1日实施的《执业医师法》第14条规定："未经医师注册取得执业证书，不得从事医师执业活动。"但第45条规定："不具备本法规定的执业医师资格或者执业助理医师资格的乡村医生，由国务院另行制定管理办法。"可至本案案发时，国务院尚未制定相关的管理方法以规范乡村医生的行医资格。因此，考虑到我国乡村卫生工作的不规范性，乡村医生行医资格无法律明文规定的情况，被告人李某从事诊疗工作的历史延续和行医现实，其与刑法责难的那些并未取得医生执业资格而出于牟利目的，不顾就诊人健康的非法行医行为不同，法律不强人所难，从刑法设定非法行医罪的本意出发，应认定被告人主观上不具有行医违法性的故意，对其不以非法行医定罪为宜。（2）本案被告人李某不符合医疗事故罪的主体身份。医疗事故罪的主体是特殊主体，即只有医务人员才可以构成。所谓医务人员是指有合法执业资格的医疗工作者，即其行医具有合法性。在本案中，李某未取得医师资格，亦未进行注册，取得医师执业证书，因此，李某不符合医疗事故罪的主体要件，不应以医疗事故罪追究其刑事责任。需要注意的是，李某因为不具备非法行医的主观故意而不构成非法行医罪，但此判断并不能否定李某不是具有合法执业资格的医疗工作者的事实。在此，非法行医罪和医疗事故罪不是非此即彼的关系。（3）被告人李某的行为应定为过失致人死亡罪。被告人李某作为行医近30年的乡村医生，具有医疗专业知识，具备过失犯罪的注意能力和注意义务，在诊疗过程中，违反行医常规，严重不负责任，未对王某进行皮试就对其进行青霉素输液，对不做皮试可能发生死亡的后果应具备过失的心理态度，客观上由于其失职行为发生了王某青霉素过敏性休克死亡的后果，应构成过失致人死亡罪。[①] 对于本案，法院也是依法判处被告人李某犯过失致人死亡罪的，但免予刑事处罚。

---

① 龙伟峰："乡村医生违规使用青霉素致人死亡如何定性"，载《法制与经济》2008年第2期，第7页。

第六节 聚众扰乱社会秩序罪

根据《刑法》第290条第1款的规定，聚众扰乱社会秩序罪，是指聚众扰乱社会秩序，情节严重，致使工作、生产、营业和教学、科研、医疗无法进行，造成严重损失的行为。

一、聚众扰乱社会秩序罪的犯罪客体

聚众扰乱社会秩序罪的犯罪客体是国家机关、企业、事业单位和人民团体的生产、营业和教学、科研、医疗秩序。侵犯的对象是国家机关、企事业单位和人民团体。

二、聚众扰乱社会秩序罪的犯罪客观方面

聚众扰乱社会秩序罪的犯罪客观方面表现为聚众扰乱社会秩序，情节严重，致使工作、生产、营业和教学、科研、医疗都无法进行，造成严重损失的行为。

本罪所指的扰乱社会秩序的行为须具备聚众形式。“众”的人数《刑法》条文上没有明确规定。学理上一般认为，三人以上为众。所谓聚众是指纠集多人实施犯罪行为，一般应当是纠集三人以上，有起组织、策划、指挥作用的首要分子，有积极实施犯罪活动，行动特别卖力，情节比较严重的积极参加者，在犯罪分子实施犯罪过程中，有时还会有受蒙蔽的群众，被威胁的一般违法者、围观者、起哄者，纠集三人以上是指包括聚首和积极参加者在内三人以上。如果是一人或二人闹事引得众人围观起哄的，不应视为聚众，不构成本罪。[①] 例如，2006年8月16日12时许，安庆市宜秀区杨桥镇梅林村村民王某因交通事故在枞阳县人民医院抢救无效死亡。其家属王某润、王某志与王某莽等人遂以医院抢救不及时为由，伙同死者其他亲属打砸医院门窗

---

① 仇墨涵：“浅谈聚众扰乱社会秩序罪中的‘医闹’及立案标准”，载《法制博览》2015年第12期（下），第233页。

桌椅及电脑等物，并殴打医护人员吴昭春及在场劝阻人员叶某剑（系住院病人亲属），分别致吴、叶两人轻微伤和轻伤。13 时许，王某熬赶至医院，再次打砸医院窗户，殴打医院保安和医护人员，并连续两日组织死者亲属堵塞医院门诊部和住院部大门，致医院医疗活动无法正常进行。案发后，三被告人先后被公安机关抓捕归案。①

"聚众扰乱社会秩序"，是指在首要分子的煽动、策划下，纠集多人共同扰乱党政机关、企业、事业单位和人民团体的工作、生产、营业和教学、科研、医疗秩序，如聚众侵入、占领党政机关、企业、事业单位和人民团体的工作场所，封闭其出入通道，进行纠缠、哄闹、辱骂等。行为人聚众扰乱社会秩序的手段是多种多样的，可以是煽动、收买、挑拨、教唆等，聚首可以躲在幕后唆使、策划而不亲自实施具体扰乱行为。行为人扰乱礼会秩序的手段主要有：聚众冲击企事业单位、社会团体所在地；在一些单位、团体门前、院内大肆喧嚣哄闹；强占或封锁一个部门的工作、生产、营业或教学、科研场所；围攻、辱骂、殴打工作人员；封锁出入通道、毁坏公私财物、设备；强行切断电源、水源等。例如，2011 年 6 月，新密市袁庄乡董某甲的父亲董某在打麦机旁边干活时，右手被打麦机擦伤，董某在医院治疗后出院。同年 10 月 21 日，董某去世。董某甲及其他亲属董某乙、阴某等人要求医院在董某丧葬仪式上随礼 2000 元，医院拒绝。董某甲、董某乙、阴某等人将董某尸体抬放至医院门口，并在医院门口以挂横幅、烧纸、放炮等手段围堵医院大门。法院经审理后，以聚众扰乱社会秩序罪判处被告人董某有期徒刑 2 年零 6 个月，缓期 3 年执行；判处董某甲、阴某有期徒刑各 2 年，缓期 3 年执行。如果行为人在实施本罪中，殴打工作人员，毁损公私财物构成犯罪的，应实行数罪并罚。例如，2005 年 5 月 11 日，在湖北省东湖市人民医院，某六十余岁的男性患者因患食道癌（晚期）进行手术，术中发生输血意外死亡。武某、黄某三位教授会诊意见认为医院无过错。但患方亲属仍纠集二百余人打砸医院，破坏公共设施，封门堵路三次，每次短则半小时，长则两个多小时。

---

① 徐昕、卢荣荣："暴力与不信任——转型中国的医疗暴力研究：2000—2006"，载《民事程序法研究》2008 年第 4 辑，第 279 页。

医院领导出面协调时，患方二十余人还无视公安、政法、卫生局等政府机关领导的劝阻，公然在领导及干警在场的情况下将医院一名副院长殴伤。

情节严重是构成本罪的要件之一，所谓“情节严重”，尚无司法解释，一般学理意见认为，情节是否严重，应综合其纠集人数的多少、扰乱的对象、扰乱的程度、扰乱持续的时间、扰乱的范围以及扰乱的动机目的等多方面来分析。据此，“情节严重”，主要是指扰乱的时间长，纠集的人数多，扰乱重要的工作、生产、营业和教学、科研秩序，造成的影响恶劣等。例如，2011年9月26日，因生小孩病危，河南新密市大隗镇张某广的妻子张某从郑州某医院转至新密市第一人民医院，后抢救无效死亡。随后，张某广及其亲属张某甫、张某勇、张某涛等人以医院有过错为由，向医院索赔130万元。被拒绝后，他们于9月27日下午，带领其他亲属到新密市第一人民医院，采用在医院大门口挂横幅、放花圈、烧纸、放鞭炮等手段围堵医院大门，引起众多过路人围观，致使医院不能正常工作，患者不能及时就诊，时间长达四小时之久，严重影响了医院的正常秩序。9月29日下午，他们又采取相同的方式围堵医院，时间长达两小时之久。9月29日，新密市第一人民医院的职工到公安机关报案，张某广、张某甫、张某勇、张某涛等四人被警方抓获。次日，新密市公安局对这起“医闹”行为进行立案，并对四人实施了刑拘，后办理了取保候审手续。2011年12月23日，新密市人民检察院对该案提起公诉。法院审理后依法支持了公诉机关的公诉意见，认为被告人张某广、张某甫、张某勇、张某涛聚众扰乱社会秩序，情节严重，致使工作无法进行，造成严重损失，其行为均已构成聚众扰乱社会秩序罪，判处被告人张某广有期徒刑3年，缓刑4年；判处被告人张某甫、张某勇、张某涛有期徒刑各2年，缓刑各3年。

所谓“无法进行”，指由其扰乱致使上述各项工作未能按期开展、开始或致使已经开展、开始的工作被迫非正常地中止、停业。例如，2013年12月11日凌晨4点多，王某将其患病的7个月大儿子送到云南昆明市儿童医院抢救，凌晨5点多抢救无效死亡。当晚9点多，王某邀约亲友、家属七八十人到昆明市儿童医院一楼讨说法，他情绪激动，在医院未给出明确答复的情况下，其朋友用事先准备好的锁强行将医院急诊室的全部大门锁死。之后，死者的表姑父黄某在值班柜台翻看病历后强行抢医生开具的死者死亡证明。晚上10点50分，聚集人员将急诊值班室的一名女医生拉拽出值班室来到过道上。民警接110指令后前往处置劝阻无效，在死者亲属“包围”中，值班女医生被打倒在地，幸好其丈夫保护着她，经鉴定这名女医生伤情为轻微伤。同时在现场参与处置的一名民警左手小臂被划伤，参与处置的保安被打伤头部和腰部，经鉴定伤情为轻微伤。2014年1月9日，黄某因涉嫌聚众扰乱社会秩序被刑事拘留。又如，2005年5月27日凌晨1时许，何某驾驶摩托车外出跌倒，摔至重伤。伤者于凌晨1时40分被送到广东湛江开发区医院，由于伤势过重，抢救无效死亡。死者家属闻讯马上围攻、谩骂医护人员，殴打值班医生叶某，致其重伤。上午8时多，死者家属纠集了一些社会闲散人员围攻医院，并冲进手术室狂砸电脑等设备。事发后，湛江市紧急抽调大批警员赶赴现场。但肇事者不听规劝，继续围攻并与警察对峙，强行将尸体抬走摆在医院门诊部里，致使门诊部的正常工作被迫停止，已做好术前准备的多台手术及急诊手术被迫中止。直至下午5时多，肇事者才陆续散去。[①]

何谓“造成严重损失”，迄今为止，尚无有权立法或司法解释。从学理上看，由于生产、营业、教学、科研、医疗工作及其他一般工作，在工作方式、性质上的差异性很大，“严重损失”的表现形式也就相应各异。因而，所谓“严重损失”，从总体上看，其固然应为可借助一定计量手段衡定其损失大小额度的有形损失；但实践中也不排除难以量定的无形损失，例如，对新闻单位、教学单位的冲击，导致其工作、教学不能进行或中止者，其损失几何，就很难定量分析。因而，一般以定性分析与定量分析相结合的手段来衡定人的行为所导致的损失大小。“严重损失”有形的物质和无形的智力成果、社会利益和政治利益等诸多方面的严重损失，如公私财物或者经济建设、教学科研等受到严重的损失和破坏等。物质损失包括因犯罪行为而停产、停业等造成的既有财产损害和可得利益损失，可得利益应以具备充分条件，若非犯罪行为干扰就可顺利实现的利益为限，物质损失的严重程度以造成损失

① 徐昕、卢荣荣：“暴力与不信任——转型中国的医疗暴力研究：2000—2006”，载《民事程序法研究》2008年第4辑，第270页。

的数额为标准。无形的智力成果、社会利益、政治利益损失是指犯罪行为致使以社会利益、政治利益为宗旨的社会组织及其他不直接从事生产经营活动的社会组织如各政党、工会、妇联和学校、科研机构等无法工作而造成的无法精确计算的损失，对于这类损失是否严重一般可从扰乱行为的手段、持续时间的长短、因无法工作直接延误的工作事项的重要程度、损失是否可以弥补等方面把握。由于行为人的扰乱行为，致使有关单位无法正常开展工作给第三人利益造成严重损害的；虽然该损害结果并非行为人直接造成，但属于行为扰乱社会秩序给社会利益造成的损失，也应作为衡量行为人行为是否情节严重的根据之一。如行为人聚众扰乱医疗单位工作秩序，致使危重病人不能得到及时救治而死亡或残疾的，虽然行为人的行为与危害病人的死亡或残疾不具有直接因果关系，但行为人的行为与医疗单位无法开展工作具有直接因果关系，因此，行为人的行为与危重病人的死亡或残疾具有间接因果关系，应当将之作为行为人行为的危害结果。①

致使工作、生产、营业和教学、科研、医疗无法进行与造成严重损失二者必须同时具备。虽然行为人的行为致使工作、生产、营业和教学、科研无法进行，但尚未造成严重损失的，不以犯罪论处，由公安机关依照治安管理处罚法律有关规定处理。“情节严重”“致使工作、生产、营业和教学、科研都无法进行”和“造成严重损失”三者都是构成本罪的要件，必须同时具备、缺一不可。

三、聚众扰乱社会秩序罪的犯罪主体

聚众扰乱社会秩序罪的犯罪主体是一般主体，即已满16周岁、具备刑事责任能力的自然人。但并非一切聚众扰乱社会秩序的人都能构成本罪，构成本罪的只能是扰乱社会秩序的首要分子和其他积极参加者。所谓首要分子，是指在聚众扰乱社会秩序的犯罪活动中起组织、策划、指挥、作用的犯罪分子。所谓积极参加分子，是指在聚众扰乱社会秩序的犯罪活动中，除首要分

---

① 任忠臣：《聚众扰乱社会秩序罪若干问题研究》，贵州民族学院2010年硕士学位论文，第20页。

子以外的在犯罪活动中起主要作用的犯罪分子，如在犯罪活动，行动特别卖力、情节比较严重。一般参加者不构成本罪，一般只能追究其行政责任。

四、聚众扰乱社会秩序罪的犯罪主观方面

聚众扰乱社会秩序罪的犯罪主观方面是故意。行为人往往是意图通过扰乱活动制造事端，给有关单位和领导施加压力，以实现自己的无理要求，或者发泄自己的不满情绪。由于本罪是聚众性犯罪，因而，进行扰乱活动必须基于众多行为人的共同故意。这种共同故意并不要求行为人之间的故意联系十分紧密，只要行为人明确自己以及他人是在实施扰乱国家机关、企事业单位与人民团体的工作秩序的行为即可，并不要求各行为人的犯罪目的或犯罪动机完全一样。①

第七节　寻衅滋事罪

根据《刑法》第293条的规定，寻衅滋事罪，是指寻衅滋事，严重破坏社会秩序的行为。

一、寻衅滋事罪的犯罪客体

寻衅滋事罪的犯罪客体是复杂客体，主要客体是社会公共秩序，即根据法律和社会公德确立的公共生活规则所维持的公共或非公共场所秩序和生活中人们应当遵守的共同准则。次要客体是人身权利或者财产权利。寻衅滋事犯罪多发生在公共场所（也有一些发生在偏僻隐蔽的地方），常常给公民的人身、人格或公私财产造成损害，但是寻衅滋事罪一般侵犯的并不是特定的人身、人格或公私财产，而主要是指向公共秩序。

二、寻衅滋事罪的犯罪客观方面

寻衅滋事罪的犯罪客观方面表现为寻衅滋事。根据《刑法》的规定，寻衅滋事具体表现为下述四种情形。

---

① 任忠臣：《聚众扰乱社会秩序罪若干问题研究》，贵州民族学院2010年硕士学位论文，第18页。

首先，随意殴打他人，情节恶劣。随意殴打他人，是指出于耍威风、取乐等不健康动机，无故、无理殴打相识或者素不相识的人。其一，只要是针对人的身体行使有形力，即使没有接触人的身体的，也属于殴打。例如，向他人身体挥舞棍棒但没有接触到他人身体的，成立殴打。其二，殴打行为不是伤害罪的未遂犯，所以，殴打不以具有造成伤害结果的危险性为前提。换言之，倘若某种行为只能造成他人身体痛苦，但不可能造成伤害，也属于殴打。其三，如果行为人针对物行使有形力，因而对人的身体以强烈的物理影响的，由于不是针对人的身体行使有形力，不宜认定为殴打。其四，使用有形的方法不等于行使有形力。例如，使他人饮食不卫生食品后胃痛的，虽然是有形的方法，但不应评价为殴打。其五，由于寻衅滋事罪具有补充性质，所以，殴打不以造成伤害（轻伤以上）为前提。但是，一方面，造成了伤害结果的伤害行为，无疑符合殴打行为的要件；另一方面，寻衅滋事罪的法定刑重于故意轻伤的法定刑。所以，殴打行为造成轻伤害结果的，也可能被认定为随意殴打类型的寻衅滋事罪。其六，基于同样的理由，殴打不以聚众为前提，更不以符合聚众斗殴罪的构成要件为前提。但是，随意聚众斗殴的行为，通常符合寻衅滋事罪的构成要件。随意，一般意味着即使按照犯罪人的理性，殴打行为也不具有可以被一般人“理解”“接受”的原因与动机。从行为人角度而言，随意，意味着行为人殴打他人没有任何自我控制。殴打行为是否随意，并不是一种纯主观的判断，而是基于客观事实作出的判断。“随意”的判断具有相对性。“情节恶劣的”，是指随意殴打他人手段残忍的，多次随意殴打他人的；造成被殴打人自杀等严重后果的等。情节是否恶劣，应围绕法益受侵害或者威胁的程度作出判断。例如，随意殴打行为造成轻微伤或者轻伤的，随意殴打他人手段恶劣、残忍的，随意使用凶器殴打他人的；纠集多人随意殴打他人的，多次随意殴打他人或者一次随意殴打多人的，随意殴打残疾人、儿童等弱势群体的，均宜认定为情节恶劣。只有当殴打行为同时具备随意性与恶劣性时，才能以寻衅滋事罪论处。[①] 例如，于某早在2005年就开始在协和医院东城区本部进行“倒号”生涯。2008年6月，北

---

① 张明楷：“寻衅滋事罪探究（上篇）”，载《政治与法律》2008年第1期，第90页。

京协和医院免疫科从北京市东城区迁至位于西城区的协和医院西院。作为业内老手，当他带着几个手下来到协和医院西院时，以郭某为首的另一伙“号贩子”已经协和医院西院的“倒号”中开始牟利。起初，本着“精诚合作、各自为政”的方针，两伙人相处得还算融洽。于某团伙负责找病人，然后排队经营“卖号”业务；郭某团伙则主攻排队“卖地方”（先排队，等病人来挂号的时候直接将排队的位置卖出去）。医院主治医生号只需 5 元，“号贩子”团伙一般以 200 元至 300 元出售；7 元的副教授号以 300 元交易，14 元的专家号则可卖到 500 元，有时 14 元的专家特需号可买到 1400 元。自 2008 年 6 月至 10 月，以于某父子为首的十余名“号贩子”，在协和医院西院排队“倒号”，采取收取保护费的方式挤哄其他“号贩子”，如对方拒不缴纳保护费，于某团伙就使用暴力予以“征服”，随后将“不听话者”赶出协和医院西院。于某团伙在与郭某团伙合作不及一个月后，便开始以郭某团伙不守规矩、侵占“业务”为由，向郭某团伙找茬。2008 年 10 月初，于某的儿子于某水找到苏某玉，说于某在“倒号”的时候被郭某欺负了，叫苏某玉几个人帮忙教训郭某。2008 年 10 月 19 日，于某水带着十余人，在协和医院西院内使用铁管、铁链等对郭某等人进行殴打，致郭某头部左顶部头皮挫裂、右颞部头皮挫伤肿胀、右拇指末节指骨远端骨折、右中指近节指骨骨折，经法医鉴定为轻伤。此后，涉嫌寻衅滋事的苏某玉等人便四处逃窜。为了巩固自身在“号贩子”队伍中的威望，继续垄断协和医院西院的“号贩子”市场，于某父子经常为抢占地盘、收取保护费等事宜，与他人发生冲突或发展成斗殴。在 2008 年 9 月至 10 月期间，曾有盘踞在北京市儿童医院、同仁医院的两批“号贩子”来协和医院西院抢地盘，后来，这些人都被于某一伙打跑了。于某父子每天以 500 元一人的价格雇用打手，逐渐占据了协和医院的地盘，每天可以获利两万元。据调查，自 2008 年 7 月至同年 12 月，协和医院西院所在辖区的二龙路派出所接到六十多次协和医院西院“号贩子”扰乱秩序、打架等治安警情。2009 年 6 月，因寻衅滋事罪，落网的于某父子分别获刑二年半。2010 年 9 月 27 日，参与聚众斗殴的犯罪嫌疑人苏某玉向公安机关投案，在此期间，其他犯罪嫌疑人相继落网。2011 年 3 月北京市西城区人民法院以寻衅滋事罪判处苏某玉有期徒刑 10 个月。

其次，追逐、拦截、辱骂、恐吓他人，情节恶劣。追逐、拦截、辱骂、恐吓他人，是指出于取乐、寻求精神刺激等不健康动机，无故无理追赶、拦挡、侮辱、谩骂、恐吓他人，此多表现为追逐、拦截、辱骂、恐吓妇女。这里的“情节恶劣的”，主要是指经常性追逐、拦截、辱骂、恐吓他人的；造成恶劣影响或者激起民愤的；造成其他后果的等。需要指出的是，如果行为使用暴力、胁迫或者其他方法强制猥亵或者侮辱妇女的，则构成强制猥亵、侮辱妇女罪。追逐，一般是指妨碍他人停留在一定场所的行为；拦截，一般是指阻止他人转移场所的行为。显然，这两种行为，都是妨碍他人行动自由的行为。追逐与拦截可能以暴力方式实施，也可能以威胁等方式实施。辱骂，是指以言语对他人予以轻蔑的价值判断。辱骂不要求有特定的对象，对一般人的谩骂，也可能成立本罪的辱骂。[①] 恐吓是以加害他人权益或公共利益等事项威胁他人，使他人心理感到畏怖恐慌，在许多国家是一项刑事犯罪，无论有无向对方动粗，无论是否行使暴力行动，即使只是语言上威胁受害者（对方），有死亡威胁或伤害当事人或其家族、公司、财产权等，包括死亡威胁、诈弹威胁、以自杀做威胁等。若意图以此方式来获取他人财物或利益而实行者，称为“恐吓取财”。情节恶劣的判断，必须以法益受侵害或者受威胁的程度为中心。对于追逐、拦截、辱骂、恐吓他人造成他人轻微伤、轻伤结果或者导致他人自杀的，使用凶器追逐、拦截他人的，多次追逐、拦截、辱骂、恐吓他人的，追逐、拦截残疾人、儿童等弱势群体的，应当认定为情节恶劣。

再次，强拿硬要或者任意损毁、占用公私财物，情节严重。强拿硬要或者任意损毁、占有公私财物，是指以蛮不讲理的流氓手段，强行索要市场、商店的商品以及他人的财物，或者随心所欲损坏、毁灭、占用公私财物。强拿硬要行为虽然具有一定的强制性，但不需要达到足以压制被害人反抗的程度。损毁财物，是指使公私财物的使用价值减少或者丧失的一切行为。任意与随意的意义相近，但其程度低于随意的要求，侧重于说明行为不具有合法根据与理由。就损毁财物而言，任意，意味着行为违背被害人的意志。占用公私财物，是指不当、非法使用公私财物的一切行为。“任意”不仅是对损

---

① 张明楷：“寻衅滋事罪探究（上篇）”，载《政治与法律》2008年第1期，第90页。

毁公私财物的限制，也是对占用公私财物的限制。占用公私财物的行为必须具有不正当性，但并不要求行为人具有非法占有目的。这里的情节严重的，是指强拿硬要或者任意损毁、占用的公私财物数量大的；造成恶劣影响的；多次强拿硬要或者任意损毁、占用公私财物的；造成公私财物受到严重损失的等。情节是否严重，需要根据行为人取得、损毁、占用的财产数额的多少，强行的程度，任意的程度，行为的次数等作出判断。由于本罪具有综合性的特点，其保护法益并非单纯的财产，故本项行为的结果并不限于财产损失。倘若强拿硬要行为造成他人自杀，也可以评价为强拿硬要情节严重。同样，在自由市场强拿硬要或者任意损毁他人商品的行为，导致他人被迫放弃在市场经营，或者难以顺利在市场经营的，也应评价为强拿硬要情节严重。强拿硬要、任意损毁或者占用公私财产数额较大的，当然属于情节严重（至于是否触犯其他罪名，则另当别论）。[①] 例如，2006 年 4 月 24 日晚上，三个十八九岁满身酒气的男青年抬着一个昏迷不醒的年轻人闯进辽宁沈阳沈洲医院，一边砸门一边大喊："洗胃！病人要抢救！"当时外科主任医师李某民正给一头部外伤的病人缝合。三青年闯了进来，上来就朝一个护士打去，并把李医生追赶到走廊尽头，一顿拳脚。李医生后被公安医院诊断为重度颈脱，脖子无法移动。两名被打的护士也一直头晕。而医院急诊室、抢救室、观察室、处置室、总值班室内的大量设施被损坏。

最后，在公共场所起哄闹事，造成公共场所秩序严重混乱。在公共场所起哄闹事，是指出于取乐、寻求精神刺激等不健康动机，在公共场所无事生非，制造事端，扰乱公共场所秩序。造成公共场所秩序严重混乱，是指公共场所正常的秩序受到破坏，引起群众惊慌、逃离等严重混乱局面的。对起哄闹事行为是否造成公共秩序严重混乱的判断，应以行为时的全部具体状态为根据。公共场所的性质、公共场所活动的重要程度、进入公共场所的人数、起哄闹事的时间、公共活动受影响的范围与程度等，是判断行为是否造成公共秩序严重混乱的重要资料。例如，行为人是在公共活动开始时起哄闹事，还是在公共活动结束时起哄闹事，行为是导致公共场所的少数人不能从事正

---

① 张明楷："寻衅滋事罪探究（上篇）"，载《政治与法律》2008 年第 1 期，第 90－91 页。

常活动，还是导致公共场所的多数人不能或者难以从事正常活动，对于判断结论会有重大影响。①

2013 年《最高人民法院、最高人民检察院关于办理寻衅滋事刑事案件适用法律若干问题的解释》对“寻衅滋事”“情节恶劣”“情节严重”“造成公共场所秩序严重混乱”作了解释，对其罪数和量刑作了规定。行为人只要有上述四种情形中的任意一种，就构成寻衅滋事罪。但在审判实践中，行为人往往既“强拿硬要”，又“随意殴打他人”，或者先“追逐、拦截、辱骂他人”，后“任意损毁、占用公私财物”。行为人为满足其寻求精神刺激、开心取乐的流氓动机一般会实施多个行为，这时只以本罪一罪认定。

三、寻衅滋事罪的犯罪主体

寻衅滋事罪的犯罪主体是一般主体，凡年满 16 周岁且具备刑事责任能力的自然人均能构成本罪。此罪名既可由单个人实施，也可由结伙聚众形式出现。在结伙寻衅滋事中，主犯应对在他指挥下的犯罪及其后果承担全部责任，但对超出他的指挥范围的犯罪，一般不能要求其承担责任。例如，黑龙江人王某、窦某和吉林人窦某三人长期在北京著名的协和医院倒卖专家号，而在医院外也有许多医托活动，经常将其他医托的客人拉走。为保住自己的地盘，与医托争抢客源，王某等于 2005 年 3 月 31 日手持钢鞭、铁链、木棍，对多名医托进行殴打，打伤多人。北京东城区法院经审理认为，王某等殴打他人，情节恶劣，妨害了社会治安，构成寻衅滋事罪。2005 年 12 月 20 日三人被北京市东城区人民法院分别判处十个月至一年半不等的有期徒刑。

四、寻衅滋事罪的犯罪主观方面

寻衅滋事罪的犯罪主观方面是故意，即明知自己的行为会发生破坏社会秩序的危害结果，并且希望这种结果发生。行为人的犯罪动机是为了满足耍威风、取乐等不正常的精神刺激或其他不健康的心理需要。在寻衅滋事活动中的行凶伤人、抢夺财物、毁坏公物、侮辱人格等，同伤害罪、抢夺罪、毁

① 张明楷：“寻衅滋事罪探究（上篇）”，载《政治与法律》2008 年第 1 期，第 91 页。

坏财物罪等，在客观上几乎没有任何区别，要分清寻衅滋事与上述犯罪，关键看主观动机。如果是出于贪利而非法占有公私财物，或者为了泄愤、报复而故意毁坏公私财物数额较大的，就构成抢夺罪、故意毁损公私财物等侵犯财产罪；如果是为了向社会挑战，故意破坏公共秩序而公然抢夺或毁损公私财物情节恶劣的，就构成寻衅滋事罪；如果是为了寻求精神刺激或变态心理的满足随意殴打他人，就构成寻衅滋事罪；如果在公共场所无理取闹，破坏公共秩序，寻求精神刺激，就构成寻衅滋事罪。[①] 例如，2014 年 1 月 10 日，患者父亲、电器工程师严某带发烧的上幼儿园中班的 4 岁女儿严某溪入住西安市中心医院儿科，于 16 日康复出院。17 日孩子因肺炎再次入住西安市中心医院儿科，18 日 15 时许，西安市中心医院告知患者家属，医院没有呼吸机让其转至西安市儿童医院，患者在儿童医院抢救 30 小时后不治身亡。患者家属认为，女儿在西安市中心医院入院治疗期间，医院诊断有误、治疗中玩忽职守，有延误病情之嫌，引发家属不满。1 月 20 日，患儿家属对该院治疗过程提出异议，医患双方按照规定封存了原始病历，进行面对面的沟通交流，并约定 21 日下午 3 时进行深入沟通协商。1 月 21 日，来自大荔县的患者家属 10 多人前来儿科讨说法，继而发生打砸事件，在儿科医生办公室围攻医务人员，该院保卫人员立即赶往现场进行控制并报警。110 先后派出四十余名民警到达现场，制止打砸事件并控制局面。其间，患儿家属情绪十分激动，将一名医生和西五路派出所二名处警民警打伤。15 平方米的医生办公室里一片狼藉，办公室内部分桌椅被砸坏，横七竖八躺在地上，打印机、打印纸、各种文件资料洒落一地，办公室隔间的布帘也被撕成布条，地上散布着碎玻璃碴。西安市公安局新城分局介入调查，警方涉嫌带头寻衅滋事的严某等三男一女刑事拘留。1 月 24 日，女孩的母亲躺在枣园西路一家医院病床上吸氧。本案行为人严某等人并不是为了耍威风、取乐而寻求精神刺激或变态心理的满足随意殴打他人，也不是在公共场所无理取闹而破坏公共秩序、寻求精神刺激，更不是为了向社会挑战而故意破坏公共秩序而公然毁损公私财物，因此，不涉嫌寻衅滋事罪，警方以涉嫌带头寻衅滋事将严某等人刑事拘留是错误的。

---

① 祝丽波："关于寻衅滋事罪的认定"，载《武汉公安干部学院学报》2013 年第 3 期，第36 页。

第八节 妨害公务罪

根据《刑法》第277条的规定，妨害公务罪，是指以暴力、威胁方法阻碍国家机关工作人员、人大代表依法执行职务，或者在自然灾害中和突发事件中，使用暴力、威胁方法阻碍红十字会工作人员依法履行职责，或故意阻碍国家安全机关、公安机关依法执行国家安全工作任务，虽未使用暴力，但造成严重后果的行为。

一、妨害公务罪的犯罪客体

妨害公务罪的犯罪客体是国家机关、人民代表和红十字会的正常活动秩序，国家机关工作人员、人民代表大会的代表、红十字会工作人员的人身权利是其随机客体。侵犯的对象只能是正在依法执行职务、履行职责的国家机关工作人员、人民代表大会代表和红十字会工作人员。

二、妨害公务罪的犯罪客观方面

妨害公务罪的犯罪客观方面表现为以暴力、威胁方法阻碍国家机关工作人员、人民代表大会代表、十字会工作人员依法执行职务或者履行职责的行为，或者阻碍国家安全机关、公安机关依法执行国家安全工作任务，未使用暴力、威胁方法，但造成严重后果的行为。本罪在客观方面表现为以下几种情形。

首先，以暴力或者威胁的方法阻碍国家机关工作人员依法执行职务的行为。所谓依法执行职务，是指国家机关工作人员在国家规定的范围内，运用其合法职权从事公务活动。这种公务活动，不仅包括国家机关工作人员在工作时间或工作单位中所进行的公务活动，而且还包括国家工作人员根据有关规定或命令在其他时间或场所内的公务活动。国家机关工作人员执行职务属于合法职权范围，并且活动的方式符合法律规定的条件。如果国家工作人员超越其职务范围进行其他非法活动，或者滥用职权，以权谋私，违法乱纪，侵犯国家和人民群众利益，激起民愤，受到阻碍的不能视为妨害公务。行为人必须是以暴力或者威胁的方法阻碍执行公务。暴力，是指行为人对正在依法执行职务的国家工作人员的身体实施了暴力打击或者人身强制，如殴打行为、捆绑行为等。如果行为人的暴力行为造成国家机关工作人员重伤结果或因重伤导致死亡结果，甚至故意杀害国家机关工作人员的，应按想象竞合的原则，以重罪吸收轻罪，按故意伤害（重伤）罪或者故意杀人罪定罪，从重处罚。① 威胁，是指行为人以杀害、伤害、毁坏财产、破坏名誉、扣押人质等对正在依法执行职务的国家机关工作人员进行威逼、胁迫，企图迫使国家机关工作人员放弃执行职务。行为人如果并未采用暴力或威胁方法，而是用其他方法干扰国家机关工作人员执行职务，例如，谩骂、吵闹等行为，虽然对执行职务有一定程度的妨害，但也不能构成本罪。② 对此种行为可以批评教育，或进行治安管理处罚，其情节恶劣者，则可能构成侮辱罪或其他犯罪。例如，2013 年 5 月 14 日上午，在江西新建县某医院门口，被告人王某宜、王某荣及亲属等人认为该院应对王某宜妻子的死亡负责，为达到赔偿目的，被告人王某宜、王某荣伙同其亲属等人采取拉横幅、摆花圈、堵医院大门的方式，导致该医院无法正常营业。接到报警的新建县公安局派出民警前往处警。在处警过程中，被告人王某宜、王某荣等人不但不听劝阻，反而围攻、拉扯参与处警的民警。围攻过程中，民警刘某的左手前臂被王某荣抓伤，民警万某头部被王某宜用拳头击伤。经鉴定，刘某的伤情为轻微伤丙级，万某的伤情为轻微伤乙级。法院审理认为，被告人王某宜、王某荣以暴力方法阻碍国家机关工作人员依法执行公务，致二人轻微伤，其行为均已构成妨碍公务罪，且两被告在明知公安机关依法执行公务的情况下阻挠公安机关执行公务，并致两民警受伤，属共同行为，应以共同犯罪论处。2014 年 2 月 27 日，新建县人民法院一审以妨害公务罪判处被告人王某宜有期徒刑 1 年，判处被告人王某荣有期徒刑 1 年，缓刑 1 年 6 个月。

其次，以暴力、威胁方法阻碍各级人民代表大会代表执行代表职务。各级人民代表大会的代表，包括乡、镇、县、市、旗、地、市、盟、省、自治区、直辖市乃至全国人民代表大会的代表。所谓代表职务，是指全国人民代

① 李桃英：“浅析妨害公务罪”，载《法制博览》2017 年第 4 期（中），第 238 页。

② 徐玮、熊莹：“从成都拆迁自焚案谈妨害公务罪”，载《企业导报》2011 年第 1 期（下），第 167 页。

表大会和地方各级人民代表大会组织法规定的人民代表在各所在的各级人民代表大会有权执行的职务。无论是本级人民代表大会会议期间依法执行职务，还是在本级人民代表大会闭会期间依法执行职务，只要属于代表职务，对其以暴力、威胁方法进行阻碍的，就可构成本罪。有的代表本身属于国家机关工作人员，如果是在执行其工作职务，对其进行阻碍的，应是本罪客观方面的第一种情况，即阻碍国家机关工作人员依法执行职务。如果其不是在执行工作职务，而是在执行代表职务，就构成本罪的这种情况。代表如属非国家机关工作人员，则只有执行代表职务时才可构成本罪。

再次，在自然灾害和突发事件中，以暴力、威胁方法阻碍红十字会工作人员依法履行职责。以暴力、威胁方法阻碍履行职责的对象是正在依法履行职责红十字会的工作人员。虽以暴力、威胁方法阻碍了红十字会工作人员依法履行职责，但如不是在自然灾害或突发事件中，亦不能构成本罪。

最后，故意阻碍国家安全机关、公安机关依法执行国家安全工作任务，未使用暴力、威胁方法，但造成严重后果的。此种情况是上述暴力、威胁方法以外的手段，如围攻、哄闹，对执行国家安全工作任务的有关国家机关工作人员要求提供方便条件置之不理或拖延不办等而阻碍执行有关国家安全公务。如果是以暴力、威胁方法直接阻碍，则属于本罪客观方面的第一种即以暴力、威胁方法阻碍国家机关工作人员依法执行职务的情况，而不能以此种情况论处。阻碍，是指行为人通过种种方式使执行国家安全工作的人员不能正常地行使自己的职权、履行其职责，其既表现为执行国家安全工作的人员被迫停止执行国家安全公务，亦表现为其被迫变更依法应当执行的国家安全公务的内容。如果不是阻碍国家安全机关、公安机关的工作人员执行职务或者虽是阻碍上述机关的工作人员执行职务但不是执行国家安全职务，如公安机关在抓捕故意杀人犯或者虽欲阻碍其执行国家安全职务，但没有对其公务造成阻碍，则不构成本罪。[①] 如先拒绝执行国家安全工作人员的要求，经做工作后，能及时让其执行国家安全公务的，则不构成犯罪。阻碍执行国家安

---

① 陈红艳："浅析妨害公务罪之客观行为"，载《法制与经济（中旬刊）》2011年第6期，第14页。

全工作的人员执行国家安全公务，还必须造成严重的后果，才构成此种行为方式的本罪。所谓严重后果，是指耽误了国有安全工作，放纵了犯罪分子，或者给国家安全造成了严重损害，具体则如致使犯罪嫌疑人逃跑，侦查线索中断，犯罪证据灭失，赃款、赃物被转移等。

三、妨害公务罪的犯罪主体

妨害公务罪的犯罪主体是一般主体，凡达到刑事责任16周岁年龄且具备刑事责任能力的自然人均能构成本罪。二人以上共同妨害公务的，可构成共同犯罪。例如，2011年2月15日，易某甲和易某乙以其亲属易某在益阳市某医院手术失败死亡为由，邀集其他一些亲属向医院讨要说法，并将给易某动手术的张教授控制在医院医生办公室内限制人身自由达十余小时，直到第二天上午11时许，当地派出所民警刘某赶到才将张教授解救离开。而两被告人得知是民警刘某让张教授离开的消息后，便组织在现场的亲属一起对民警实施谩骂、拉扯、殴打等暴力行为，随后将其追打到医院医务科办公室后继续围困民警达5小时。案发后，被告人易某甲和易某乙主动向公安机关投案自首。经法院主持调解，两被告人认识到了自身的错误，向民警刘某表示了诚恳的歉意并取得谅解。法院审理认为，被告人易某甲和易某乙以暴力阻碍公安机关依法履行职务，其行为已构成妨害公务罪，两被告人在共同犯罪中均起主要作用，应当按照其所参与的全部犯罪处罚。案发后两被告人均主动向公安机关投案，并如实供述其犯罪事实，是自首，且均向民警刘某赔礼道歉取得谅解，均可酌情从轻处罚。2011年11月2日，益阳市赫山区人民法院以妨害公务罪作出一审判决，分别判处两被告人罚金8000元和7000元。

四、妨害公务罪的犯罪主观方面

妨害公务罪的犯罪主观方面是故意，即明知对方是正依法执行职务的国家机关工作人员、人大代表、红十字会工作人员，而故意对其实施暴力或者威胁，使其不能执行职务。行为人的动机，往往多种多样，如事关行为人的利益、为了维护他人、与该工作人员有私怨、乘机发泄、进行报复等。但动机不影响本罪的成立，可作为情节在量刑时考虑。但是，如果行为人不知对方是正在依法执行职务的国家机关工作人员、人大代表、红十字会工作人员，而加以阻挠的，不构成犯罪。例如，2013 年 7 月 8 日，白血病患者吴某在其母亲离开佛山一医院的病房几分钟后，自行拔掉输液管，走到电梯大堂，几分钟后被发现其已坠楼。其亲属表示吴某死因可疑，要求找院长处理，院方多名负责人出面调解均未能解决。次日，吴某的家属及老乡把门诊大堂的门封住，不允许其他人出入，还拉起了横幅，导致市民无法正常就医。警方到现场维持秩序后，多名家属不听劝阻，将一名警察围住，抓住他的衣领破口大骂并往他身上扔矿泉水瓶，有的则推拉、殴打警察，一名警察的衣服也被撕烂，场面完全失去了控制。2014 年 3 月，吴某的表哥肖某因妨害公务罪，被法院判处拘役 5 个月，缓刑 1 年。

第九节　放火罪

根据《刑法》第 114 条、第 115 条第 1 款的规定，放火罪，是指故意放火焚烧公私财物，危害公共安全的行为。

一、放火罪的犯罪客体

放火罪的犯罪客体是公共安全，即不特定的多数人的生命、健康或者重大公私财产的安全。这种犯罪后果的严重性和广泛性往往是难以预料的，甚至是行为人自己也难以控制的。这也是放火罪同以放火方法实施的故意杀人、故意毁坏公私财物罪的本质区别。本罪侵犯的对象，主要是公私建筑物或者是其他公私财物。实施的对象包括工厂、矿山、油田、港口、仓库、住宅、森林、农场、牧场、重要管道、公共建筑物或者其他公私财物。这里所说的其他公私财物是指上述公私财物以外的，但性质与其相似的，比较重大的公私财物，而不是指上述公私财物以外的一切公私财物。因为只有燃烧这些公私财物，方可能危及公共安全。如果行为人放火烧毁自己或家庭所有的房屋或其他财物，足以引起火灾，危害公共安全的，也应以放火罪论处。[①] 但是，

---

① 卢岩：《中美刑法中放火罪若干问题比较研究》，吉林大学 2007 年硕士学位论文，第 10 页。

如果行为人放火焚毁自己的房屋或其他财物，确实不足以危害公共安全的，则不构成放火罪。

二、放火罪的犯罪客观方面

放火罪的客观方面表现为实施放火焚烧公私财物，危及公共安全的行为。“放火”是指行为人使用各种导火材料，点燃目的物，或者利用既存的火种即可以引起火灾的危险因素，引起公私财物的燃烧，制造火灾的行为。放火既可以采用作为的方式实行，如用引燃物将目的物点燃，也可以采用不作为的方式实行，即故意不履行自己防止火灾发生的义务，放任火灾的发生。不作为方式构成的放火罪，必须以负有防止火灾发生特定义务的人员为前提，也就是行为人对形成火灾原因的火情具有防止火灾发生的特定义务，且根据其主、客观条件有能力履行这一义务而没有履行，以致造成火灾的。放火行为必须足以危害公共安全。如果虽然实施了放火行为，但从放火焚烧的对象、时间、地点、环境等方面考察，确实不足以危害公共安全、不存在危害公共安全的危险性，不构成放火罪。例如，2005 年 8 月 14 日，黄某的丈夫董某患肠梗阻到安徽天长市人民医院治疗。该医院医疗过失造成董某肠痰。后董转院治疗，经济困难。黄多次找医院要求赔偿，未果。2005 年 9 月 24 日下午，黄携带一塑料壶汽油、打火机和链条锁来到医院住院部一楼大厅，用链条锁锁上一扇大门后，将汽油壶盖打开，手握打火机，要求院长出来与其对话，并扬言院长不来就点火。天长市公安局接报警后，派人赶到现场强行制止了黄的行为。后黄某被法院判决犯放火罪（预备）。[①]

三、放火罪的犯罪主体

放火罪的犯罪主体是一般主体，即已满 14 周岁、具备刑事责任能力的自然人。

四、放火罪的犯罪主观方面

放火罪的犯罪主观方面是故意，即明知自己的放火行为会引起火灾，危

---

① 徐昕、卢荣荣：“暴力与不信任——转型中国的医疗暴力研究：2000—2006”，载《民事程序法研究》2008 年第 4 辑，第 273 页。

害公共安全，并且希望或者放任这种结果发生的心理态度。放火的动机是多种多样的，如因个人的某种利益得不到满足而放火，因对批评、处分不满而放火，因泄愤报复而放火，为湮灭罪证、嫁祸于人而放火，因恋爱关系破裂而放火，因家庭矛盾激化而放火等。不论出于何种动机，都不影响放火罪的成立。但是，查明放火的动机，对于正确判断行为人的主观心理态度，是定罪量刑的关键。① 例如，2014 年 3 月 16 日凌晨 4 时 20 分许，因人为纵火，湖北省黄石市第二人民医院住院楼发生火灾，4 时 50 分大火被消防部门扑灭，火灾造成 4 人死亡。火灾现场发现死亡 1 人，1 名住院病人避险跳楼经抢救无效死亡，2 名住院重症病人转移后死亡；着火层为住院楼一楼服务大厅，过火面积二百多平方米，一楼大厅完全被烧毁，二楼以上大部分墙体被浓烟熏黑，医院门口停放的 7 台车辆也被烧坏。4 名死者身份已初步查明，3 人为住院患者，1 人初步判定为医务人员，待 DNA 检测鉴定后确认。经公安机关现场勘察和摸排侦查，初步认定二医院住院部火灾系人为纵火。警方抓获纵火犯罪嫌疑人，李某，男，27 岁，湖北鄂州人。经审查，李某承认了其在 16 日凌晨 4 时许在黄石市二医院住院楼纵火的事实，原因是他于 2013 年 10 月在黄石市二医院盗窃未遂，为泄私愤，李某于 2014 年 3 月 16 日凌晨 4 时许携带打火机，点燃黄石市二医院住院部门前的电瓶车，引发火灾。李某被刑事拘留。

第十节 爆炸罪

根据《刑法》第 114 条、第 115 条第 1 款的规定，爆炸罪，是指故意用爆炸的方法，杀伤不特定多人、毁坏重大公私财物，危害公共安全的行为。

一、爆炸罪的犯罪客体

爆炸罪的犯罪客体是公共安全，即不特定的多数人的生命、健康或者重大公私财产的安全。行为指向的对象是不特定多人的生命、健康和重大公私

① 卢岩：《中美刑法中放火罪若干问题比较研究》，吉林大学 2007 年硕士学位论文，第 21 页。

财物。某些爆炸行为，行为人主观上是指向特定的人或者物，但发生在人群密集或者财物集中的公共场所，客观上危害了不特定多人的生命、健康或者重大公私财产的安全，也可以爆炸罪论处。因为在这种场合用爆炸的方法杀人、毁物，对这种行为危害公共安全不可能没有预见，有预见而放任危害结果的发生，就是一种故意犯罪。

二、爆炸罪的犯罪客观方面

爆炸罪的客观方面表现为对公私财物或人身实施爆炸，危害公共安全的行为。爆炸物品，包括炸弹、手榴弹、地雷、炸药（包括黄色炸药、黑色炸药和化学炸药）、雷管、导火索、雷汞、雷银等起爆器材和自种自制的爆炸装置（如炸药包、炸药瓶、炸药罐等）。实施爆炸的方式方法很多：有的在室内安装炸药包，在室内或者室外引爆；有的将爆炸物直接投入室内爆炸，有的利用技术手段，使锅炉、设备发生爆炸；有的使用液化气或者其他方法爆炸。实施爆炸地点主要是在人群集中或者财产集中的公共场所、交通线等处，如将爆炸物放在船只、飞机、汽车、火车上定时爆炸，在商场、车站、影剧院、街道、群众集会地方制造爆炸事件。2001 年 12 月 26 日，郑州康复中心医院二楼进来一用帽子蒙着脸的男子，他突然拿出一个炸药包和一根导火索，右手拿着打火机做点燃状，将 3 人逼到一小套间死角，随后拿出绳子命护士将郭捆起来。趁歹徒点火之机 3 人冲上去将歹徒制服。其炸医院的理由是医院未能将其病治好。爆炸行为有作为和不作为两种基本方式。如直接点燃爆炸引发爆炸，就是积极的作为方式，而行为人负有防止爆炸发生特定义务，并且有能力履行这种特定的义务而不履行，以致发爆炸，就构成不作为爆炸犯罪。①

爆炸犯罪在客观方面的本质特点在于爆炸行为危害或足以危害不特定多数人的生命、健康或重大公私财产的安全。例如，2001 年 11 月 14 日上午 10 时许，重庆市第三人民医院门诊部 5 楼眼科服务台发生爆炸，5 人当场死亡，35 人受伤（其中 6 人伤势严重）。案犯包某厚亦于爆炸中身亡。包曾因右眼

① 马卫东：《爆炸罪研究》，中国政法大学 2009 年硕士学位论文，第 13 页。

视网膜脱离，于1999年12月27日到2000年1月19日在重庆市第三人民医院住院治疗。由于包对治疗效果不满意，与主治医生李某肃发生矛盾，多次扬言报复。作案前，留下遗书表示李害得其终身不愈，无法容忍，要到另一个世界去与李打官司。所谓足以危害公共安全，就是指行为人实施的爆炸行为，由于主观和客观方面的原因，如行为人自动中止爆炸犯罪，炸药的破坏性没有行为人主观想象的那么大，炸药受潮失效，没有将爆炸物投掷到所要求的位置，爆炸物被他人发现而被拆除等，实际上并未造成危害公共安全的结果，但如果排除这些原因，是可能造成危害公共安全的结果的。① 无论哪种原因存在，只要行为人实施了爆炸行为，足以危害公共安全的，就构成爆炸罪。爆炸罪的成立并不要发生危害公共安全的实际后果。

如果行为实施的爆炸行为是指向特定的人或者特定的公私财物，并且有意识地把破坏的范围限制在不危害公共安全的范围，客观上也未发生危害公共安全的结果，则不应定爆炸罪，而应根据实际情况，构成其他罪。② 如果用爆炸的方法炸塌江、河、湖泊、水库的堤坝，造成水流失控，泛滥成灾，危害公共安全，则应定决水罪。如果用爆炸的方法破坏火车、汽车、电车、船只、飞机等交通工具，或者破坏轨道、桥梁、隧道、公路、机场等交通设备，虽然使用的是爆炸的方法，也危害了公共安全，但由于破坏的是特定的危险对象，所以应当分别以破坏交通工具罪或破坏交通设备罪处理。

三、爆炸罪的犯罪主体

爆炸罪的犯罪主体是一般主体，即已满14周岁、具备刑事责任能力的自然人。

四、爆炸罪的犯罪主观方面

爆炸罪的犯罪主观方面是故意，包括直接故意和间接故意。即行为人明

---

① 马卫东：《爆炸罪研究》，中国政法大学2009年硕士学位论文，第13页。

② 毕惜茜：“以‘爆炸’、‘投放危险物质’相威胁进行敲诈勒索案件的处置与侦查”，载《中国人民公安大学学报（社会科学版）》2005年第4期，第49页。

知其行为，会引起爆炸，危害不特定多数人的生命、健康或重大公私财产的安全，并且希望或者放任这种危害结果的发生。犯本罪的动机多种多样，如出于报复、嫉妒、怨恨、诬陷等。犯罪动机如何不影响本罪的成立。例如，2013 年 2 月 17 日上午 9 点多，在某医院一层门诊大厅，赵某力（69 岁，退休前是一家诊所的医生）引爆一个纸袋子，后准备引爆另一个爆炸物时，被医院保安制服。经查，赵某力患有糖尿病、心脏病，性格较为急躁，脾气大，夫妻分居。2009 年，赵某力在该医院做了直肠癌手术，之后他总感觉肠胃不舒服，他认为这是医生把手术做坏了而造成的，于是多次找医生和医院要求解决。协商未果，他就到法院提起诉讼。他说法院认为医院有 40% 的责任，但要到 2013 年 3 月才能判定结果。因这起医疗纠纷，几年来他对某医院和该院的几位医生产生了很深积怨。为了发泄心中的怒气，赵某力打算实施报复。春节时他买了很多爆竹，把 300 个“二踢脚”拆开，将里面的火药倒出来，又掺了半斤玻璃片自制成爆炸装置，预谋在某医院制造爆炸。其家里的遗书上写着要杀的人，其中有某医院的病理科主任、肠胃科主任等几位医生。经司法鉴定中心鉴定，赵某力在某医院实施的爆炸案中，送检的纸袋内粉末为爆竹上的火药，属于危险物质。经精神疾病司法鉴定，赵某力案发时未见精神症状，对违法行为的辨认能力、控制能力完整，评定为完全刑事责任能力。此后，北京市人民检察院第三分院向法院提起公诉，指控赵某力犯爆炸罪。被告人赵某力对起诉书中指控的事实和罪名均未提出异议。经过审理，法院认为赵某力在公共场所实施爆炸，危害公共安全，其行为已构成爆炸罪，判处其有期徒刑 5 年。①

第十一节　故意毁坏财物罪

根据《刑法》第 275 条的规定，故意毁坏财物罪，是指故意毁灭或者损坏公私财物，数额较大或者有其他严重情节的行为。

---

① 李盛、王香阑、黄葵、阎义、杨琳琳：“暴力伤医何时休”，载《工会博览（下旬版）》2015 年第 3 期，第 33 页。

一、故意毁坏财物罪的犯罪客体

故意毁坏财物罪的犯罪客体是公私财物的所有权。犯罪对象可以是各种形式的公私财物，包括生产资料、生活资料；动产、不动产等。如果行为人所故意毁坏的是本法另有规定的某些特定财物，危害其他客体要件的，应按本法有关规定处理。例如，破坏交通工具、交通设备、易燃易爆设备、广播电视、电信设施等危害公共安全的，则按其他有关罪名论处。[①] 2012 年 3 月 20 日下午，80 岁的谭老爹因重型颅脑损伤被送到益阳市中心医院神外二科治疗，因抢救无效于次日 7 时死亡。随后，死者家属聚集到该院闹事，其儿媳吴某彩将病室一台监护仪打烂，砸坏办公室两块玻璃。自 9 时许到下午 14 时，死者家属将遗体从病室先后抬到医院怡和楼大厅和门诊楼前，将办公楼的大门用花圈堵住，在大门处焚烧纸钱，并燃放鞭炮，造成门诊部工作基本瘫痪。期间，政府工作人员和公安干警对死者家属反复进行政策宣传，并警告死者家属不能继续闹事，但吴某彩态度恶劣，并煽动亲属闹事。14 时 15 分左右，公安干警决定将吴某制带离现场，吴对他们拳打脚踢，又撕又咬，将干警陈某、刘某打伤。最后吴被民警强行带离现场，事态才得以平息。经鉴定，被摔坏的便携式多参数监护仪损失价值为 9600 元，两名民警均构成轻微伤。经湖南省益阳市赫山区检察院提起公诉，2012 年 6 月 5 日，吴某彩因犯故意毁坏财物、妨碍公务两罪被法院判处有期徒刑 1 年 3 个月。

二、故意毁坏财物罪的犯罪客观方面

故意毁坏财物罪的客观方面表现为毁灭或者损坏公私财物数额较大或者有其他严重情节的行为。毁灭，是指用焚烧、摔砸等方法使物品全部丧失其价值或使用价值；损坏，是指使物品部分丧失其价值或使用价值。毁坏公私财物的方法，有多种多样。但是，如果行为人使用放火、决水、投毒、爆炸等危险方法破坏公私财物，危害公共安全的，应当以危害公共安全罪中的有关犯罪论处。故意毁坏公私财物行为，必须达到数额较大或有其他严重情节

① 宋平、刘子彦："浅析故意毁坏财物罪"，载《森林公安》2009 年第 3 期，第 39 页。

的才构成犯罪。所谓情节严重，是指毁坏重要物品损失严重的，毁坏手段特别恶劣的；毁坏急需物品引起严重后果的；动机卑鄙企图嫁祸于人的等。[①]例如，2011年10月，已怀有两个月身孕的小肖从外地打工回到云南景谷县永平镇家中，后又与被告人文某相识，两人多次发生性关系。当小肖的父母发现女儿怀孕后，带女儿到医院做了引产手术，其间父母在监护人栏上签了字。文某得知消息后，误以为小肖怀的是自己的孩子，认为医院不经他本人签字同意就给小肖做了引产手术，便拿起一只不锈钢水烟筒打烂医院妇产科的多台治疗仪及门窗，损毁价值人民币4.6万余元。景谷县人民检察院提起公诉。景谷县法院开庭审理后，以故意毁坏财物罪判处被告人文某有期徒刑4年。

三、故意毁坏财物罪的犯罪主体

故意毁坏财物罪的犯罪主体是一般主体，即已满16周岁、具备刑事责任能力的自然人。

四、故意毁坏财物罪的犯罪主观方面

故意毁坏财物罪的犯罪主观方面是故意。犯罪目的不是非法获取财物而是将财物毁坏，这是侵犯财产罪中毁财型犯罪与其他贪利型犯罪的根本区别。犯罪动机多种多样，一般是出于个人报复或妒忌等心理。

第十二节　侮辱罪

根据《刑法》第246条的规定，侮辱罪是指使用暴力或者以其他方法，公然贬损他人人格，破坏他人名誉，情节严重的行为。

一、侮辱罪的犯罪客体

侮辱罪的犯罪客体是他人的人格尊严和名誉权。人格尊严权和名誉权是公民的基本人身权利。本罪的犯罪对象只能是自然人，不能是单位，侮辱法

① 宋平、刘子彦："浅析故意毁坏财物罪"，载《森林公安》2009年第3期，第39页。

人以及其他团体、组织，不构成侮辱罪。侮辱对象必须是特定的人。特定的人既可以是一人，也可以是数人，但必须是具体的，可以确认的。在大庭广众之中进行无特定对象的谩骂，不构成侮辱罪。死者不能成为本罪的侮辱对象，但如果行为人表面上侮辱死者，实际上是侮辱死者家属的，则应认定为侮辱罪。[①]

二、侮辱罪的犯罪客观方面

侮辱罪的犯罪客观方面表现为以暴力或其他方法公然贬损他人人格、破坏他人名誉，情节严重的行为。

所谓“公然”是指当着第三者甚至众人的面，或者利用可以使不特定人或多数人听到、看到的方式，对他人进行侮辱。公然并不一定要求被害人在场。如果仅仅面对着被害人进行侮辱，没有第三者在场，也不可能被第三者知悉，则不构成侮辱罪。因为只有第三者在场，才能使被害人的外部名誉受到破坏。[②] 例如，2014 年 1 月 26 日，患者因腹痛待查、胆囊感染收治入浙江绍兴第二医院，经过相关检查及治疗，1 月 29 日腹痛缓解，体温正常。2 月 5 日晚再次出现发热，至 7 日下午呈高热状态，经过一系列检查及会诊考虑系病毒感染所致的重症肺炎，虽经积极治疗，病情仍无法控制。后患方要求转上级医院治疗，但病情发展迅速，最终患者因重症肺炎、呼吸衰竭、感染性休克等死亡。2 月 9 日，多名患者家属抬着棺材和死者冲进绍兴第二医院，大闹门诊大厅，在医院大厅摆放花圈，抓来消化内科段医生，对其进行辱骂、殴打，并强迫其跪在死者面前长达 50 分钟。9 日 16 时 50 分，绍兴越城警方接警后迅速出警，制止违法行为，在处置过程中，民警的取证设备被摔坏，警服肩章和领子被扯坏，脖子也被抓伤。后局势得以控制，家属将死者尸体拉回家中。这起医疗纠纷已交由绍兴市医患纠纷人民调解委员会处理。2014 年 2 月 14 日下午 16 时许，绍兴市公安局越城分局将辱骂、殴打医务人员和妨害公务的主要犯罪嫌疑人徐某刑事拘留。

---

① 高奇：“侮辱罪与诽谤罪差异浅论”，载《河南公安高等专科学校学报》2009 年第 4 期，第 45 页。

② 同上。

暴力，仅指作为侮辱的手段而言，如以粪便泼人，以墨涂人，强剪头发，强迫他人做有辱人格的动作等，而不是指殴打、伤害身体健康的暴力。其他方法有采用言语进行侮辱，即用恶毒刻薄的语言对被害人进行嘲笑、辱骂，使其当众出丑，难以忍受，如口头散布被害人的生活隐私、生理缺陷等；文字侮辱，即以大字报、小字报、图画、漫画、信件、书刊或者其他公开的文字等方式泄漏他人隐私，诋毁他人人格，破坏他人名誉。[①] 例如，2009 年 6 月 2 日，河南省武陟县妇幼保健院，医闹数十人围攻医院，院长遭受毒打被逼披麻戴孝。6 月 1 日一产妇在正常生产时，因产中发生羊水栓塞，不幸身亡。产妇羊水栓塞属于高风险型病例，抢救的成功率极低。6 月 2 日一早，亡者家属纠集了五六十人围攻保健院达数小时。几个大汉驾着院长强行让其披麻戴孝，在亡者灵前磕头哭丧，并实施暴力毒打，最后院长被打得倒地不起，蜷缩在水泥地上。

公然侮辱他人的行为还必须达到情节严重的程度才能构成本罪。虽有公然侮辱他人的行为，但不属于情节严重，只属于一般的民事侵权行为。所谓情节严重，主要是指手段恶劣，后果严重等情形，如强令被害人当众爬过自己的胯下；当众撕光被害人衣服；给被害人抹黑脸、挂破鞋、戴绿帽强拉游街示众；[②] 当众胁迫被害人吞食或向其身上泼洒粪便等污秽之物；当从胁迫被害人与尸体进行接吻、手淫等猥亵行为；因公然侮辱他人致其精神失常或者自杀身亡；多次侮辱他人，使其人格、名誉受到极大损害；对执行公务的人员、妇女甚至外宾进行侮辱，造成恶劣的影响等。例如，2012 年 3 月 8 日，在陕西省榆林市衡山县某医院，院长及 40 多位医护人员被迫为死者披麻戴孝。

三、侮辱罪的犯罪主体

侮辱罪的犯罪主体是一般主体，凡已满 16 周岁、具有刑事责任能力的自然人均能构成本罪。国家机关、企事业单位、社会团体不构成本罪主体。

---

① 吴征：《新闻监督中涉诽谤的罪与非罪研究》，华东政法大学 2014 年硕士学位论文，第 21 页。

② 高奇：“侮辱罪与诽谤罪差异浅论”，载《河南公安高等专科学校学报》2009 年第 4 期，第 45 页。

四、侮辱罪的犯罪主观方面

侮辱罪的犯罪主观方面是故意。行为人且具有贬损他人人格，破坏他人名誉的目的。

第十三节 诽谤罪

根据《刑法》第 246 条的规定，诽谤罪是指故意捏造并散布虚构的事实，足以贬损他人人格，破坏他人名誉，情节严重的行为。

一、诽谤罪的犯罪客体

诽谤罪的犯罪客体是他人的人格尊严和名誉权。犯罪侵犯的对象是自然人。

二、诽谤罪的犯罪客观方面

诽谤罪的犯罪客观方面表现为捏造并散布某种虚构的事实，足以贬损他人人格、名誉，情节严重的行为。首先，须有捏造某种事实的行为，即诽谤他人的内容完全是虚构的。如果散布的不是凭空捏造的，而是客观存在的事实，即使有损于他人的人格、名誉，也不构成本罪。其次，须有散布捏造事实的行为。所谓散布，就是在社会公开的扩散。散布的方式基本上有两种：一种是言语散布；另一种是文字，即用大字报、小字报、图画、报刊、图书、书信等方法散布。再次，须足以贬损他人。所谓“足以贬损”，是指捏造并散布的虚假事实，完全可能贬损他人的人格、名誉，或者事实上已经给被害人的人格、名誉造成了实际损害。如果散布虚假的事实，但并不可能损害他人的人格、名誉，或无损于他人的人格、名誉，则不构成诽谤罪。他人必须是特定的人，但不一定要指名道姓，只要从诽谤的内容上知道被害人是谁，就可以构成诽谤罪。如果行为人散布的事实没有特定的对象，不可能贬损某人的人格、名誉，就不能以诽谤罪论处。最后，捏造事实诽谤他人的行为必须属于情节严重的才能构成本罪。所谓情节严重，主要是指多次捏造事实诽谤他人的；捏造事实造成他人人格、名誉严重损害的；捏造事实诽谤他人造成恶劣影响的；诽谤他人致其精神失常或导致被害人自杀的等情况。[①] 例如，2013 年 8 月，来宾华侨卫生院医生韦某及其儿子韦某某在论坛上发帖称，兴宾区女卫生局长邱某数年前曾任卫生局秘书，其后不断通过陪领导睡觉的方式获得升迁，并曾性贿赂兴宾区和来宾市多名领导；任局长期间，乱搞摊派，大肆敛财等。后经兴宾区纪委和组织部查实，此帖失实。根据邱某的报案，兴宾区警方立案对此展开调查，认定韦某及其儿子韦某某因工作原因对邱某不满，故意捏造事实并通过网络“水军”诽谤、侮辱邱某。9 月 25 日，韦某和韦某某被警方行政拘留。27 日，邱某以自诉人的身份向兴宾区法院起诉，称韦某和韦某某故意捏造事实，对其进行诽谤，让其名誉严重受损，要求追究对方刑事责任。法院受理案件并进行审查后，对韦某和韦某某采取了逮捕措施。12 月，法院开庭审理了此案。被告人韦某当庭供称，2008 年，他到兴宾区华侨卫生院工作，并承包了医院精神病科经营，担任该科主任。2013 年 3 月份，卫生院院长说兴宾区卫生局有了新规定，要收回精神病科的经营权，不给其承包了，只聘任其为精神病科主任，月薪九千余元。因为所领的工资比起承包时的获利少多了，他对卫生局的做法非常不满，对局长邱某更是怀恨在心。于是，他把平时道听途说有关邱某的事情写成材料，并由儿子韦某某把文字修改，并配上照片发布在网络上。法院经审理后认为，被告人韦某、韦某某为泄私愤，共同故意捏造事实，以文字形式在互联网上发布，公然损害他人人格和名誉，情节严重，其行为已触犯刑律，构成诽谤罪。2014 年 2 月 10 日，兴宾区法院宣判，韦某被判免予刑事处罚，其自愿赔偿邱某精神损失费 5 万元，韦某某则被判处有期徒刑 1 年 3 个月。

三、诽谤罪的犯罪客观主体

诽谤罪的犯罪主体是一般主体，凡已满 16 周岁、具有刑事责任能力的自然人均能构成本罪。单位不构成本罪的主体。

---

① 杨树：“‘人肉搜索’所致诽谤罪责任的法律探讨”，载《新闻知识》2012 年第 5 期，第 89 页。

四、诽谤罪的犯罪客观主观方面

诽谤罪的犯罪主观方面是故意。行为人明知自己散布的是足以损害他人名誉的虚假事实，明知自己的行为会发生损害他人名誉的危害结果，并且希望这种结果的发生。行为人的目的在于败坏他人名誉。如果行为人将虚假事实误认为是真实事实加以扩散，或者把某种虚假事实进行扩散但无损害他人名誉的目的，则不构成诽谤罪。① 例如，2006 年 6 月 27 日，宜昌城区市民走上街头发现，一夜之间街上到处都是大幅的海报，措辞直指一家民营医院，称该医院“用假药”“假专家”等。城区的一些公用电话亭、电线杆及小区内的墙壁上，贴着大量绿底白字不干胶贴纸制成的海报，海报最大的长半米，小的也有巴掌大，上面用大字标注“宜昌 × × 医院”“用假药”“假专家”等语言。这些海报至少上万张，分布在伍家岗区、西陵区、西坝、宜昌开发区等地，张贴的时间约在 26 日晚至 27 日清晨，海报专门印刷，每张的价格近 3 元，行为人投入制作的费用不低于万元。事发后，该医院马上到公安部门报案，称他们一直合法经营，海报的内容纯属子虚乌有。当地警方介入调查。行为人不是同行就可能是患者。如果海报是贬损、诬蔑医院，行为人则涉嫌诽谤罪。

第十四节 绑架罪

根据《刑法》第 239 条的规定，绑架罪，是指以勒索财物为目的绑架他人的，或者绑架他人作为人质的行为。

一、绑架罪的犯罪客体

绑架罪侵犯的犯罪客体是复杂客体，包括他人的人身自由权利、健康、生命权利及公私财产所有权利。因为行为人以暴力，胁迫等手段对他人实施

① 张志超：“网络诽谤的构成及认定中的疑难问题”，载《中国检察官》2008 年第 8 期，第 10 页。

绑架，直接危害被害人的生命健康。在司法实践中，行为人常常以伤害被害者相威胁，迫使其家属交付赎金；在绑架过程中，被害人往往受虐待、重伤甚至惨遭杀害；还有的将被害人伤害后再勒索财物。[①] 本罪犯罪对象是“他人”，即有任何有生命的自然人。“他人”既包括妇女、儿童，也包括妇女、儿童以外的人，既包括中国人也包括外国人和无国籍人。“他人”没有地位高低与财富多寡之分。实践中被绑架的对象多为妇女、儿童、个体户、私营业主或大公司、企业的重要人物。根据《刑法》的规定，以勒索财物为目的偷盗婴幼儿的，以绑架罪论处。

二、绑架罪的犯罪客观方面

绑架罪的犯罪客观方面表现为使用暴力、胁迫、麻醉或者其他的方法，劫持他人的行为。法律只要求行为人具有绑架他人其中一种手段就构成本罪。

“暴力”，是指行为人直接对被害人进行捆绑、堵嘴、蒙眼、装麻袋等人身强制或者对被害人进行伤害、殴打等人身攻击手段。“胁迫”，是指对被害人实行精神强制，或者对被害人及其家属以实施暴力相威胁，使其恐惧不敢反抗的行为。胁迫的对象既可以是被害人本人，也可以是在场的被害人的亲属，胁迫的方式可以用语言，也可以用动作，如用刀在被害人面前比画，但胁迫必须是对被害人当面实施。麻醉是指利用药物、醉酒等致被害人麻痹、昏睡、昏迷的行为。[②] 例如，2013 年 5 月 18 日，武汉某高校 19 岁大一男生陈某骑自行车返校途中不慎撞倒一位 8 旬老太樊某兰，与其家属一同将伤者送至医院，樊老太手臂骨折需住院。陈某将身上仅有的 102 元支付了 CT 检查费后，无力承担 1000 元住院押金。樊某兰儿子李某催促陈某找人筹钱，并要扣押其身份证，陈某觉得“对方逼得太急，没办法”，他掏出了身上携带的水果刀和老太亲属发生争执，将李某胸部刺伤。当李某等人追赶陈某时，陈某冲入医生办公室，持刀将值班女医生段某劫持欲逃离现场，被接到报警后赶至现场的公安民警包围。警方赶到后，陈某挟持人质走出医院大楼，在医

---

① 高静：“挟持被害人并‘追债’的行为定性”，载《中国检察官》2013 年第 11 期，第 79 页。

② 姚玮：“我国刑法中绑架罪若干问题探析”，载《才智》2009 年第 10 期，第 25 页。

院广场上与警方对峙，陈某以人质安全为要挟，要求警方提供车辆让其逃离，逃至一偏僻路段时，被特警制伏，段某安全获救。2013 年 11 月 29 日，“大学生劫持医生”案在武汉青山区法院 1 号厅开审。在庭审中，陈某代理律师胡律师表示，陈某之所以实施挟持行为，并不是主观上恶意，也不是为了达到非法目的，而是在那种特殊的情况下陷入了恐惧无助的情绪，陈某认为他的人身受到了威胁，他为了寻求自我帮助，免受伤害实施的行为。女医生表示不能谅解，并考虑到陈某的家庭原因表示不索赔。法院认为，陈某系在校学生，成年不久控制力、辨别力有限，加之绑架时间不长，最终未造成严重人身伤害且认罪态度较好，系初犯偶犯，鉴于其家庭经济困难，可从轻量刑。2013 年 12 月 13 日，湖北省武汉市青山区法院宣判，一审以绑架罪判处劫持女医生的大学生陈某有期徒刑 5 年、罚款 1000 元。陈家人认为量刑过重，决定上诉。武汉中院认为，陈某骑自行车将他人撞伤，在医院诊治期间，为离开现场，持刀将医院女医生劫持为人质，在与民警对峙期间，陈某始终将刀架在人质的脖子上，对人质人身健康和生命安全构成实质性的威胁，其行为符合《刑法》规定的绑架罪的构成要件，应以绑架罪对其定罪处罚。2014 年 3 月 5 日，二审认定陈某犯绑架罪成立，裁定判处有期徒刑 5 年。

“其他方法”，是指除暴力胁迫以外的方法，如利用药物、醉酒等方法使被害人处于昏迷状态等。这些犯罪手段的共同特征，是使被害人处于不能反抗、不敢反抗、无力或不知反抗的境地，将被害人非法绑架离开其住所或者所在地，并置于行为人的直接控制之下，使其失去行动自由的行为。如果行为人在拐骗过程中尽管有推、拽、实施轻微的暴力相威胁的行为或有劝酒、使用药物等行为，但不足以使被害人不能、不敢、无力或不知反抗，被害人随行为人出走主要出于轻信，受其利诱等，则不能定该罪。[①]

劫持是指将被害人劫离原地和把持控制被害人。例如，2012 年 4 月 1 日上午 9 时许，在罗湖人民医院急诊科，醉酒自残被送医院救治的甘肃三十多岁男子曹某突然情绪激动，持剪刀劫持了一名王姓女护士。事件发生后，罗湖公安分局南湖派出所警察迅速赶到现场，趁该男子分神之机，正在现场参

① 姚玮：“我国刑法中绑架罪若干问题探析”，载《才智》2009 年第 10 期，第 26 页。

与劝说曹某的罗湖人民医院院长叶平，一把冲上前去，赤手夺下曹某手中的剪刀，最终与警察联手制伏了曹某，成功解救了被劫持的女护士。原来，3月31日晚该男子在罗湖口岸辖区醉酒自残，因手和脖子被划伤凌晨3点多被该院120救护车送到医院救治。该男子伤情并不严重，在医护人员清伤包扎后，其待在留观室观察，整晚一言不发。事发前，护士王小姐交班之后准备离开，在急诊科输液室外遇到该男子，当时该男子还假装向其问路，突然，男子失控，一手死死勒住护士脖子，一手拿着医用剪刀，将护士劫持到走廊的墙边。

根据《刑法》的规定，绑架致使被绑架人死亡或者杀害被绑架人的，仍构成绑架罪，处死刑并处没收财产。例如，2002年11月20日，南昌新建县的戴某辉在广东惠州市打工期间染上性病，便到魏某所开的个体诊所看病，病未好转。戴找魏某理论并认为魏某收费偏高，两人发生争吵。戴怀恨在心，并于11月20日晚潜入魏某家中绑架并杀害魏某。11月28日晚上，魏某在新建县落网。

三、绑架罪的犯罪主体

绑架罪的犯罪主体为一般主体。凡达到刑事责任年龄并具有刑事责任能力的自然人均能构成本罪。

四、绑架罪的犯罪主观方面

绑架罪的犯罪主观方面为直接故意，且以勒索他人财物为目的或者以他人作为人质为目的。所谓以勒索财物为目的，是指行为人绑架被害人的目的在于以加害被害人相威胁，迫使被害人的亲友或单位等在一定期限内交给其一定财物，以钱赎人，这里的财物包括货币、有价证券、金银财宝等具有经济价值的物品或财产性利益。“绑架他人作为人质”，主要是指出于政治性目的，逃避追捕或者要求司法机关释放罪犯等其他目的，劫持他人作为人质。例如，2008年2月22日，湖北省武汉一家医院神经内科病房，神经内科护士被持刀劫持。晚8时许，一患者家属因医患纠纷，趁护士站只有一名护士之机，拿水果刀将该护士劫持，并用刀卡住护士颈部，嚷着要院长与科室主任前来谈判。后被公安副局长伺机制服。据了解，劫持者王某，今年48岁，父亲几天前在该院因脑梗死病故，因不满院方的处理贸然作出此举动。

第十五节　非法拘禁罪

根据《刑法》第238条的规定，非法拘禁罪是指拘押、禁闭或者其他强制方法，非法剥夺他人人身自由的行为。

一、非法拘禁罪的犯罪客体

非法拘禁罪的犯罪客体是他人的身体自由权。所谓身体自由权，是指以身体的动静举止不受非法干预为内容的人格权，是公民在法律范围内按照自己的意志自由决定和支配自己身体活动的权利，是公民的一项基本权利。公民的身体自由，是公民正常工作、生产、生活和学习的保证，失去身体自由，就失去了从事一切正常活动的可能。公民的人身自由权，只有依法律规定被法律授权的单位才能依法剥夺其自由权，除此以外，任何单位和个人均不得剥夺公民的人身自由权。非法拘禁罪侵害的对象是“他人”，即依法享有人身权利的任何自然人。“他人”没有限制，既可以是守法公民，也可以是犯有错误或有一般违法行为的人，还可以是犯罪嫌疑人。

二、非法拘禁罪的犯罪客观方面

非法拘禁罪的犯罪客观方面表现为非法拘禁他人或者以其他方法非法剥夺他人的身体自由。凡符合这一特征的均应认定为非法剥夺人身自由犯罪，如非法逮捕、拘留、监禁、扣押、绑架，办封闭式“学习班”“隔离审查”等均是非法剥夺人身自由。概括起来分为两类：一类是直接拘束人的身体，剥夺其身体活动自由，如捆绑；另一类是间接拘束人的身体，剥夺其身体活动自由，即将他人监禁于一定场所，使其不能或明显难以离开、逃出。剥夺人身自由的行为必须是非法的。司法机关根据法律规定，对于有犯罪事实和重大嫌疑的人采取拘留、逮捕等限制人身自由的强制措施的行为，不成立非法拘禁罪。但发现不应拘捕时，借故不予释放，继续羁押的，则应认为是非法剥夺人身自由。对于正在实行犯罪或犯罪后及时被发觉的、通缉在案的、越狱逃跑的、正在被追捕的人，群众依法扭送至司法机关的，是一种权利，而不是非法剥夺人身自由。依法收容精神病患者的，也不是非法剥夺人身自由的行为。剥夺人身自由的方法既可以是有形的，也可以是无形的。例如，将妇女洗澡时的换洗衣服拿走，使其基于羞耻心无法走出浴室的行为，就是无形的方法。此外，无论是以暴力、胁迫方法拘禁他人，还是以欺诈方法拘禁他人，均不影响非法拘禁罪的成立。非法剥夺人身自由是一种持续行为，即该行为在一定时间内处于继续状态，使他人在一定时间内失去身体自由，不具有间断性。时间持续的长短不影响非法拘禁罪的成立，只影响量刑。但时间过短、瞬间性的剥夺人身自由的行为，则难以认定成立非法拘禁罪。[①]例如，2006 年 2 月 28 日上午，被告人王某以其姨妈苏某某在方某某处看病病情加重而让方某某拿钱看病为由，纠集被告人葛某某、梅某某、陈某某、罗某某、侯某某、王某某、樊某某等将方某某挟持至禹州市第二人民医院，限制人身自由 7 天，期间一伙人对方某某多次实施暴力殴打、侮辱，并致其轻微伤。2009 年法院以非法拘禁罪分别判处被告人 2 年到 2 年 6 个月不等的有期徒刑。

2006 年 7 月最高人民检察院《关于渎职侵权案件立案标准的规定》规定，国家机关工作人员涉嫌利用职权非法拘禁，具有下列情形之一的，应予立案：（1）非法剥夺他人人身自由 24 小时以上的；（2）非法剥夺他人人身自由，并使用械具或者捆绑等恶劣手段，或者实施殴打、侮辱、虐待行为的；（3）非法拘禁，造成被拘禁人轻伤、重伤、死亡的；（4）非法拘禁，情节严重，导致被拘禁人自杀、自残造成重伤、死亡，或者精神失常的；（5）非法拘禁 3 人次以上的；（6）司法工作人员对明知是没有违法犯罪事实的人而非法拘禁的；（7）其他非法拘禁应予追究刑事责任的情形。这一规定对适用于非国家机关工作人员实施的非法拘禁行为认定构成犯罪具有参考价值。例如，2007 年 11 月，河南洛阳市中心医院的 4 名医护人员被患者家属非法拘禁达 6

---

① 董邦俊、唐子艳："非法拘禁罪及其立法之质疑"，载《湖北警官学院学报》2003 年第 2 期，第 20 页。

个小时，并遭受到对方的罚跪打骂。等到被解救出来时，其中的3名医护人员已经昏迷。

三、非法拘禁罪的犯罪主体

非法拘禁罪的犯罪主体是一般主体，凡已满16周岁、具有刑事责任能力的自然人均能构成本罪，单位不构成本罪的主体。非法拘禁罪的主体既可以是国家工作人员，也可以是一般公民。犯罪主体包括无权行使拘禁权的人和有权行使拘禁权但滥用职权的人。从实际发生的案件来看，多为掌握一定职权的国家工作人员或基层农村干部。另外，这类案件往往涉及的人员较多。有的是经干部会议集体讨论决定的；有的是经上级领导同意或默许的；有的是直接策划、指挥者，有的是动手捆绑、奉命看守者。因此，处理时要注意，依法应当追究刑事责任的，只是其中的直接责任者和出于陷害、报复和其他卑鄙动机的人员。对其他人员应实行区别对待，一般不追究刑事责任。①

四、非法拘禁罪的犯罪主观方面

非法拘禁罪的犯罪主观方面是故意，即行为人明知自己采取的行为会产生非法剥夺他人人身自由而故意为之，并积极追求这种结果产生的故意行为。行为人以剥夺他人人身自由为目的。非法拘禁他人的动机是多种多样的。有的因法制观点差，把非法拘禁视为合法行为；有的出于泄愤报复，打击迫害；有的是不调查研究，主观武断、逼取口供；有的是闹特权、耍威风；有的是滥用职权、以势压人；也有的是居心不良，另有所图。不管出于什么动机，只要具有非法剥夺他人人身自由的目的，故意实施了非法拘禁他人行为的，即构成非法拘禁罪。如果非法剥夺他人身自由是为了其他犯罪目的，其他犯罪比非法拘禁罪处罚更重的，应以其他罪论处。②

---

① 董邦俊、唐子艳："非法拘禁罪及其立法之质疑"，载《湖北警官学院学报》2003年第2期，第19页。

② 同上书，第20页。

第十六节 销售假药罪

根据《刑法》第141条、第150条的规定，销售假药罪是指销售者违反国家药品管理法规，销售假药，危害人体健康的行为。

一、销售假药罪的犯罪客体

销售假药罪侵犯客体是复杂客体，既侵犯了药品的正常销售秩序，又侵犯了国家对药品的管理制度和不特定多数人的身体健康权利。药品，是指用于预防、治疗、诊断人的疾病，有目的地调节人的生理机能并规定有适应证、用法和用量的物质。本罪的犯罪对象只限于假药。假药，是指依据《药品管理法》的规定属于假药和按假药处理的药品、非药品。作为本罪犯罪对象的假药，专指人用药，而不包括兽用药中其他动植物用药。例如，2008年3月，黑龙江完达山药业股份有限公司经来顺物流公司发给张某甲一批刺五加注射液，到昆明后因外包装及药瓶破损张某甲拒收部分注射液，并存于新天地物流昆明分公司仓库。后张某甲向完达山公司申请了12套外包装箱由新天地物流公司更换外包装后再次送交张某甲，张某甲再次拒收。药品经来顺物流哈尔滨分公司进行全套包材更换再次发往昆明，因与来顺物流公司达成赔偿协议，张某甲明知这批药品已两次被更换包材，仍接收了这批药品并存入昆明云珊医药公司仓库。后因下雨仓库进水部分药品被淹，张某甲向完达山公司书面报告并申请更换91套全套药品包材。完达山公司质量保证部主任王某某批示“请生产部办理”，营销中心副总经理卢某某、董事长兼营销中心总经理车某某也先后同意。张某甲8月1日将更换过包材的5件100ml刺五加注射液销售给无任何经营资质的社会闲散人员侯某某（另处），侯某某通过林准（广东湛江中兴药业有限公司业务员）以中兴药业公司名义将注射液销售给了云南省红河州第四人民医院。红河州第四人民医院给患者使用这批刺五加注射液后发生了严重后果。经昆明医学院司法鉴定中心、云南省红河州公安局刑事科学技术研究所鉴定：患者李某、韦某某、张某乙系因注射生物毒素污染的刺五加注射液中毒死亡；范某某、王某某重伤，普某某轻伤，其不良反应与注射被污染的刺五加注射液有关；张某丙出现的不良反应也不排除与注射的刺五加注射液有关。法院认为，药品关系他人的生命和健康安全，其生产、运输、储存、使用等环节都必须严格遵循相关法律法规及操作规程进行。张某甲作为药品经销人员违反药品管理法和药品生产经营质量管理规范，销售在往返运输途中部分药瓶和外包装破损、被雨水浸泡、污染生物毒素的刺五加注射液；王某某作为该公司质量保证部主任，明知该批刺五加注射液在运输途中发生外包装破损，并被雨水浸泡，按照法律规定应禁止销售，仍然同意张某甲更换外包装予以销售。对上述危害结果的发生，二被告人均持放任态度，其行为均构成销售假药罪。3 月 15 日，云南红河哈尼族彝族自治州中中级人民法院以销售假药罪判处张某甲有期徒刑 7 年，以销售假药罪判处王某某有期徒刑 3 年，缓刑 5 年。两人都被处以罚金。宣判后王某某表示不上诉，张某甲表示将与辩护人和家人商量后再决定是否上诉。附带民事诉讼赔偿部分，完达山公司及广东湛江中兴药业有限公司、红河州第四人民医院与各被害人及亲属于 2009 年 12 月自愿达成赔偿协议，赔偿金额共计 392 万余元，被告已积极履行协议确定义务。

二、销售假药罪的犯罪客观方面

销售假药罪的客观方面表现为销售者违反国家的药品管理法律、法规，销售假药，危害人体健康的行为。违反药品管理的法律、法规主要是指违反《药品管理法》《药品管理法实施办法》《药品生产质量管理规范》等法律、法规。上述法律和法规中就药品成分、药品标准、药品生产工艺规程、药品经营条件、药品监督等药品生产、经营和管理的内容作了明确规定。销售假药的行为是指一切有偿提供假药的行为。销售的方式既可能是公开的，也可能是秘密的；既可能是批量销售，也可能是零散销售；既可能是行为人请求对方购买，也可能是对方请求行为人转让；既可能是直接交付对方，也可能是间接交付对方；有偿转让假药既可能是获取金钱，也可能是获取其他物质利益；既可能是在交付假药的同时获得利益，也可能是先交付假药后获取利益或者先获取利益后交付假药。假药的来源既可能是自己生产的，也可能是自己购买的，还可能是通过其他方法取得的。销售的对方没有限制，即不问购买人是否达到法定年龄、是否具有辨认控制能力、是否与销售人具有某种关系。[①] 无论假药是否卖出、买方是否使用，或者只要行为人销售了假药，不管买方是否使用，都应认为销售假药的行为。例如，2010年5月间，王某甲伙同赵某某经被告人谢某某联系，从蔡某某（另行处理）处印制了200套进口药品阿伐斯汀的包装材料，由赵某某于同年8月底至9月初以2.7万元的价格将其中90套销售给被告人吴某某。吴某甲为牟取非法利益，指使其妻王某乙帮助提取部分假药包装材料，并纠集吴某乙、王某丙等人在北京市丰台区假日风景小区等地以生理盐水灌装入瓶，再用所购材料进行包装的方式生产假阿伐斯汀，共计90瓶。同年8月底至9月初，不具备销售资质的李某某、嵇某某，明知阿伐斯汀系进口药品须经有关部门批准销售，仍以每瓶1300元的价格从吴某甲处购入上述90瓶假药，并以每瓶1800元的价格通过朱某某（另行处理）销售给于某某。随后，于再以每瓶3200元的价格销售给被告人冯某某，冯则分别以每瓶3400元或4650元的价格销售给上海瑞安肿瘤诊所。其中5瓶经该诊所销售给上海市第一人民医院，用于该院眼科病人注射，致116名眼科病人产生不良反应。案发后，警方将吴某甲、吴某乙、王某丙等人抓获归案。该案于2011年5月19日上午在卢湾区人民法院开庭。对于检方指控，主犯吴某甲没有异议，其辩护人认为，阿伐斯汀为治疗肿瘤的药品，上海市第一人民医院将吴某甲制造的假药用于治疗眼科病人后引起不良反应，与吴某甲的行为无直接因果关系，吴某甲到案后如实供述犯罪事实，且在案发时也尚未收到销售假药的货款，因此请求本院在量刑和判处罚金中对其从轻处罚。同样对于指控没有异议的还有主犯吴某乙。其辩护人称，吴某乙受吴某甲的指使共同生产假药，但其对制作假药的包装来源及销售情况均不知情，且尚未获得任何利益，在共同犯罪中起次要作用，应认定为从犯，建议法庭对其从轻处罚。法院认为，被告人吴某甲为牟取非法利益，纠集被告人吴某乙、王某丙等人生产足以危害人体健康的假药，被告人王某乙、王某甲、赵某某、谢某某为生产假药积极提供帮助，其行为均已构成生产、

① 左仰东、张建兵：“提供‘毒源’信息能否认定为居间介绍买卖毒品”，载《法治论丛》2010年第3期，第144页。

销售假药罪。与此同时，李某某、嵇某某、于某某、冯某某为获取非法利益，在均无销售药品资质，且明知阿伐斯汀系进口药品，未取得国家有关部门批文不准销售的情况下，仍结伙或分别从事假药销售，其行为均构成销售假药罪。6月22日，上海市卢湾法院对市第一人民医院眼科假药案作出一审判决，主犯吴某甲因犯生产、销售假药罪，被判处有期徒刑2年10个月，并处罚金22万元，主犯吴某乙获刑2年6个月，并处罚金20万元。主犯王某丙犯生产、销售假药罪，获刑2年3个月，并处罚金18万元。其他被告人分别被判处有期徒刑10个月至2年6个月不等，并处金额不同的罚金。

根据最高人民检察院、公安部《关于公安机关管辖的刑事案件立案追诉标准的规定（一）》规定，生产（包括配制）、销售假药，涉嫌下列情形之一的，应予立案追诉：（1）含有超标准的有毒有害物质的；（2）不含所标明的有效成分，可能贻误诊治的；（3）所标明的适应证或者功能主治超出规定范围，可能造成贻误诊治的；（4）缺乏所标明的急救必需的有效成分的；（5）其他足以严重危害人体健康或者对人体健康造成严重危害的情形。例如，2007年3月至12月，被告人申某某购买假冒上海莱士血液制品股份有限公司生产的“人血白蛋白”、假冒福尔生物制药有限公司生产的“人用狂犬病疫苗”，销售给被告人赵某某，销售金额共计人民币17665元。赵某某明知所购“人血白蛋白”“人用狂犬病疫苗”为假药的情况下，将该假药销售给被告人高某、郝某某（另案处理），销售金额共计人民币25860元。高某又将该假药销售给被告人佘某某、申某某（另案处理）、刘某（另案处理）、肖某某，销售金额共计人民币145900元。申某某将购得的假药销售给叶某某（另案处理）等人，被害人赵某某被狗咬后由叶某某注射涉案假“人用狂犬病疫苗”，后致狂犬病发作死亡。佘某某将购得的假药销售给李某某等人，导致假药被逐层销售给终端患者使用，多名患者注射涉案假“人血白蛋白”后，出现不同程度不良反应，其中五人经鉴定为重伤，一人为轻伤。江苏南通市中级人民法院依法以生产、销售假药罪判处被告人申某某死刑，缓期2年执行，剥夺政治权利终身，并处没收个人全部财产；以销售假药罪判处被告人赵某某无期徒刑，剥夺政治权利终身，并处没收个人全部财产；以销售假药罪判处被告人高某有期徒刑15年，剥夺政治权利3年，并处罚金人民币

20万元；以销售假药罪判处被告人佘某某有期徒刑14年，剥夺政治权利2年，并处罚金人民币15万元；没收各被告人违法所得。宣判后，被告人赵某某提起上诉。江苏省高级人民法院审理后，依法驳回赵某某的上诉，维持原判。[①] 2009年最高人民法院、最高人民检察院《关于办理生产、销售伪劣商品刑事案件具体应用法律若干问题的解释》第2条规定，生产、销售的假药被使用后，造成轻伤以上伤害，或者轻度残疾、中度残疾，或者器官组织损伤导致一般功能障碍或者严重功能障碍，或者有其他严重危害人体健康情形的，应当认定为《刑法》第141条规定的“对人体健康造成严重危害”。

三、销售假药罪的犯罪主体

销售假药罪的犯罪主体是个人和单位，销售者即药品的有偿提供者。例如，2010年3月，具有硕士文化程度的外科医生冉某以每盒7元的价格购买处方药品血滞通胶囊480盒，后以每盒11元的价格卖给被告人屈某。同年3月16日，屈某以每盒16元的价格，将其中的120盒销售给一家药店。药店在销售该药品时，被吉林省东方制药有限公司的工作人发现并购买5盒，后经长春市食品药品监督管理局鉴定，药店销售的血滞通胶囊为假药。据查，吉林省东方制药有限公司生产的血滞通胶囊为临床处方药，该药只对医院销售，不对个人或药店销售。案发后，被告人冉某主动投案。法院认为，被告人冉某、屈某的行为均已构成销售假药罪，鉴于冉某犯罪后主动投案并如实供述自己的罪行，是自首，对于自首的犯罪分子，依法可从轻处罚，遂根据其犯罪性质、情节、悔罪表现及其行为的社会危害性，以冉某犯销售假药罪，判处其有期徒刑10个月，缓刑1年，并处罚金人民币1.8万元，以屈某犯销售假药罪，判处有期徒刑8个月，缓刑1年，并处罚金人民币1.5万元。又如，肉毒毒素是一种神经毒素，整容界用它来瘦脸、除皱等。法院查明，2012年4月至5月，北京金燕子医疗美容诊所负责人史某，责令该诊所护士高某购进假冒肉毒毒素（俗称瘦脸针），并向该诊所就医人员销售使用。

---

① “最高人民法院发布五件侵犯知识产权和制售假冒伪劣商品典型案例”，载《中华商标》2011年第4期，第13页。

2012 年 5 月底，史某和高某在诊所被抓获，执法人员当场从诊所内起获“注射用 A 型肉毒毒素”7 支和“budysprot”肉毒毒素 46 支，经北京市药品监督管理局认定均系假药。2013 年 1 月 4 日，西城法院认为，该医疗美容诊所构成销售假药罪，处罚金 2 万元。史某、高某作为主管人员和其他直接责任人员，亦构成销售假药罪，判处史某有期徒刑 7 个月；判处高某有期徒刑 6 个月。根据 2009 年最高人民法院、最高人民检察院《关于办理生产、销售伪劣商品刑事案件具体应用法律若干问题的解释》第 5 条规定，知道或者应当知道他人销售假药，而有下列情形之一的，以销售假药罪等犯罪的共犯论处：提供资金、贷款、账号、发票、证明、许可证件的；提供生产、经营场所、设备或者运输、仓储、保管、邮寄等便利条件的；提供生产技术，或者提供原料、辅料、包装材料的；提供广告等宣传的。

四、销售假药罪的犯罪主观方面

销售假药罪的主观方面表现为故意，一般是出于营利的目的。当然，销售者是否出于营利目的并不影响本罪的成立。行为人的主观故意必须具有明知是假药而售卖的心理状态，对不知道是假药而销售的不构成销售假药罪。2009 年最高人民法院、最高人民检察院《关于办理生产、销售伪劣商品刑事案件具体应用法律若干问题的解释》第 4 条规定，医疗机构知道或者应当知道是假药而使用或者销售，符合本解释第一条或者第二条规定标准的，以销售假药罪追究刑事责任。例如，广西来宾 6 岁男童叶某某被狗咬伤手臂，其父将他送至正龙乡卫生院，按程序接种了狂犬疫苗。一个多月后，叶某某狂犬病发作死亡。原来，这所正规医院销售的狂犬疫苗竟是假的！据查，被告人韦某某出售的假疫苗为层层转卖而来，中间层级达五六层，价格从最初的每份 10 元，到韦某某卖给医院的每份 160 元。被告人韦某某以广州市沪穗生物药业有限公司的名义，将从他人处购买的多个批次的假狂犬疫苗销售给正龙乡卫生院等五所医院，共计一百余人份。一审法院认为，韦某某等八人销售假狂犬疫苗已构成销售假药罪，但指控韦某某等五人的行为致被害人叶建华死亡的证据不足，不予确认。韦某某等 8 人被判处有期徒刑 1 年至 2 年 6 个月不等，并处罚金不等。其中，韦某某被判处有期徒刑 1 年，罚金 1.28 万元。检察机关以量刑错误为由提出抗诉。广西壮族自治区高级人民法院组成合议庭公开开庭审理了本案。庭审中，8名被告人均辩解称不明知是假疫苗，但同时承认没有合法销售疫苗的手续，且明知销售的疫苗价格明显低于市场价格，销售动机纯粹是为了获利。一审期间，被告人韦某某的亲属自愿补偿被害方共计20万元。二审法院认为，可视为被告方有一定悔罪表现，可依法酌情从轻处罚。经审理认定韦某某等5人的行为造成叶建华死亡的事实证据确实充分足以认定。原判定性准确，但未正确认定销售假药行为致人死亡的事实，导致适用法律和量刑不当。二审判处韦某某有期徒刑15年，并处罚金5万元；其余被告人量刑均有增加。

第十七节 组织出卖人体器官罪

根据《刑法》第234条之一第1款的规定，组织出卖人体器官罪是指征得被害人同意或者承诺，组织出卖人体器官以获得非法利益的行为。

一、组织出卖人体器官罪的犯罪客体

组织出卖人体器官罪既侵犯了器官出卖者的身体健康权，又危害了国家有关器官移植的医疗管理秩序。尽管本罪成立的前提之一是必须得到器官出卖者本人的同意，但这并不能阻却该组织行为的违法性。人体器官作为本罪的犯罪对象，不同于市场中的交易物品，不能够用金钱来衡量。从医学角度来讲，器官是指动物或植物机体上由多种生物学组织共同构成的有机结构，用来完成特定生理功能。[①] 2010年3月至2012年3月5日间，被告人李某某雇请被告人沈某某、杨某甲，被告人张某某雇请“吐鲁番”“老虎”（均另案处理）分别通过在互联网上发布收买人体肾脏的信息。当以每只肾脏4万元价格与供体（卖肾者）谈妥后，被告人李某某、张某某先后租用漳州市芗城区大通北路62号、胜利东路胜利大厦607室、龙海市龙盛花园3幢905室等

① 莫洪宪、杨文博：“刑法中的人体器官犯罪——对《刑法修正案（八）》第三十七条的理解”，载《人民检察》2011年第9期，第27页。

处租房对供体人进行集中管理，并组织体检。后将体检信息交给谢某某（已判决），由谢某某对供体人与受体人的体检信息进行对比配型，配型成功后，谢某某让受体往其指定银行账号汇入7万—7.5万元的中介费和4.5万元的手术费。之后组织被告人丁某某、黄某某、何某某等医生先后在漳州市龙文区仁和医院、被告人曾某某与杨某乙签订承租的漳州市芗城区浦南镇浦林村租房等地对供体人、受体人进行肾脏移植手术，手术器械及医疗设备都由被告人曾某某向漳州市科迪医疗设备有限公司等公司购买。在此期间，被告人曾某某负责接送供体人，并提供协议书给供体人签协议，被告人陈某某负责接送受体人并管理，手术后，受体人被送到被告人李某某、丁某某和谢某某、尹某某（另案处理）合伙承包的漳州市金峰医院四楼外三科病房进行康复治疗，谢某某将7万—7.5万元汇入李某某、张某某开设的银行账户，再转一部分支付给供体人。至案发时，李某某、张某某、丁某某、何某某、黄某某等被查获的组织非法肾脏移植手术达19例。2012年3月5日，龙海市公安局根据住在龙海市榜山镇龙盛花园3幢905室的供体人孙某报案，出警到该处抓获被告人杨某甲，并查获20名等待做手术的供体人。龙海法院认为，被告人李某某、张某某以牟利为目的，雇请他人在互联网上发布需求肾源信息，招募自愿出卖肾脏的人员，集中管理，并安排体检、配型；被告人曾某某、沈某某、杨某甲、陈某某分别为被告人李某某、张某某等人招募、管理、接送供体人和受体人；被告人丁某某、何某某、黄某某受他人纠集跟随手术，为多名供体人摘除肾脏并出卖，组织肾脏移植手术，情节严重。9被告人的行为均已构成组织出卖人体器官罪。2013年11月，龙海法院作出一审判决，被告人李某某、张某某、丁某某、曾某某、何某某、沈某某、杨某甲、黄某某、陈某某9人分别判处有期徒刑1年9个月至5年不等刑罚，并各处罚金1万元至20万元；没收扣押在案的作案工具和犯罪物品，并继续追缴9被告人的违法所得。

二、组织出卖人体器官罪的犯罪客观方面

组织出卖人体器官罪的犯罪客观方面表现为组织他人出卖人体器官。本罪名为行为犯，不以损害结果的发生为既遂标准。所谓“组织”是指行为人

实施领导、策划、控制他人进行其所指定的行为活动。组织者往往以给器官捐献者支付报酬为诱饵，拉拢他人进行器官的出卖。例如，2011 年 5 月，一些在广西桂林市兴安县打工的人在 QQ 上收到“急寻肾源”的消息，并留有联系电话。有的打工者急需用钱，便与对方联系。阿桂（化名）就是其中一人，他打通电话后，一名自称叫蒋某波的人告诉他，卖一个肾可得 2.2 万元，相当于他一年的收入。第二天，阿桂与蒋某波见了面，并被带到兴安县城一家旅社等待配型。那里还有 8 名青壮年男子，他们跟阿桂一样，都是被蒋某波联系来卖肾的。在旅社，常某军、张某义和张某负责安排阿桂等人的吃住以及体检接送工作，并全程监视阿桂等人，防止有的人因后悔而逃跑。住了几天后，蒋某波通知阿桂，说“配型成功”。接下来，阿桂等 9 人被带到兴安县溶江镇开发区的李某财家，这里就是卖肾“手术场地”。随后，多名医师为阿桂做了取肾手术。阿桂的肾被摘下后，蒋某波随即就给他 2.2 万元卖肾费。然后阿桂回到那家旅社休息，等伤口愈合稳定。在这休息的半个月中，李某财、常某梅夫妇对阿桂作适当的护理。2011 年 8 月，当地警方介入调查发现，该组织分工明确：由蒋某波寻找卖肾人，一个叫“吴哥”的人寻找买肾人以及需要肾移植的医院，一个叫“莫哥”的人负责与买肾人交易；蒋某林、李某等 3 名医师受雇于蒋某波，为卖肾人做取肾手术，其中蒋某林主刀，李某负责麻醉；其他案犯人也均分别受雇于蒋某波，各自负责看守、接送、照顾等工作。蒋某波每做一例手术可从“吴哥”处得款 7.2 万元，除支付给供体 2.2 万元外，另分给蒋某林等三名医生 2.7 万元，分给常某军、张某义各 2 千元，分给张某 1 千元，分给常某梅、李某财夫妇共 3 千元。在为阿桂、洪某某等人做了左肾摘除手术后，蒋某波将肾脏送至广州，交给了“吴哥”，由“吴哥”卖给需要肾脏的人。有 7 名男子在等待手术过程中，因案发未进行手术。在这起组织出卖人体器官案中，主刀者蒋某林案发前是兴安县中医院的副院长。除蒋某波、“吴哥”“莫哥”3 人未落网外，其余成员悉数归案。2012 年 12 月 26 日，桂林市兴安县人民法院根据各被告人的犯罪事实、在共同犯罪中的作用及社会危害程度以组织出卖人体器官罪，一审分别判处蒋某林、常某军、张某义、张某、李某财、常某梅 6 人有期徒刑 6 年，并处罚金人民币 2 万元；其余 5 名被告人分别被判处有期徒刑 4 年至 2 年 6 个月，缓刑4年不等，并处罚金人民币1.5万元至5000元；依法没收赃款人民币3000元。一审判决后，蒋某林以自己是受雇于人，且只参与两起摘除人体器官手术为由提出上诉，另外，常某军、张某义等人也以自己是从犯、一审量刑过重为由提出上诉。桂林市中级人民法院经审理认为，上诉人蒋某林、常某军、张某义、张某与原审被告人李某财、常某梅伙同他人组织出卖人体器官，其行为均已构成组织出卖人体器官罪。一审认定事实清楚，证据确实充分。2013年7月，桂林市中级人民法院对此案作出二审终审判决，依法裁定驳回上诉，维持原判。

出卖器官的行为应当是基于受害人本人的同意，即受害人能够意识到其行为是出卖器官，并且能够认识到出卖器官对身体造成的影响。倘若受害人没有上述意识，则组织者侵犯了受害人的意思自由，违背了受害人捐献器官的自主选择意识，此种情况下组织者的行为已经超出了“组织”的范畴，已经对受害人的身体健康权造成威胁，应当依照该条第2款的规定按照故意伤害罪处理。[①] 根据《刑法》的规定，未经本人同意摘取其器官，或者摘取不满十八周岁的人的器官，或者强迫、欺骗他人捐献器官的，构成故意伤害罪。违背本人生前意愿摘取其尸体器官，或者本人生前未表示同意，违反国家规定，违背其近亲属意愿摘取其尸体器官的，构成盗窃、侮辱尸体罪。

三、组织出卖人体器官罪的犯罪主体

组织出卖人体器官罪的主体是一般主体，凡是年满16周岁具有刑事责任能力的自然人都可以成为本罪的主体。例如，2011年，周某章、张某荣和孙某（另案处理）经商量后，出资购买手术设备、药品和汽车等作案工具，伙同张某鑫、赵某强、陈某琴、钟某、陈某高、叶某龙等人从事肾脏买卖及非法移植活动。周某章在该案中系主刀医生，负责移植手术和手术指导；张某鑫系手术麻醉师，负责手术麻醉，并做术后护理，同时还负责联系及分发卖肾者、医生助手、护士等人员的费用；钟某系医生助手，协助周某章进行移

---

① 熊永明：“《刑法修正案（八）》第三十七条的理解与适用”，载《山东警察学院学报》2011年第5期，第78页。

植手术；陈某琴、龙某燕（另案处理）系护士，负责手术协助，其中陈某琴还负责手术前抽取卖肾者血液样本；张某荣负责开车接送卖肾者、购肾者及同案人员，与卖肾者中介联系，与购肾者中介洽谈价格，收取并分发费用；孙某、赵某强系卖肾者中介，负责联系卖肾者，其中赵某强还负责安排卖肾者在各地的出租屋等待卖肾，以及卖肾者在此期间的食宿和身体检查；陈某高、叶某龙系购肾者中介，负责寻找购肾者，与周某章等人联系手术事宜，并在手术前联系张某荣拿卖肾者的血液样本到医院与购肾者的血液样本配对，陈某高还负责安排购肾者手术后在其承包的医院休养。2011 年 10 月至今，周某章等人多次将被害人舒某等卖肾者的肾脏移植到黄某等购肾者体内，每次向购肾者收取二十几万元费用，向卖肾者支付约二万元报酬。截至案发时，尚有多名卖肾人员在等待卖肾。2012 年 2 月初，被害人舒某通过一个名叫“有偿捐肾”的网站上所留电话联系上被告人赵某强，并商定以二万元出卖肾脏。2 月 23 日 21 时许，被害人舒某因手术后腹痛到东莞市麻涌人民医院就医，医生发现其左肾缺失后向公安机关报案。2012 年 8 月 1 日上午，东莞市第一人民法院公开开庭审理了周某章、张某鑫等 8 人涉嫌组织出卖人体器官罪一案。被告人周某被指控多次将卖肾者的肾脏移植到购买者体内，从中获利，与七名同伙集体一审过堂。庭审中，多数被告当庭认罪。

四、组织出卖人体器官罪的犯罪主观方面

组织出卖人体器官罪的犯罪主观方面是直接故意。行为人明知并且希望组织行为和出卖行为的顺利进行。行为人具有获取非法利益的目的。例如，目前全国最大贩卖肾脏案：被告郑某，46 岁，祖籍安徽省淮北市人。2007 年年底，没有稳定工作的他在给亲戚找肾源时发现，贩卖肾脏很赚钱，便慢慢就干起这个“营生”。2009 年年底至 2010 年年初，郑某在了解到北京不少大医院有大量肾病患者急需实施肾脏移植手术的信息后，设法与北京某三甲医院泌尿科主任叶某取得联系。该三甲医院官方网站显示，叶某从事泌尿外科专业 30 年、长期参与肾移植工作，至今约 28 年。共完成肾脏异体肾移植手术五百余例，亲属供肾约 12 例，帮助外单位开展肾移植 4 家，培养一批器官移植的骨干。叶某曾向其诉苦称，正为科室的任务量苦恼，2009 年的任务还

没完成，2010 年的任务是一千六百多万元，需要几百个患者在他那里做手术才能完成。郑某便说，可以帮叶某从其他医院挖患者过来，还可以提供肾源。两人随后达成合作，叶某对外将郑某介绍为医院工作人员，并确定该三甲医院为郑某团伙肾脏移植手术实施地点。取得叶某的支持，令郑某所组织的整套肾脏买卖链条有了一个最终的合法落脚点。

得到叶某的应允后，郑某自称是叶某所在的北京某三甲医院器官移植中心工作人员，开始组织人手寻找主刀医生。2010 年 3 月，郑某通过朋友认识了安徽省萧县杨楼镇卫生院的医生周某，并向周某提出通过有偿收购肾脏的方式招募肾脏供体，非法摘除、转售人体肾脏牟利的方案。郑某告诉周某，每促成一个换肾手术可获利 3 万—4 万元，每做一个摘肾手术给周某 2.5 万元用于人工等各种费用开销。周某表示同意，随后在徐州寻找实施人体肾脏手术的医疗机构和手术医师。周某先联系上了徐州市妇幼保健院医生赵某。见面吃饭时，郑某向赵某宣称自己来自北京某三甲医院，需要和徐州方面搞技术合作，建立一家透析中心并要进行肾脏移植手术，请赵某帮他做肾脏移植手术。赵某觉得自己只是小地方的医院大夫，论技术、论资历北京的大医院都不可能来主动找自己合作，因此有些怀疑。他提出到三甲医院看看，郑某表示同意。一个月后，郑某把赵某带到北京某三甲医院实地考察。之后，赵某就答应帮郑某做肾脏摘除手术。赵某随后找到徐州市铜山县第二人民医院的副院长杨某忠帮忙一起做手术，称作一台手术有上千元收入，并要求对方介绍一个麻醉师。杨某忠找来了同院名叫赵某甲（另案处理）的麻醉师。此后，周某、赵某、杨某忠及赵某甲还让郑某以三甲医院的名义给他们发了聘请赴京主刀手术的聘书。2010 年 4 月至 8 月，周某在郑某的授意下承租了徐州市泉山区火花社区卫生服务中心，非法实施数十例人体肾脏摘除手术。

在火花社区卫生服务中心期间，赵某是肾脏摘除手术的主刀医师，杨某忠参与实施肾脏摘除手术，赵某作为麻醉师协助完成手术。郑某同时在周某的介绍下，招募了曾在徐州黄山社区医院干过医生的无业男子支有光负责供体的术后护理工作。在火花社区卫生服务中心，赵某等人共进行二十余台手术，每做一台手术每人能分 1700 元左右。赵某等人在郑某等人的安排下有手术就做，做完手术拿钱就走，别的不多问。大约在做了 10 台手术后，郑某给赵某涨了“工资”，每台手术直接给他 2500 元。

叶某称，当时他和郑某商定，通过合法途径找到肾源，并由其他医院进行取肾手术，再把取好的肾尽快送到叶某所在医院。叶某所在医院的资质来之不易，要求每年要进行 30 例以上的肾脏移植手术，如果连续 3 年都达不到 30 例，肾脏移植手术的资质就要被取消了。叶某与郑某的“合作”得到了院医务部的允许。叶某所在的医疗团队没有收取过郑某的好处费，只是正常收取患者的住院费、诊疗费，其中药费、手术费都包括在诊疗费里边，一名患者在该三甲医院要交的费用在 8 万—10 万元左右。

2010 年 6 月，因从徐州向北京运输肾脏发生交通事故，损失了 3 个肾脏。考虑到长途运输风险较大，同时夏季运输不利于肾脏保存，郑某开始筹划就近建立摘肾医院。2010 年 9 月，郑伟在海淀区以每月 7500 元的价格租下一栋 4 层小楼，并陆续买来医疗器械。这座黑医院里的一层是医生宿舍和药房，二层是配药室、病房和护士宿舍，三层是手术室和观察室，四层则是餐厅生活区。据团伙中的护士长，曾在徐州多家公立、私立医院工作过的樊某雁供述，这个实施肾脏摘除手术的医院脏乱不堪，连抢救设备都没有。2010 年 9 月至 12 月，郑某等人在这个黑医院非法实施人体肾脏摘除手术 22 例。摘肾手术地点改变后，每次做手术之前郑伟都会通知周某联系医生早上赶过来，由郑某的女友王某去接机。晚上手术完成之后再由王某开车送医生去车站、飞机场离开。

负责找供体的翟某超供述，一般寻找供体是通过网络聊天的方式，找到后约供体来北京并安排住宿，之后进行体检并记录血型。翟某超和刘某负责管理，并带他们去医院做检查。团伙中负责找受体的赵某（非麻醉师）和周某是男女朋友，两人通过联系买肾在网上认识并交好。2010 年 12 月，北京市公安局海淀分局刑侦支队在侦查中发现了郑某犯罪团伙长期在海淀区倒卖人体器官获利。12 月 10 日，警方在丰台区小屯路的一个洗浴中心将郑某抓获。而就在郑某被捕的前一天，他的黑医院还做了 6 台手术。之后警方先后将团伙成员控制。

2012 年 2 月底，因组织出卖人体器官罪，郑某及其手下被海淀检察院提起公诉。因被告人患病就医等原因，此案的审理一直延期，直至2012年12月12日才首次开庭审理（被告人之一、江苏省徐州市某医院原医生赵某因病死亡）。2012年12月12日，海淀法院开庭审理时，海淀检方重新对15名被告人提起公诉。庭审中，郑某认罪，其他人则多数表示是在不知情或者在郑某的描述下认为手术合法的情况下参与。大部分被告人表示认罪，部分被告人及辩护人提出，在团伙中作用较为轻微、属于从犯。来自医疗系统的几名被告人表示，自己只不过是给人做手术、“走穴”赚钱，并没有意识到会触犯《刑法》。经核实，在8个多月，郑某等人组成16人团伙共手术摘取了51枚活体肾脏，出售给需要换肾手术的尿毒症患者，涉案赃款超过1034万元。众被告人称，涉案的1034万余元，除去买车、租房、养供体、支付医生走穴钱，已全部花光。2014年3月14日，一审法院对此案作出一审判决。法院认定郑伟等人为谋取经济利益，组织他人出卖人体器官，情节严重，均已构成组织出卖人体器官罪。依据他们每个人的犯罪情节，法院判处郑某有期徒刑12年，其他人3年半至9年不等的有期徒刑。一审宣判后，郑伟等人上诉。2014年8月20日，北京第一中级人民法院驳回上诉，维持原判。

第十八节　强奸罪

根据《刑法》第236条的规定，强奸罪，是指违背妇女意志，使用暴力、胁迫或者其他手段，强行与妇女发生性交的行为，或者故意与不满14周岁的幼女发生性关系的行为。

一、强奸罪的犯罪客体

强奸罪的犯罪客体是妇女性的不可侵犯的权利（又称贞操权），即妇女按照自己的意志决定正当性行为的权利。犯罪对象是女性，包括怀孕的妇女、精神病妇女、老年妇女、幼女等。例如，魏某，男，1957年3月27日出生，汉族，高中文化程度，医生，在荥阳市一家属院开设有私人中医诊所，并在诊所里建了蒸疗房。2011年4月24日上午，少女陈某因头痛头晕在家人的陪同下到魏某的诊所就诊，魏某问诊后说陈某属于肾虚肾亏引起的头疼头晕，需要进行药物蒸疗治疗。在给陈某蒸疗的过程中，魏某见到身体丰满的陈某心起歹意，开始了他的诱奸计划。魏某先在蒸疗室进行试探，见让陈某怎么做，陈某就怎么做，没有半点疑惑和不顺从之后，魏某便告诉陈某及家人，称治疗该病需要一段时间的中医理疗过程，让他们明天继续来理疗。第二天上午陈某又在家人的陪同下来治疗，在蒸疗房里魏某按照他谋划的理疗程序诱骗陈某脱光了衣服，谎称要传些真气给陈某以帮助补充肾元气与陈某发生性关系。陈某从蒸疗房出来觉得很不对劲，便将魏某行为不轨一事告诉陪同的父母，陈某家人报了警，魏某遂被公安机关抓获。2011 年 9 月 28 日上午，河南荥阳市人民法院以医生魏某犯强奸罪，判处有期徒刑 4 年。

二、强奸罪的犯罪客观方面

强奸罪客观方面表现为违背妇女意志，以暴力、胁迫或者其他手段强行与妇女发生性关系的行为。

首先，须违背妇女意志。违背妇女意志是强奸罪的本质特征。判断与妇女发生性关系是否违背妇女的意志，要结合性关系发生的时间、周围环境、妇女的性格、体质等各种因素进行综合分析，不能将妇女是否反抗作为判断是否违背妇女意愿的唯一要件，不能把“妇女不能抗拒”作为构成强奸罪的基本特征，它只是判断是否违背妇女意志的客观条件之一。由于犯罪分子在实施强奸时所采用的手段和所造成的客观条件不同，对被害妇女的强制程度也相应地有所不同，因而被害妇女对犯罪行为的反抗形式和其他表现形式也是不一样的：有的不顾一切进行剧烈地反抗；有的胆战心惊地进行挣扎或者哀求，反抗不明显；有的则瞻前顾后，没有进行反抗等。所以，不能简单地以被害妇女当时有无反抗表示，作为认定强奸罪的必要条件。对妇女未作反抗或者反抗表示不明显的，要通观全案，具体分析。[①] 例如，2006 年 12 月 31 日晚 8 点多，17 岁的小婷到宝安一医疗中心门诊医治狐臭，医生黄某为她诊治，另一名医生给她做了狐臭去除手术。2007 年 1 月 2 日晚 6 点多，小婷去

① 曹红亮：“关于强奸罪取证难问题的探讨”，载《辽宁公安司法管理干部学院学报》2011 年第 2 期，第 19 页。

门诊换药，30多岁的黄某借独自在诊室内给小婷换药之机，抚摸小婷的身体，并以检查妇科疾病为借口，强行与小婷发生了性关系。第二天晚上6点，小婷又到该门诊换药，黄某利用换药之机，再次强行与小婷发生了性关系。事后，黄某塞给小婷50元。小婷离开门诊后，感觉腹部疼痛，便到住处附近的药店向女医师咨询，并告知其就医时所发生的事情，女医师说小婷应当报警，小婷即向公安机关报警。公安机关提取了有关证据，在当天便将黄某刑事拘留。后黄某经区检察院批准逮捕，侦查后移送审查起诉。他在侦查阶段始终否认与小婷发生过性关系。而在审查起诉阶段，他承认与小婷发生过性关系，但他辩称是小婷自愿的。区检察院经审查并两次退回补充侦查后，认为该案事实不清、证据不足，难以认定黄某构成强奸罪。他们认为，小婷自称是处女，但是检验结果证实其并非处女，说明小婷的陈述可能存在虚假；黄某两次与小婷发生性关系时，小婷都没有呼喊或者有其他反抗行为，且拿了黄某50元钱。因此，区检察院决定对黄某不起诉并将其释放。2007年的12月，获释后的黄某却向区检察院提出刑事赔偿申请，理由是“没有事实根据被错误逮捕”。区检察院认为批准逮捕黄某并没有错误，对黄某刑事赔偿申请不予确认。黄某不服气，又向深圳市检察院提出申诉。深圳市检察院检委会讨论该案后认为，被害人是否处女、是否呼喊，均非认定强奸罪的关键。强奸罪的本质特征在于违背妇女意志。本案中，发生性关系的双方是医生和患者，且是在被害人看病换药之时、在医院的手术台上发生性行为，此前两人不认识，被害人没有任何自愿与黄某发生性关系的基础。被害人是一名涉世不深的17岁少女，与他人发生性关系不知道采取避孕保护措施，又因刚做完手术无力反抗，后因女医师告诉她应当报警，其才明白受到性侵犯，随即报警，说明被害人年幼无知，也说明其并不愿与黄某发生性关系。市检察院检委会认为，黄某以医生身份，利用被害人年幼无知，趁换药之机，强行与被害人发生性关系，显然违背了妇女意志，可以认定其涉嫌犯强奸罪。2010年2月，法院以强奸罪判处黄某有期徒刑4年。

认定是否违背妇女意志，也不能以被害妇女作风好坏来划分，如果行为人使用暴力或者胁迫手段强行与生活作风不好的妇女发生性行为的，仍应以强奸罪论处。同无责任能力的妇女（如呆傻妇女或精神病患者）发生性关系的，由于这些妇女无法正常表达自己的真实意愿，因此无论其是否“同意”，均构成强奸妇女罪。[①] 例如，二十多岁的女子小兰（化名）不幸患上精神疾病，经常在家喝酒解闷。2010年秋天一个下午，邻居裴某在电梯内与饮酒后的小兰相遇。裴某明知小兰精神不正常，仍将小兰带回其暂住处并发生性关系。随后，小兰来到附近一间私家诊所，找熟识的“医生”赵某要钱买酒喝。赵某在明知小兰系精神病人的情况下，欲与之发生性关系，后因赵某自身生理原因未得逞。事后，小兰到医院治病期间诊断出宫外孕。父母得知后报案，警方将裴某、赵某抓获。经司法精神鉴定，小兰在遭受性侵害时无自我防卫能力。庭审中，被告人裴某辩称，其不知道小兰患病，是其自愿发生性关系。被告人赵某辩称，小兰主动向其示好，其将小兰推开，双方没有身体接触。北辰区法院经审理认为，被告人裴某违背妇女意志，与处于精神疾病期的妇女发生性关系，且致被害人宫外孕严重后果，其行为已构成强奸罪，应依法从重处罚，并应赔偿被害人手术治疗等合法经济损失。被告人赵某在明知被害人系精神病人的情况下，仍欲与之发生性关系，因其意志以外原因而未得逞，已构成强奸罪，系未遂；考虑赵某补偿了被害人5万元，被害人家属要求对其从轻处罚，故对赵某减轻处罚。二被告人辩护意见与相关法律和法院查明事实不符，不予采纳。被害人要求保留伤残等级鉴定的权利，法院予以支持，对其后续治疗费用可待实际发生后另行起诉。2011年1月，一审判决被告人裴某犯强奸罪，判处有期徒刑6年；被告人赵某犯强奸罪（未遂），判处有期徒刑6个月。

其次，强奸罪客观上必须具有使用暴力、胁迫或者其他手段，使妇女处于不能反抗、不敢反抗、不知反抗状态或利用妇女处于不知、无法反抗的状态而乘机实行奸淫的行为。所谓暴力手段，是指非法对被害妇女的人身行使有形力的手段，即直接对被害妇女采取殴打、捆绑、堵嘴、卡脖子、按倒等危害人身安全或者人身自由，使妇女不敢反抗的手段。

例如，22岁的孙某，从小在农村长大，2009年大专毕业后应聘到安龙县

---

① 王云华：“中国内地刑法与香港刑法中强奸罪之比较研究”，载《山东省青年管理干部学院学报》2004年第1期，第90页。

某事业单位工作。案发前，孙某没有女友也未谈过恋爱。2010 年 9 月 5 日凌晨 0 时许，孙某酒后胃部不适，就到单位附近的一家个体诊所就诊。孙某敲门后，已经睡了的医生小娟（化名）见有患者就起床打开了诊所小门让孙某进了诊所。小娟医生问明孙某病因后，就开了些西药给孙某服用。此时，孙某观察发现，整个诊所内就只有小娟医生一个人，小娟长得漂亮，而且只穿了件较薄的睡裙，孙某心里突然打起了歪主意。孙某开始与小娟闲聊，两人大约聊了 5 分钟。“你长得这么漂亮怎么还没有男朋友呢？我今天就做你男朋友。”话音刚落，孙某就上前抱住小娟，小娟一看这架势吓坏了，便开始喊叫。孙某捂住她的嘴把小娟按倒在病床上，强行与小娟发生了性行为。之后，孙某仍然抱住小娟不放，要小娟答应嫁给他。“完事后我怕他杀我灭口，我就和他讲好话，说只要你放开我，一切事情都好讲。”小娟陈述。孙某听了后才放开小娟，离开了诊所。天亮时，酒醒后孙某觉得情况不妙，就来到诊所向小娟跪下求饶，并声称一定娶她，遭到了小娟的拒绝。随后，小娟向警方报案。当天下午，孙某就被警方抓获。庭审时，孙某承认自己的犯罪事实，但对公诉机关的指控有意见，辩解称，他见小娟当晚比较性感就立马喜欢上了她，叫小娟做自己女朋友时并没有遭到反对，小娟是自愿的，事后还承诺一定要娶她，他的行为不构成犯罪。法院认为，被告人孙某违背妇女意愿，使用暴力手段强行与妇女发生性行为，其行为已构成强奸罪，公诉机关的指控成立。关于被告人在庭审中“让被害人做自己女朋友时并没有遭到反对”的辩解，经查被告人孙某与被害人小娟之前并不相识，案发后向被害人提出做“恋人”关系也不能抵抗违背妇女意愿的犯罪事实，辩解意见不予支持。2011 年 11 月 3 日，安龙县人民法院一审以强奸罪判处被告人孙某有期徒刑 6 年。

所谓胁迫手段，是指对被害妇女进行威胁、恫吓，达到精神上的强制，使妇女不敢反抗的手段，胁迫的核心是足以引起被害妇女的恐惧心理，使之不敢反抗，从而实现强行奸淫的意图。既可以直接对妇女进行威胁，也可以通过第三者进行威胁，既可以是口头胁迫，也可以是书面胁迫，既可以以暴力进行威胁，如持刀胁迫，也可以以非暴力进行威胁，如以揭发隐私、毁坏名誉相胁迫。利用教养关系、从属关系、职务权利等与妇女发生性交的，不能一律视为强奸，关键在于行为人是否利用了这种特定关系进行胁迫而使妇女不敢反抗，而不在于有没有这种特定关系。① 例如，2006 年 1 月 12 日上午 9 时许，受害人师某（女，时年 15 岁）到来凤县某乡镇卫生院放射室拍片，被告人吴某让受害人把衣服脱了后用手抚摸其上身，并解脱受害人师某的裤子以及自己的裤子。因师某不知吴某的行为是检查需要还是其他行为而未反抗。随后，将受害人弄到放射台上强行与其发生性关系。师某被害后，哭着跑出拍片室，将受害过程告知了医院其他当班医生，并向公安机关报案。公安人员接到报案后，迅速控制了案发现场及犯罪嫌疑人吴某，在案发现场提取床单一床（中间位置见血迹一处），带血的卫生纸一条。同时，提取了吴某的三角内裤及秋裤各一条，白大褂一件（上衣口袋装有卫生纸一团），并在秋裤裆部发现人血。同日，受害人师某到县人民医院妇检，诊断为处女膜新鲜裂伤。后经 DNA 检验，从被告人吴某的秋裤上检出人血，其 DNA 分型与受害人师某的 DNA 分型一致。在侦查人员数次讯问中，吴某均坚持零口供。师某作为一个正处妙龄花季的初中学生，遭到了被告人吴某的蹂躏，要求人民法院严惩暴徒。被告人吴某在大量证据面前，防线崩溃，开口供认了奸淫事实，但辩解是双方自愿发生的性关系，应无罪。来凤县人民法院认为，被告人吴某身为放射室医生，利用与患者的从属关系，强行与患者师某发生性关系，其行为构成强奸罪。吴某在公安侦查人员讯问中为零口供，即拒不承认有性行为的发生，但在已形成的证据链面前否决不了有性行为发生的情况下，辩解双方是自愿的性行为。其辩护人亦从时间、地点及周围环境的角度上来推断不利于被告人作案，并根据受害人的陈述分析后推断双方是自愿的性行为。因本案发生在特定的环境即较为遮光隔音的拍片室，受害人在被告人职业行为的驱使下，处于被支配地位，本身就不知抗拒和抗拒不能，故被告人及辩护人的意见不予采信。5 月 30 日来凤县人民法院作出判决：被告人吴某犯强奸罪，判处有期徒刑 6 年。吴某不服，向恩施州中级人民法院提出上诉。州中级人民法院终审认为，被告人吴某身为医务人员，利用为患者

① 曹红亮："关于强奸罪取证难问题的探讨"，载《辽宁公安司法管理干部学院学报》2011 年第 2 期，第 19 页。

做检查之机，违背妇女意志，强行与妇女发生性关系，其行为构成强奸罪，依法应当承担法律责任。原审判决定罪准确，量刑适当，审判程序合法。被告人吴某关于不构成强奸罪的上诉理由不予采纳。

所谓其他手段，是指采用暴力、胁迫以外的使被害妇女不知抗拒或者不能抗拒的手段，具有与暴力、胁迫相同的强制性质。例如，被告王某是涪陵清溪镇一私人诊所医生，2009 年 6 月 29 日晚，当地人夏某、李某一起陪朋友周某到王伟诊所内看病，王某给周某诊断后，要求其输液治疗，稍后夏某有事先离开诊所。当晚 10 点许，在给周某输液的过程中，王某用大剂量的镇静药给周某和陪同的李某口服后，使二人昏睡，然后分别将二人奸淫。次日，王某潜逃。周某、李某的亲属向公安机关报案。7 月 3 日，王某在湖南省衡阳市公安机关投案自首，7 月 9 日被刑事拘留，8 月 10 日被逮捕。涪陵区法院审理认为，王某使用镇静药品使他人昏睡，失去性防卫能力后与其发生性行为，其行为已构成强奸罪。案发后，王某主动到公安机关投案，如实供述犯罪事实，是自首，可以从轻处罚。2009 年 12 月，涪陵区人民法院一审以强奸罪，判处王某有期徒刑 6 年。司法实践中常见的其他手段有：用酒灌醉或者药物麻醉的方法强奸妇女；利用妇女熟睡之机进行强奸；冒充妇女的丈夫或者情夫进行强奸，利用妇女患重病之机进行强奸；造成或利用妇女处于孤立无援的状态进行强奸；假冒治病强奸妇女；组织利用会道门、邪教组织或者利用迷信奸淫妇女等。[①] 例如，2012 年 7 月 26 日晚上约 18 时 30 分，受害者何某因怀孕到莆田市一民营医院检查，医生开具尿检和 B 超化验单，29 岁的男“医生”郑某带领何某至 B 超室内进行 B 超检查，在进行 B 超检查时，郑某采用诱骗等方式强奸了受害者何某。郑某于 2011 年底到该门诊部上班，门诊部安排他做化验工作，由于没有医生，所以也安排他做 B 超检查工作。后经办案机关查实，嫌疑人郑某只有中专文化，并无行医资格。2012 年 8 月 6 日，福建省莆田市荔城区人民检察院以涉嫌强奸罪对郑某依法批准逮捕。又如，覃某系广西岑溪市大业镇某村的一名乡村医生。2012 年 5 月 24

① 牛凌峰：“冒充情夫与女方发生关系是否构成强奸罪”，载《农村百事通》2004 年第 2 期，第 57 页。

日傍晚，10 多岁的女孩林某因身体出麻疹，其母亲便叫其自己到同村覃某经营的诊所看病开药。在诊所，覃某看了林某的病情后，认为是出麻疹，对林某讲打针会快好些。于是便带林某到该诊所二楼的一房间内帮林某打针。覃某配好打针的药水后，见到林某已坐在病床边准备打针，而该楼层又没有其他人时，便产生奸淫林某的念头。于是，覃某叫林某躺到床上，然后将林某的裤子脱到大腿根处对林某实施了奸淫。林某因身体不舒服和害怕不敢反抗。法院审理后认为，覃某利用医患关系对病人实施奸淫，其行为已构成了强奸罪，鉴于其在案发后主动向公安机关投案自首，可从轻处罚。2012 年 10 月，法院判处覃某有期徒刑 4 年 2 个月。还如，2007 年 3 月 6 日，在九江做服装生意的杨某丽来到九江俏丽医学美容中心做吸脂手术，由王医生主刀。不过，在吸脂时，杨某丽感到非常疼痛。吸脂后，王医生对杨某丽说："等一下我还要托住你的阴道进行排水。"杨某丽以为是手术需要，就没有反对。后来，杨某丽睡着了。当她苏醒过来后，看到王医生还在排水。又过了 20 分钟左右，水排完了，王医生对杨某丽腹部的两处针孔进行缝合。手术做完后，杨某丽在更换护垫时，发现下身流出了很多分泌物，而且，回到家里后，下身还在不断地流出分泌物。于是，她立即到浔阳区公安分局报案。公安机关将杨某丽的护垫和从阴道内提取的精子委托江西省公安厅做 DNA 鉴定，鉴定结果表明分泌物里确实有主刀医生王某的精子。可是，面对公安机关的调查取证，王某却千方百计地为自己开脱罪责。后来又称是杨某丽自愿和他发生性关系的。法院经过审理后认为，在吸脂手术当天，杨某丽在经历手术的巨大疼痛，尚处于术后疲惫及伤口没有包扎、极易感染的情况下，自愿与一个以前没有交往的人发生性关系，这种说法不合常理。同时，经过专业人士证实，做腹部吸脂手术时，并不需要用手伸进阴道里排水，但王某却欺骗杨某丽，使杨放松了警惕。之后，在杨某丽体内提取出了王某的精液，而杨某丽却又不知道精液是怎么来的，说明王某采用欺骗的方法，在杨某丽处于睡眠状态不知晓的情况下与其发生了性关系，其行为已构成强奸罪。2008 年 4 月，九江市中级人民法院下达刑事裁定书，依法以强奸罪判处王某有期徒刑 3 年。

三、强奸罪的犯罪主体

强奸罪的犯罪主体是特殊主体，即年满 14 周岁具有刑事责任能力的男子，在共同犯罪情况下，妇女教唆或者帮助男子强奸其他妇女的，以强奸罪的共犯论处。例如，2013 年 7 月 12 日 19 时，广西恭城观音乡 45 岁村民张某福在县城学医获取医师资格证后自开“观音村卫生所”接诊，同乡杨梅村杨女士前来看病，张某福刚看完两位病人后，杨女士就直接进到诊所药房里面的房间等待针灸。因前一个星期杨女士已来扎过针灸，张某福告诉其隔一个星期再来针灸。张某福见杨女士进房间后，就拿火罐和针来到房间，并问杨女士比以前舒服些了吗？杨女士说头不痛了，就是脚还有些疲乏无力，张某福告诉杨女士可能是湿气太重了，需要拔罐和针灸，针灸要扎背部和腰部，杨女士就把自己的衣服捞到脖子位置并趴在床上。接着张某福就用针灸在杨女士背部扎了四针，之后张某福说屁股下面还要扎两针，说着便把杨女士的外裤和内裤脱到了膝盖位置，并在其两边臀纹各扎了一针，然后每隔几分钟转动一下针灸。10 分钟后张某福开始杨女士帮取针，取完针后，张某福起了色心，想与其发生性关系，并用手指伸进杨女士的阴部，杨女士拿开张某福的手，将其喝止。张某福说，“晚上没人来的，就我们两个人”，接着用嘴亲其背部，强行脱掉其裤子，拉开自己的裤子，准备实施强奸。杨女士从床上坐起来，将张某福推开，此时诊所外面有人骑摩托车前来看病，张某福急忙从房间走出来，杨女士趁机走出房间骑摩托车离开诊所。2013 年 7 月 14 日，杨女士向公安机关报案，当天张某福被抓获归案。法院审理认为，张某福违背妇女意志，以行医之便强行与妇女发生性关系，构成强奸罪。由于其意志以外的原因强奸犯罪未能得逞，系犯罪未遂。张某福犯罪后如实交代自己的罪行，认罪态度较好，依法可酌情从轻处罚。10 月 17 日，恭城瑶族自治县人民法院以强奸罪，判处张某福有期徒刑 1 年 8 个月。

四、强奸罪的犯罪主观方面

强奸罪的犯罪主观方面是故意，并且具有奸淫的目的。例如，7 月 26 日晚上 6 时 30 分许，怀孕约 40 天的 35 岁福建莆田荔城区人何女士想做人流，于是在小姑子的陪同下来到莆田长江门诊部做检查。经过门诊部一楼两名女医生的检查后，何女士去验尿和做 B 超。约 10 分钟后，年轻的男“医生”郑某武将何女士带到一楼的 B 超室，并关上房门。随后，按照郑某武的要求，何女士躺在病床上开始接受检查。过了一会儿，对方要求何女士把裤子和内裤拉下去一点，最后直接伸手将她的裤子和内裤都拉到膝盖处。在检查的过程中，郑某武还把手伸进了何女士的下体，这种做法让她觉得很害羞，便用手遮住自己的眼部。突然，郑某武脱下裤子，爬到何女士的身上，并射出精液。对方的反常举止，让何女士本能地将对方推开。此时，恰好另外两名女医生前来敲门，情绪激动的何女士将事情的经过告诉了两名女医生。郑某武则称自己“刚才太冲动了”，并对自己的行为表示否认，但向何女士表示愿意赔钱。拒绝了对方赔钱私了后，何女士当即向警方报案。事发当晚，郑某武被荔城警方抓获归案。2012 年 7 月 27 日，郑某武因涉嫌强奸罪被荔城警方刑事拘留。据查，27 岁郑某武，已婚并已有一个孩子，于去年年底来到莆田长江门诊部上班，平时主要是做化验等工作，中专学历，学过一些护理知识，但没有获得行医资格。荔城区人民检察院以涉嫌强奸罪对男“医生”依法批准逮捕。如果犯罪分子不具有奸淫目的，而是以性交以外的行为满足性欲的，则就不能构成强奸妇女罪，如抠摸、搂抱的猥亵行为，构成犯罪的，则就以强制猥亵罪论处。已明知妇女是不能正确表达自己意志的精神病人或有严重痴呆的人而与之性交的人，不管犯罪分子采取什么手段和被害妇女是否表示“同意”或“反抗”，都应视为违背妇女意志，构成强奸罪；对患有间歇性精神病妇女在精神病没有发作期间同意与之发生性交行为的，不构成强奸罪；对确实不知道妇女是青春型精神病患者，在妇女的勾引下与之发生性交行为的，一般不宜以强奸罪论处；对确实不知道妇女患有较轻微的痴呆症，在女方自愿或者在女方主动要求下与之发生性交行为的，不宜以犯罪论处。①

---

① 曹红亮：“关于强奸罪取证难问题的探讨”，载《辽宁公安司法管理干部学院学报》2011 年第 2 期，第 19 页。

第十九节 强制猥亵妇女罪

根据《刑法》第237条第1款的规定，强制猥亵妇女罪是指违背妇女意志，以暴力、胁迫或者其他方法强制猥亵妇女的行为。

一、强制猥亵妇女罪的犯罪客体

强制猥亵妇女罪的犯罪客体是妇女的身体自由权和隐私权、名誉权。

二、强制猥亵妇女罪的犯罪客观方面

强制猥亵妇女罪的犯罪客观方面表现为以暴力、胁迫或者其他方法强制猥亵妇女的行为。

首先，行为人猥亵妇女具有违背妇女意志的本质特征。违背妇女意志，即未经妇女真实同意。例如，2012年底的一天，萧县张庄寨镇海青村未满18岁的花季女孩王某到海青村卫生室买“雪花膏”时，时任该卫生室医生的50岁被告人刘某强行搂抱王某，并强行亲吻王某，对其猥亵。在春节期间，家人与王某一起睡觉时，夜里发现王某在睡梦中哭并跺床的异常现象，经多次询问，受害人王某才把情况告知家人。事发后，刘某主动投案，因涉嫌犯强制猥亵妇女罪，于2013年3月26日被萧县公安局刑事拘留，4月9日被逮捕。6月27日，被萧县人民检察院提起公诉。法院审理后认为，被告人刘某以暴力方法强制猥亵妇女，其行为触犯刑律，构成强制猥亵妇女罪。犯罪事实清楚，证据确实充分。因被告人刘某主动投案，并表示同意赔偿被害人的经济损失，可酌情从轻处罚。根据被告人刘某的犯罪事实、性质、情节和对于社会的危害程度，2013年10月，萧县人民法院判处刘某有期徒刑1年。

其次，行为人采用暴力、胁迫或者其他方法。所谓暴力，是指对被害妇女的人身采取殴打、捆绑、堵嘴、掐脖子、按倒等侵害人身安全或者人身自由的强暴方法，使妇女不能反抗。所谓胁迫，是指对被害妇女采取威胁、恐吓等方法实行精神上的强制，使妇女不能反抗。例如，以杀害、伤害、揭发隐私、毁坏私誉、加害亲属等相威胁；利用收养关系、从属关系、职务权力以及使被害妇女处于孤立无援的环境进行挟制等。正确认定利用职权、教养关系、从属关系实施的强制猥亵妇女罪，关键是查明行为人是否利用了特定的关系对妇女进行胁迫。在强制猥亵罪的认定中，不能把有教养关系、从属关系和利用职权猥亵妇女的行为都视为强制猥亵。行为人利用职权引诱女方，女方基于互相利用而容忍行为人对其猥亵的，不能认定为强制猥亵妇女罪。所谓其他手段，是指暴力、胁迫以外的其他使妇女无法反抗、不知反抗的手段。[①] 例如，40 多岁的李某来自广西，平时有腰酸、腿疼的症状。3 月 27 日早上 8 时许，李某前往漳州台商投资区角美某门诊部就诊，五官科的林医生接待了她。听李某介绍症状后，林医生建议她去做血常规、尿液、双肾脏、输尿管和膀胱 B 超等项目检查。一番检查后，门诊部给李某出具的报告单显示，她患有腰椎间盘突出、盆腔炎和子宫内膜炎等病。于是，林医生给李某开处方，要求其拿药打针、输液。就在李某输液过程中，林医生让她上二楼外科办公室，并要求她脱下衣服。“林医生先是给我拔火罐，然后用手摸我的下身……”没想到，令李某意外的事发生了，林医生竟然爬到她身上……事情发生后，李某并没有及时报警，而是回家后，向妹妹说起了事情的经过。最后，在妹妹的建议下，李某向台商分局报警。3 月 28 日，台商分局立案侦查。警方在调查时发现，林医生系龙海人，其执业证书显示为五官科医生。而且在随后的检查中，李某并没有患该门诊部所检查出来的妇科病。事后怕罪行败露，林某某主动到公安机关投案并一次性补偿受害者 18000 元。2013 年 10 月，龙海市法院以强制猥亵妇女罪，判处被告人林某某有期徒刑 7 个月。又如，利用封建迷信进行恐吓、欺骗或者利用妇女患病、熟睡之机进行猥亵；利用酒灌醉、药物麻醉、药物刺激等方法对妇女进行猥亵；利用或者假冒治病对妇女进行猥亵等。例如，小红是位 20 岁出头的女孩，从未交过男友。2008 年 9 月底，小红因为经常感冒，来到北京名仕医院看中医，希望能够调理一下。医生赵某为小红号完脉后并没有开药方，而是开始询问小红的个人情况。之后，赵某声称小红经常感冒是肾虚造成的，需要做“妇科检查”。关上诊室的门，赵某让小红躺在床上实施了“检查”。之后，赵某又让

① 房磊：“关于强制猥亵、侮辱妇女罪的思考”，载《理论界》2005 年第 7 期，第 181 页。

她脱去了上衣，继续“检查”。由于这些行为都是当着女护士的面实施的，小红误以为是“例行检查”，并未在意。后来赵某给小红开了几服中药，让她“一周后再来检查”。一周后，小红来到医院，赵某再次实施了猥亵行为。事后赵某告诉小红，她的病需要长时间治疗。在此后一个多月的时间里，赵某先后近 10 次以治疗为名，实施了猥亵行为。小红每次还要花一百多元的“治疗费”。到了 11 月初，赵某一些过于露骨的行为让小红感到了异常。为了掩人耳目，赵某居然以小红经济条件不好为名，塞给她 2000 元钱，并称要和她“交个朋友”。回到家，小红越想越不对劲，把事情经过告诉了姐姐。第二天，小红在姐姐的带领下到一家医院进行了妇科检查，发现自己并无任何妇科病。发觉受害后，小红报案。2008 年 11 月 11 日，民警在北京名仕医院将赵某抓获。案发后，北京名仕门诊部负责人承认，在医学上，赵某的行为肯定不是一种“治疗方法”。赵某的护士也称，自己并不清楚小红的病情需要何种检查，因此，无法干涉赵某的行为。后来她觉得赵某的行为欠妥，曾向院方反映过，还为此得罪了赵某，后来就再也不敢反映了。法院审理认为，赵某利用为被害人治病的机会，谎称其行为对被害人的治疗有利，借机猥亵被害人，其行为已构成强制猥亵妇女罪。小红虽然在很长时间里容忍了赵某的行为而没有反抗，是因为赵某是医生，其编造的谎话使小红产生了错误的认识，不影响强制猥亵妇女罪的认定。2009 年 10 月，北京海淀法院以强制猥亵妇女罪判处医生赵某有期徒刑 4 年。

再次，行为人实施了强制猥亵妇女的行为。猥亵，是指以刺激或满足性欲为目的，用性交以外的方法实施的淫秽行为。猥亵既可以发生在男女之间，也可以发也于同性之间，但是只有猥亵妇女的，才构成本罪。所谓猥亵妇女，是指对妇女的抠摸、舌舔、吸吮、亲吻、搂抱、手淫等行为。例如，2005 年 4 月 4 日下午，瑞安某中学在校高三女学生生小林因腰痛到瑞安市一家医院门诊部一楼骨伤科就诊，接诊的被告人林某在对小林进行腰部推拿时，用手长时间摸她的私处，做一些猥亵下流的动作。对突然发生这样的事情，懵懂的小林不敢声张，回家后才将此事告诉家人。其家人便向当事医院保卫科反映。次日上午，林某主动向保卫科交代了犯罪事实。同月，公安机关对其依法刑事拘留。法院认为，林某为寻求精神刺激，利用医生为病人看病的机会，违背妇女意志，强制猥亵妇女，其行为已触犯刑律，构成强制猥亵妇女罪。2005年9月27日，瑞安市法院以强制猥亵妇女罪判处医生林某有期徒刑2年6个月。

三、强制猥亵妇女罪的犯罪主体

强制猥亵妇女罪的主体为一般主体，即已满16周岁且具备刑事责任能力的自然人。在共同犯罪的情况下，妇女也能构成本罪的主体。例如，30岁的四川人谭某系石狮市一诊所医生。2011年7月7日15时许，当不满18岁的花花患病到该诊所看病时，负责诊疗的谭某以听诊为由，抚摸花花的胸部。次日20时许，花花前来复诊被谭某带到消毒供应室。之后谭某将门反锁，以检查身体为由猥亵花花。之后，谭某被公安机关抓获。由于涉及未成年人和个人隐私，石狮法院对该案进行了不公开审理。该院审理认为，被告人谭某以看病为由，强制猥亵未成年少女，其行为已构成强制猥亵妇女罪，11月，法院依法判决被告人谭某犯强制猥亵妇女罪，判处有期徒刑1年6个月。

四、强制猥亵妇女罪的犯罪主观方面

强制猥亵妇女罪的主观方面表现为故意，通常表现出寻求刺激或者满足行为人或第二者的性欲的倾向，但不具有强行奸淫的目的。例如，2012年3月19日，受害人雯雯在厦门市妇幼保健医院接受了“宫腹腔镜联合手术”。手术于当天18时50分许结束，随后，38岁的麻醉医生潘某在该医院三号楼五楼的手术复苏室内，为受害人雯雯进行麻醉复苏。在此期间，潘医生趁雯雯仍处于意识恢复阶段，还没有完全清醒状态下，对雯雯实施猥亵行为。潘医生自己以为，这样的事“神不知鬼不觉”。但是，他没想到最终还是被人发现了。原来，雯雯苏醒后，发现身体有异样，感觉“不对劲”，于是就报了警。2012年3月21日，潘医生向厦门市公安局中华派出所投案，如实供述自己强制猥亵女患者的犯罪事实。随后，警方询问了多位证人，并让法医进行鉴定，开出了《人类遗传学检验鉴定书》。这些证据清楚地表明，潘医生的确实施了猥亵行为。案发后，潘医生的家属与受害人雯雯达成《赔偿协议》，赔偿雯雯的经济损失人民币10万元。获赔后，雯雯对被告人潘某的行

为表示谅解。法院认为，潘医生违背妇女意志，在妇女处于麻醉复苏阶段无力反抗的状态下，为寻求性刺激而对其实施猥亵行为，其行为已构成强制猥亵妇女罪，7月，法院一审判处潘某有期徒刑2年2个月。

第二十节 猥亵儿童罪

根据《刑法》第237条第2款的规定，猥亵儿童罪是指以刺激或满足性欲为目的，用性交以外的方法对儿童实施的淫秽行为。

一、猥亵儿童罪的犯罪客体

猥亵儿童罪的犯罪客体是儿童的身心健康、人格尊严和隐私权。本罪侵犯的对象是儿童，即不满14周岁的未成年人，包括男童和女童。

二、猥亵儿童罪的犯罪客观方面

猥亵儿童罪的犯罪客观方面表现为以刺激或满足性欲为目的，用性交以外方法对儿童实施的淫秽行为。猥亵的手段如抠摸、舌舔、吸吮、亲吻、搂抱、手淫、鸡奸等行为。上述手段中除手淫、鸡奸外，对于前四种行为判断行为人主观动机尤为重要，行为人如出于玩笑或者其他善良动机而实施抚摸、搂抱、亲吻等较为普遍的行为，其本身不具违法性。由于儿童对性的辨别能力很差，法律并不要求行为人实施暴力、胁迫或者其他方法。不论儿童是否同意，也不论儿童是否进行了反抗，只要对儿童实施了猥亵的行为，就构成本罪。司法实践中，猥亵儿童具有情形之一的，应认定为猥亵儿童罪：猥亵儿童两次以上或一次猥亵儿童两名以上的；采取暴力、胁迫或以之相威胁等方法强制猥亵儿童的；猥亵儿童致使被害人轻微伤以上损伤的；猥亵儿童造成其他严重后果的，如严重损害儿童心理健康，造成被害儿童近亲属精神错乱或自杀的等。[①] 例如，2007年底，年龄分别为6岁的琪琪和12岁得肺炎的苗苗因病在北京儿童医院内一科二病房住院治疗，按照医院规定，父母只能

---

① 季鑫鑫："关于猥亵儿童罪的几点思考"，载《法制与社会》2008年第3期（中），第40页。

在周末探视孩子，其余时间院方派专人负责看护。2008 年 1 月 5 日凌晨，谷某锁利用进修医生身份，趁夜间值班之机，对两名女童进行猥亵。1 月 6 日下午，苗苗的母亲周女士却接到女儿发的短信，俩儿童家属遂带着孩子做了检查，结果是两人下阴部均红肿。家属报警后，嫌疑人谷某锁被控制。42 岁的谷某锁是河北邢台市第三医院的儿科副主任医师，擅长新生儿童抢救，因工作努力，2007 年 9 月来到儿童医院进修。谷某锁说，1 月 6 日凌晨探视病房时，因为很久没有性行为，冲动之下对女童进行了猥亵。2008 年 2 月，涉嫌猥亵儿童罪的谷某锁经被北京西城检察院批准逮捕。法院对该案进行了不公开开庭审理。法院审理后认为，谷某锁猥亵不满 14 周岁儿童，构成猥亵儿童罪。考虑到谷某锁认罪、悔罪态度较好，事发前工作表现一贯良好，判决有期徒刑 2 年 6 个月。两名受害女童在民事起诉书中称，住院期间，儿童医院既不允许家长陪护，也疏于管理和看护，致使她们遭到犯罪侵害并造成恶劣后果。谷某锁认为儿童医院在管理上有明显漏洞，他自称没有赔偿能力。儿童医院则表示，院方不存在过错，因此不同意赔偿。法院一审判决，谷某锁向两名女童赔偿 10 万余元的经济损失，此外，还需向每名女童赔偿 30 万元精神损害抚慰金，如谷某锁没有能力承担，北京儿童医院要承担赔偿责任，医院有权直接向谷长锁追偿。儿童医院不服一审判决，以精神损害抚慰金过高为由提出上诉。一中院审理后认定，此事件中儿童医院存在过错。综合各种情况，一中院认为每名受害人 30 万元精神损害抚慰金数额是适当的，不宜调整。一中院终审驳回上诉，维持原判。

三、猥亵儿童罪的犯罪主体

猥亵儿童罪的犯罪主体是一般主体，凡已满 16 周岁且具备刑事责任能力的自然人均能构成本罪。例如，周口郸城县 10 岁的花花有慢性鼻炎，鼻子经常不透气。2013 年 6 月，花花的妈妈何某听说郸城县某镇有家治鼻炎挺不错的诊所。6 月 10 日上午，该诊所一名女子为花花治疗：用棉签蘸药塞进鼻子，五六分钟后取出。然后，用不带针头的注射器往鼻子里注药。最后，何某交费 800 元，对方说这是连续治疗 3 次的费用。治疗时，该诊所负责人刘某军说，他在县城有个分诊所，由儿子刘某负责，剩余两次可去那里治疗。

花花第二次接受刘某治疗后，回家说恶心，连刷三次牙，“牙都刷出血来了”。在何某追问下，花花说：“他让我用口罩蒙住眼，口罩松了，我看见他把那个放我嘴里了。”花花一直以为刘某是在给她治病，只是治病的方法很恶心。“感觉可丢人。”花花搓着手说，当时从嘴里吐出的东西“很臭”。事情暴露，晚上 8 点，何某报警。警方从治疗室地上取到刘某作案的“证据”。刘某被批捕，案件移交到郸城县检察院。刘某 23 岁，某卫校毕业，已经结婚且有孩子，没有医师从业资格证。

四、猥亵儿童罪的犯罪主观方面

猥亵儿童罪的犯罪主观方面是故意。行为人以刺激或满足性欲为目的。

第二十一节 玩忽职守罪

根据《刑法》第 397 条的规定，玩忽职守罪，是指国家机关工作人员严重不负责任，不履行或不正确地履行自己的工作职责，致使公共财产、国家和人民利益遭受重大损失的行为。

一、玩忽职守罪的犯罪客体

玩忽职守罪的犯罪客体是国家机关的正常活动。由于国家机关工作人员对本职工作严重不负责，不遵纪守法，违反规章制度，不履行应尽的职责义务，致使国家机关的某项具体工作遭到破坏，给国家、集体和人民利益造成严重损害，从而危害了国家机关的正常活动。本罪侵犯的对象可以是公共财产或者公民的人身及其财产。

二、玩忽职守罪的犯罪客观方面

玩忽职守罪的犯罪客观方面表现为国家机关工作人员违反工作纪律、规章制度，擅离职守，不尽职责义务或者不正确履行职责义务，致使公共财产、国家和人民利益遭受重大损失的行为。

首先，必须有违反国家工作纪律和规章制度，玩忽职守的行为，包括作为和不作为。所谓玩忽职守的作为，是指国家工作人员不正确履行职责义务的行为。有的工作马马虎虎，草率从事，敷衍塞责，违令抗命，极不负责任。有的阳奉阴违，弄虚作假，欺上瞒下，胡作非为等。所谓玩忽职守的不作为，是指国家工作人员不尽职责义务的行为。即对于自己应当履行的，而且也有条件履行的职责，不尽自己应尽的职责义务。有的擅离职守，撒手不管；有的虽然未离职守，但却不尽职责，该管不管，该作不作，听之任之等。由于各个机关、单位都有自己的活动原则、组织纪律和规章制度，以及工作人员的职责和权利、义务，这些都是必须遵守的工作纪律和规章制度。有关的国家机关工作人员只有违反了这些工作纪律和规章制度，才能成为玩忽职守的行为。因此，玩忽职守的行为方式多样，涉及面广，在不同的领域、不同的部门，有不同的规定。① 例如，2003 年期间，孔某锦在未取得《医师执业证书》和《医疗机构执业许可证》的情况下，在海口市龙华区滨涯村 102 号开了一家私人“黑”诊所。2010 年 3 月 13 日，胡某勇因感冒发烧到孔某锦的诊所看病，打点滴时出现休克后死亡，经鉴定，系速发型过敏性死亡。2009 年 8 月，龙华区卫生监督所挂牌成立，46 岁的甘肃人侯某红被任命为龙华区卫生局卫生监督所副所长。在侯某红负责的辖区滨涯村内，有孔某锦开办的私人诊所。因其未及时对辖区内某诊所非法行医进行查处、取缔，致使一人就诊后死亡。2013 年 3 月 26 日侯某红因涉嫌玩忽职守罪被刑事拘留，同年 4 月 2 日被取保候审。检察机关认为，侯某红在打击非法行医的专项活动和日常稽查工作中，未认真履行职责，致使该诊所长期非法从事医疗活动，并导致一人死亡的后果，其行为已构成玩忽职守罪。海口琼山法院判决侯某红犯玩忽职守罪，免予刑事处罚，由主管部门给予行政处罚或行政处分。宣判后，侯某红不服上诉，请求改判无罪。海口中院认为，孔某诊所公开非法行医持续时间较长，且在该村的主干道上，也曾被查处过，应当被具有执法监督职责的卫生监督所发现并查处，但侯某红应当发现而没有发现并予以查处。2014 年 2 月，海口中院终审裁定驳回上诉，维持原判。

其次，必须具有因玩忽职守，致使公共财产、国家和人民利益造成重大

① 戚东升：《滥用职权罪主观方面问题辨析》，中国政法大学 2007 年硕士学位论文，第 4 页。

损失的结果。所谓重大损失，是指给国家和人民造成的重大物质性损失和非物质性损失。物质性损失一般是指人身伤亡和公私财物的重大损失，是确认玩忽职守犯罪行为的重要依据；非物质性损失是指严重损害国家机关的正常活动和声誉等。认定是否重大损失，应根据司法实践和有关规定，对所造成的物质性和非物质性损失的实际情况，并按直接责任人员的职权范围全面分析，以确定应承担责任的大小。[①] 2005 年《最高人民检察院关于渎职侵权犯罪案件立案标准的规定》规定了应予以立案的情形。2012 年《最高人民法院最高人民检察院关于办理渎职刑事案件适用法律若干问题的解释（一）》对“致使公共财产、国家和人民利益遭受重大损失”作出了解释。例如，1990 年，柳城县韦某取得“柳城县个体开业行医执照”，在柳城县城开了家“韦寒诊所”。1993 年 12 月 30 日韦某取得了“中医士”职称。1999 年 5 月 1 日《执业医师法》颁布实施后，柳城县对个体医疗行业进行了清理整顿。2001 年 7 月 20 日，柳城县卫生局对韦某开设的“韦寒诊所”进行现场卫生监督，认为韦某存在超科目开展西医科目诊疗、擅自开展输液等问题，要求其立即停止西医科目诊疗活动。次年 5 月 8 日，柳城县卫生局对韦某关于申请核发“医疗机构执业许可证”（以下简称“许可证”）作出批复决定，注销他原持有的“个体开业行医执照”，不予核发“许可证”。韦某接到批复后，并没有停止医疗行为。为逃避查处，韦某在县城的诊所搬迁了地点，变更为“中西医韦某诊所”，设置内外科、妇儿科、结石科。2006 年 2 月，韦某取得了广西卫生厅颁发的执业助理医师资格证书，向柳城县卫生局申请继续在县城开设个体诊所。县卫生局于 2007 年 6 月 28 日作出处理意见，认为韦某可在乡镇（村）个体医疗诊所中按照其执业类别单独从事一般的诊疗活动，不许可在县城开设个体诊所，但韦某在未取得执业医师资格证和“许可证”的情况下，继续在县城当街的地方私设诊所开展医疗活动，监管部门也没有进行查处。2008 年 6 月 18 日，18 岁的女患者廖某因患哮喘病，前往韦某的诊所就医，韦某给廖某开处方服药，并连续几天静脉输液治疗。治疗的第 4 天的 6 月 21 日中午 12 时，廖某在静脉输液过程中，突然哮喘病情加重，韦某立即

---

① 李长治：《玩忽职守罪若干问题研究》，郑州大学 2004 年硕士学位论文，第 19 页。

拔掉针头并抢救，同时拨打“120”求助，并将此事报告柳城县卫生局。当“120”医生赶到现场时，廖某已经死亡。见惹出严重的医疗事故，韦某于次日主动到当地派出所投案。2008 年 8 月 19 日，韦某因涉嫌犯非法行医罪，被柳城县公安局刑事拘留，10 天后被检察机关批准逮捕，并于次日获准取保候审。同年 11 月 5 日，柳城县检察院向柳城县法院提起公诉，指控韦某犯非法行医罪，并向法院提供相关事实材料及证据。2008 年 12 月 18 日柳城县法院经审理作出一审判决：韦某犯非法行医罪，判处有期徒刑 6 年，并处罚金 1 万元。宣判后韦某不服提出上诉。2010 年 12 月柳州市中级人民法院作出终审判决：认定韦某犯非法行医罪，改判有期徒刑 3 年，并处罚金人民币 1 万元。韦某被法院再审终审判决生效后，柳城县检察院着手对诊所承担有监管职责的直接责任人依法立案调查。检察院经调查，认为柳城县卫生监督所监督二科科长对该诊所负有法定监管职责，然而在其任职期间，没有履行职责打击非法行医，没有对长期非法行医的韦某进行检查处理，导致韦某在未取得执业医师资格及“许可证”的情况下非法行医，发生一名患者死亡的事故，造成了不良社会影响。对此，检察院以监督科长涉嫌玩忽职守罪向柳城县法院提起公诉。2011 年 9 月，柳城县法院公开开庭审理此案。①

最后，玩忽职守行为与造成的重大损失结果之间，必须具有刑法上的因果关系。这是确定刑事责任的客观基础。玩忽职守行为与造成的严重危害结果之间的因果关系错综复杂，有直接原因，也有间接原因；有主要原因，也有次要原因；有领导者的责任，也有直接责任人员的过失行为。构成本罪，应当追究刑事责任的，则是指玩忽职守行为与造成的严重危害结果之间有必然因果联系的行为，否则，一般不构成玩忽职守罪，而是属于一般工作上的错误问题，应由行政主管部门处理。② 例如，在押人员官某入营山县看守所时，看守所医生、管教民警李某鸿曾给他做过食道接替手术，明知其身体极度营养不良。2004 年 8 月李某鸿与另一民警送官某到县人民医院仅作了外科

---

① 黄世金：“一起无证行医致人死亡监督科长被公诉的提示”，载《中国公共卫生管理》2012 年第 3 期，第 355 页。

② 王达：“房屋登记人员玩忽职守罪的构成要件——刑法对房屋登记人员依法履行职责之规制”，载《中国房地产》2011 年 1 月上半月刊，第 18 页。

检查，而未进行全面检查，致使官某病情加重病死。法院认为李某鸿的行为已构成玩忽职守罪，但公诉机关指控李某鸿对在押人员张某忠误诊导致其死亡的事实理由不充分，法院不予支持。2006 年 10 月，蓬安县法院一审判决无证狱医、民警李某鸿玩忽职守罪，有期徒刑 1 年，缓刑 1 年。又如，在两名广州“老板”的遥控下，由吴某等多名“黑中介”通过网络联系卖肾者在南昌“圈养”，然后再到景德镇进行非法摘肾手术。其中，每名卖肾者在手术前签下“捐肾志愿书”，并在摘肾后获得 2 万元，“黑中介”则每例获利 3000 元至 4000 元；通过网络联系前来手术的麻醉师范某超则每例获利 6000 元。至案发时，景德镇市某社区医院院长周某主刀共非法摘取肾脏 13 例，每例收取手术费 3.7 万元；某民营医院则提供场所，由广州“老板”自带医生前来做摘肾手术 5 例，院长邹某每例收费 2.6 万元。景德镇市珠山区人民检察院指控，2007 年 12 月至 2011 年 6 月，在盛某和田某分别担任景德镇市卫生监督所医疗与传染病监督科科长、副科长期间，发现“摘肾案”涉及诊所之一的某社区医院院长周某，存在超出经营范围或使用非卫生技术人员非法进行手术等违法违规行为后，均通过罚款方式处理了事。2013 年 7 月，景德镇市珠山区法院一审判处 2 人构成玩忽职守罪，但法院同时认为，盛某、田某二人的玩忽职守并非诊所非法买卖肾脏的直接原因，遂对二人免予刑事处罚。

三、玩忽职守罪的犯罪主体

玩忽职守罪的犯罪主体是特殊主体，即只有具有国家机关工作人员身份的人才能成为本罪的主体。国家机关是指国家权力机关、各级行政机关和各级司法机关，因此，国家机关工作人员，是指在各级人大及其常委会、各级人民政府、各级人民法院和人民检察院中依法从事公务的人员。例如，2005 年 8 月，陈某丽（另案处理）开始承包滦平县安匠屯社区服务站第三分部，在没有执业医师和执业护士资质的情况下，雇用他人行医。2009 年 3 月初，滦平镇居民陈淑芝来此看病，陈某丽为其用头孢曲松和地塞米松输液治疗，在输液前做了皮试。4 月 1 日，陈某丽到陈某芝家中，在没有做皮试的情况下，继续用头孢曲松和地塞米松为其输液，输液几分钟后，陈某芝猝死。滦平县卫生局卫生监督所工作人员赵某磊、陈某海、赵某庆先后分管安匠屯社区服务站第三分部监督检查工作，负有对辖区内医疗机构的执业资格、执业范围及其医务人员的执业资格进行监督检查、规范医疗服务行为、打击非法行医的职责，案发后3名被告人认罪态度诚恳，积极协调对被害人亲属的赔偿。2010年7月，河北省滦平县法院判决赵某磊等3人构成玩忽职守罪，免予刑事处罚。

四、玩忽职守罪的犯罪主观方面

玩忽职守罪的犯罪主观方面是过失，即行为人作为国家机关的工作人员理应恪尽职守，尽心尽力，履行公职中时刻保持必要的注意，但行为人却持一种疏忽大意或过于自信的心态，对自己玩忽职守的行为可能导致的公共财产、国家和人民利益的重大损失应当预见而没有预见，或者已经预见而轻信能够避免。行为人主观上的过失是针对造成重大损失的结果而言，但并不排斥行为人对违反工作纪律和规章制度或对自己的作为和不作为行为则可能是故意的情形。如果行为人在主观上对于危害结果的发生不是出于过失，而是出于故意，不仅预见到，而且希望或者放任它的发生，那就不居于玩忽职守的犯罪行为，而构成其他的故意犯罪。① 例如，2010年10月16日，根据群众举报，时任海口市秀英区卫生监督所副所长一职的卢某文第一次带领几名卫生监督员来到马某芳所开设的“诊所”查处，并作出了相应的行政处罚决定。并在同年11月、12月又查处了两次该诊所。但是，在查处过程中，卢某文严重不负责任，没有按规定在第三次查处后，立即将马某芳非法行医案件移送公安机关查处，导致马某芳继续非法行医。2011年1月7日，卢某文第四次带人查处马某芳的“诊所”，也作出相应的行政处罚决定。但在近半个月以后，卢某文才开始办理相关移送侦查手续，准备将马某芳非法行医案件移送公安机关。但就在这些时日里，马某芳继续非法行医。2011年2月2日，来马某芳诊所就医的患者邝某死亡。卢某文不负责任的行为不仅仅体现

---

① 王达：“房屋登记人员玩忽职守罪的构成要件——刑法对房屋登记人员依法履行职责之规制”，载《中国房地产》2011年1月上半月刊，第19页。

在此，他还在作出行政处罚决定时弄错过对象。2010 年 4 月，卢某文带领卫生监督员在西秀镇新海卫生院旧址查处刘某刚非法行医。事后，在作出行政处罚决定时，误将已不具备医疗机构资格的新海卫生院作为处罚对象。2012 年 5 月，卢某文带领卫生监督员再次查处刘某刚非法行医时，由于卢某文仅向刘某刚发出卫生监督意见书，而未进行处罚，从而使刘某刚继续非法行医。2012 年 10 月，卢某文第三次查处刘某刚非法行医，他作出行政处罚事先告知书，拟对刘某刚进行行政处罚。但事后，卢某文并未依法对刘某刚非法行医作出行政处罚，直到第四次查处，才对刘某刚作出行政处罚。在此期间，卢某文未按规定将刘某刚非法行医案件移交公安机关查处，导致刘某刚在多次非法行医被查处后仍然得以继续非法行医，最后导致 2012 年底一患者孙某死亡。经法院审理认为，卢某文在担任海口市秀英区卫生监督所副所长期间，负有查处和打击辖区内非法行医的职责，由于未按工作要求对非法行医行为进行监督检查，导致其监管辖区马某芳、刘某刚两名“无证”医师继续非法行医并致 2 名就诊人死亡，其行为已构成玩忽职守罪。2013 年 10 月，海口秀英法院判卢某文犯玩忽职守罪，但免予刑事处罚。

第二十二节 传染病防治失职罪

根据《刑法》第 409 条的规定，传染病防治失职罪，是指从事传染病防治的政府卫生行政部门的工作人员严重不负责任，导致传染病传播或者流行，情节严重的行为。

一、传染病防治失职罪的犯罪客体

传染病防治失职罪的犯罪客体是国家对传染病防治的正常活动和人民群众的生命健康。传染病，是指由于致病性微生物，如细菌、病毒、立克次体、寄生虫等侵入，发生使人体健康受到某种损害以及危及生命的一种疾病，可以通过不同方式直接或间接地传播，造成人群中传染病的发生或者流行。我国根据各种传染病的传染性强弱、传播途径难易、传播速度的快慢、人群易感范围等因素将传染病分为三类：甲类传染病属于传染性强、传播途径容易实现、传播速度快、人群普遍易感的烈性传染病，包括鼠疫、霍乱。这是国际检疫传染病，一经发现，必须立即向世界卫生组织通报。乙类传染病是与甲类传染病比较，其传染性、传播途径、速度、易感人群较次的一类，包括病毒性肝炎、细菌性和阿米巴性痢疾、伤寒和副伤寒、艾滋病、淋病、梅毒、脊髓灰质炎、麻疹、百日咳、白喉、流行性脑脊髓膜炎、猩红热病、流行性出血热、狂犬病、钩端螺旋体病、布鲁氏菌病、炭疽、流行性和地方性斑疹伤寒、流行性乙型脑炎、黑热病、疟疾、登革热。丙类传染病是根据其可能发生和流行的范围，通过确定疾病监测区和实验室进行监测管理的传染病，包括肺结核、血吸虫病、丝虫病、麻风病、流行性感冒、流行性腮腺炎、风疹、新生儿破伤风、急性出血性结膜炎、除霍乱、痢疾、伤寒和副伤寒以外的感染性腹泻病。国务院可以根据情况，增加或者减少乙类、丙类传染病病种、并予公布。[①] 传染病是危害严重的流行性疾病。传染病的传播或者流行，不仅严重危害人民的身体健康，而且会严重影响传染病流行区人民的正常生产和生活。从事传染病防治的政府卫生行政部门工作人员，严重不负责任，而导致发生传染病传播或者流行，直接破坏了传染病防治的管理制度，侵犯了传染病防治工作的正常活动和公务勤政性。

二、传染病防治失职罪的犯罪客观方面

传染病防治失职罪的犯罪客观方面表现为从事传染病研制工作的政府卫生行政部门工作人员严重不负责任，导致传染病传播或者流行，情节严重的行为。

严重不负责任，是指从事传染病防治的政府卫生行政部门工作人员不履行法律和其职务要求的防治传染病的职责或者在履行职务中敷衍塞责、草率应付，极端不负责任，没有切实履行起应当履行、能够履行的义务。其具体表现形式是多种多样的，如发现重大疫情应当报告而不报告或不立即报告；发现有传染病传播或流行的可能，应当采取措施而不采取措施；对传染病病人应当采取隔离治疗措施而未采取措施；应当对传染病的预防、治疗、监测、

① 谢望原、吴光侠：“传染病防治失职罪研究”，载《中国法学》2003 年第 4 期，第 121 页。

控制和疫情的管理措施进行监督、检查而不作监督、检查或者虽作监督、检查却不认真负责；发现有关单位与个人不符合传染病防治法的规定，应当责令其改进而不责令改进或者责令改进但不作检查或不作认真的检查等。例如，2003 年 10 月 11 日，呼和浩特市卫生防疫站接到疫情报告：内蒙古医学院第一附属医院收治了 1 名疑似艾滋病患者，患者于 2002 年 9 月出现阶段性发热症状，后经多次治疗未治愈，体重减轻二十余斤，并伴有中耳炎、乙肝等继发性感染症状，当日经内蒙古艾滋病检测中心确认其为艾滋病 HIV/1 抗体阳性。呼和浩特市防疫站会同自治区疾控中心、呼和浩特市回民区防疫站有关流调人员赶赴内蒙古医学院第一附院进行流行病学调查。调查发现，现年 32 岁的女患者陈某莲，系内蒙古清水河县西岔村农民，无吸毒史和婚外性行为。患者自述，曾于 1999 年 8 月在清水河县医院做宫外孕手术输血 1200 毫升。供血者一人名叫孙某堂，男，49 岁，清水河县农民；另一人名叫林某，男，42 岁，河北省丰宁县人，1998 年至 2000 年在清水河县居住，并多次在清水河县卖血。卫生防疫部门对孙某堂血液的检测为阴性，而五名林某血液的受血者血样检测结果 HIV 抗体确认为实验阳性，是艾滋病病毒感染者。调查组推断已经失踪的供血者林某是一名艾滋病病毒感染者。清水河县的艾滋病疫情发生后，公安和检察机关依法对此进行了立案侦查。执法机关的调查显示，从 1998 年 10 月至 2000 年 9 月，清水河县医院在不具备血液检测条件的情况下进行血尿检验，不按规定进行丙肝、梅毒、艾滋病的检测，先后采集血液 66 人次。2003 年 2 月 18 日至 9 月 25 日，清水河县医院在采血前仍未进行丙肝、梅毒、艾滋检测的情况下，9 次采集不安全血液为 47 名患者输血，结果造成两人二次传播，11 名患者在输血后感染艾滋病毒。2004 年 6 月，有关部门已对清水河县原卫生局原局长李某平、副局长杨某、县医院原院长王某玲、原副院长张某等 7 名相关责任人，以犯有“传染病防治失职罪”“玩忽职守罪”的嫌疑，分别采取了“取保候审”的强制措施。

导致传染病传播或者流行，是指致使传染病通过一定的途径播散给其他健康的人，致使一个地区某种传染病发病率显著超过该病历年的一般发病率水平。例如，2003 年 2 月 6 日到 4 月 14 日，阆中市老观区中心卫生院原防保科科长王某璋先后接到该市西山乡小学十例患肝炎的疫情报告，既未向上级报告疫情，又不采取任何防控措施，最终导致83名学生和教师被传染病毒性肝炎，其中54名重症患者住院治疗的严重后果。2004年6月，阆中市人民法院以传染病防治失职罪判处被告人王某璋拘役6个月。

严重不负责任的行为必须达到情节严重，虽然因其行为造成了传染病传播或流行，但不属于情节严重，也不能构成本罪。2003年《最高人民法院、最高人民检察院关于办理妨害预防、控制突发传染病疫情等灾害的刑事案件具体应用法律若干问题的解释》第16条对“情节严重”作了解释。2006年《最高人民检察院关于渎职侵权犯罪案件立案标准的规定》对传染病防治失职案的立案标准作出了详细规定，包括人员伤亡和财产损失。例如，2003年4月30日至5月4日，富顺县赵化镇光弟中学先后有9名学生被赵化中心卫生院确诊为甲肝，并住院治疗。门诊医生将上述情况报告了本院防保科，但卫生院没有按照《传染病防治法》的规定，将同一学校同时发生多起同一传染病的重大疫情向上级防疫部门报告。直到5月4日下午，富顺县人民医院传染科收治了3名转院治疗的被感染学生后，立即向县防疫站报告，光弟中学暴发流行甲肝的疫情才开始逐级上报。到5月底，患病学生达到147人。当时正值抗“非典”的高度紧张状态，赵化地区的甲肝疫情引起各级政府高度重视。自贡市和富顺县两级政府立即要求市县卫生局、疾病预防控制中心和教育局等相关部门立即采取措施，查明情况，展开救治工作，并将疫情逐级上报省卫生厅和卫生部。国务院和省政府有关领导分别指示不惜一切代价救治患病学生。国家疾病预防控制中心和省疾病预防控制中心立即派出专家赶赴赵化镇对疫情进行调查，查找传染源。在对学校自备水源进行分析后，专家要求控制饮用水源，并对学校所有场所及学生用具进行严密消毒，以控制传染源，切断传播途径。随后，光弟中学1500多名师生员工接受了丙种球蛋白注射，所有患病学生全部集中在县人民医院、县中医院和赵化镇中心卫生院接受免费治疗。到7月25日，赵化地区最后一名甲肝患者治愈出院，疫情被完全控制。据统计，从2002年出现甲肝感染患者到2003年7月，赵化地区甲肝患者为193人，控制在流行病学专家预计的300人以内。5月23日，富顺县委派出由纪检、检察、公安等部门组成的联合调查组对甲肝暴发流行事件展开调查。经过调查，早在2002年12月到2003年1月，光弟中学就有

5名学生因感染甲肝到赵化卫生院治疗，卫生院没有按规定报告疫情。2003年4月30日到5月4日，卫生院对先后九名学生感染甲肝的重大疫情没有及时报告，造成疫情暴发流行。从2002年12月到2003年7月，赵化地区感染甲肝为193人，超过2001—2002年总数的38.8倍。赵化中心卫生院没有履行对本辖区的传染病防治、监督、管理职责，对甲肝暴发流行负有不可推卸的责任。调查还查明，光弟中学长期违规使用自备水源，疏于对学校食堂的管理，食堂没有卫生许可证，从业人员长期无证上岗。2003年3月曾发生68名学生群体性腹泻的严重事件，赵化地区对从2002年12月就开始出现的甲肝疫情没有及时按规定报告，导致疫情暴发流行。光弟中学甲肝暴发流行给学校教学和生活秩序带来严重影响，2003年的高考被迫在光弟中学专设考场。甲肝还给被感染的学生身体造成极大伤害，并造成国家直接经济损失五十多万元。2003年7月，导致甲肝暴发流行负有责任的光弟中学、赵化镇政府、富顺县教育局、卫生局、防疫站等单位22个相关责任人分别受到留党察看、行政撤职、党内严重警告和行政记大过等党纪、政纪处分。2003年7月，赵化镇中心卫生院院长、赵化地区传染病管理检查员易某忠因涉嫌传染病防治失职被逮捕。富顺县检察院以涉嫌传染病防治失职罪向法院提起公诉。富顺县法院经审理后认为，易某忠在发现光弟中学学生感染甲肝后，违反《传染病防治法》《传染病防治法实施办法》相关条例，延误疫情控制时间，导致乙类传染病传播流行，已构成传染病防治失职罪。2004年6月，易某忠被法院以传染病防治失职罪判有期徒刑1年，缓刑1年6个月。

三、传染病防治失职罪的犯罪主体

传染病防治失职罪的犯罪主体为特殊主体，即是指各级政府行政主管部门主管传染病防治工作的人员，包括各级卫生行政机关中领导和直接从事传染病防治的行政管理工作的人员。2003年《最高人民法院、最高人民检察院关于办理妨害预防、控制突发传染病疫情等灾害的刑事案件具体应用法律若干问题的解释》第16条规定，在预防、控制突发传染病疫情等灾害期间，从事传染病防治的政府卫生行政部门的工作人员，或者在受政府卫生行政部门委托代表政府卫生行政部门行使职权的组织中从事公务的人员，或者虽未列入政府卫生行政部门人员编制但在政府卫生行政部门从事公务的人员，在代表政府卫生行政部门行使职权时，严重不负责任，导致传染病传播或者流行，情节严重的，依照《刑法》第409条的规定，以传染病防治失职罪定罪处罚。例如，2005年3月10日，河南睢县涧岗乡涧岗小学发现麻疹病。3月15日，通过实验室检测，该校350名学生中，有4人为临床诊断病例，24例为确诊病例。后经治疗全部痊愈。其间，涧岗乡卫生院门诊医生张某和防疫组成员王某忠向卫生院副院长田某杰汇报，发现有麻疹病病例，是否上报。田某杰以“没有时间”“等等再说”为由，不履行传染病防治监管职责，导致麻疹病在该乡范围内迅速传播并流行。睢县检察院于2005年5月27日向睢县法院提起公诉后，睢县法院公开审理了此案。睢县法院审理后认为，田某杰身为行政工作人员，受政府卫生行政部门委托，代表政府卫生行政部门，从事传染病防治工作。在得知本乡已有乙类（麻疹）传染病时，没有及时上报县卫生防疫站，也没有采取任何防范措施，导致麻疹病在涧岗乡范围内迅速传播并流行，情节严重，其行为已触犯刑律，构成传染病防治失职罪。睢县法院一审判处田某杰有期徒刑1年，缓刑2年。

四、传染病防治失职罪的犯罪主观方面

传染病防治失职罪的犯罪主观方面只能由过失构成，故意不构成本罪。行为人应当知道自己严重不负责任的行为，可能会导致传染病传播或者流行，但是疏忽大意而没有预见，或者是虽然已经预见到可能会发生，但他凭借着自己的知识或者经验而轻信可以避免，以致发生了造成严重损失的危害结果。行为人主观上的过失是针对造成重大损失的结果而言，但并不排斥行为人对其严重不负责任行为可能是故意的情形，如果行为人在主观上对于危害结果的发生不是出于过失，而是出于故意，不仅预见到，而且希望或者放任它的发生，那就不属于本罪的犯罪行为，而构成其他的故意犯罪。例如，被告人赵某善在担任河南叶县辛店乡卫生院防保组组长期间，不认真履行自己的传染病疫情上报职责，在明知疫情发生的情况下，对2008年11月份发生在本辖区内的田寨小学和田寨小帅才幼儿园的甲肝（属国家规定的乙类传染病）疫情不按《传染病疫情报告制度》及时上报。时任叶县疾控中心学卫科科长

兼叶县卫生局卫生监督所卫生行政执法监督员的被告人张某周，负有对全县传染病疫情上报的管理职责，却不认真履行责任，在明知辛店乡发生甲肝疫情的情况下，对辛店乡防保组的疫情上报工作失予监管，导致甲肝疫情在叶县辛店乡田寨小学和田寨小帅才幼儿园暴发流行。2009 年 8 月法院依法组成合议庭，进行了公开开庭审理。法院认为，被告人赵某善、张某周身为从事传染病防治的政府卫生行政部门的工作人员，在工作中严重不负责任，在得知甲肝疫情后缓报疫情，导致甲肝传染病流行，情节严重，其行为均已构成传染病防治失职罪。2009 年 11 月 7 日，法院判决被告人赵某善犯传染病防治失职罪，判处有期徒刑 1 年，缓刑 2 年；被告人张某周犯传染病防治失职罪，判处有期徒刑 1 年，缓刑 2 年。

第六章
“医闹”行为概述

第一节 “医闹”概述

（一）医闹现象

近年来，医疗纠纷呈上升趋势，且医患双方冲突性质的严重程度也不断升级，在很大程度上导致了“医闹”现象的凸显。“医闹”扰乱了社会的就医环境，干扰了正常的医疗秩序，损害了广大患者的就医权利，使医患双方陷入更加缺乏信任的恶性循环之中，从而影响社会的和谐。

2006年中国医院协会针对200家全国医院进行了调查，调查显示：停尸医院的行为中，三级医院里22起，二级医院里27起，一级医院里3起，未评审医院1起，总数是53起；几十人冲击医院的行为中，三级医院31起，总数是67起；打砸损害医院财物行为的总数是97起；攻击威胁医生个人的行为总数是207起；围困医院领导的总数是119起；黑社会性质团伙介入的总数是21起。原卫生部医改司委托中国医师协会及部分地区分会，于2006年10月在北京、山东、湖南、甘肃、大连、沈阳、武汉等地区，以问卷形式对350家医院进行“医闹”问题调查，并形成《在全国部分省市调查“医闹”的分析报告》，该报告显示在受调查的医院里，2004年、2005年、2006年“医闹”的发生率分别为89.58%、93.75%、97.92%；平均每家医院发生“医闹”次数为10.48次、15.06次、15.31次；平均每家医院因“医闹”

所造成的损失为20.58万元、22.27万元、30.18万元。[①] 广东省原卫生厅公布，2006年1至6月，全省各级医疗机构发生的“暴力索赔”事件共200件，其中95%比例的患方试图通过聚众围堵医院、砸烂医疗设备、限制医务人员的人身自由甚至殴打工作人员来达到赔偿目的。[②] 据原卫生部统计，2006年全国“医闹”事件共发生10248件，2009年上升为16448件，2010升至17243件，比5年前多了近7000起，且存在黑社会介入专业制造医闹牟取暴利的现象。据2014年的有关报道显示，2007—2013年，东莞13家公立医院共发生医疗纠纷974件，其中医闹事件有152件，即有15.6%的医疗纠纷转化为医闹，医院因此共赔偿1984.58万元。

（二）医闹的概念

“医闹”在辞海、中国法律法规信息系统中尚无记载。不可否认的是，“医闹”又是通过会议、文件、报端、电视、网络等各种形式，频频出现于公众视野，引起社会普遍关注和热烈讨论的热词。目前，“医闹”不是一个正式的专有名词，严格地说，“医闹”也不是一个严谨的学术概念，只是人们对于患者非理性地采用极端手段与医院交涉现象的一种描述。[③] 医学界和医务部门、社会学界、法学界等对医闹的认识及界定不一，观点很多，差异较大，各有其研究的着眼点和理论价值，因此，其目前尚无统一标准。在法学界，“医闹”也不是一个法律术语。

狭义上，一般认为，“医闹”是指因患者在医院就诊过程中出现医疗纠纷（包括医疗事故和意外事件），为了索取经济赔偿或达到其他目的，患者及其家属所实施的纠缠殴打医务人员、打砸毁损医院设施，以及在医院停放尸体、聚众滞留等扩大事态、施加压力的行为。“医闹”是由医疗纠纷所引起的，但与医疗纠纷存在本质区别：患者及其家属在“医闹”过程中所采取的违法手段侵犯了医疗机构和医务人员的合法权益。[④]

---

① 王淑军：“中国医师协会调查显示：三年来‘医闹’愈演愈烈”，载《人民日报》2007年1月20日，第11版。

② 张桂芝、董兆举、孙言平：“医患冲突：‘双输’的对抗”，载《现代医院》2007年第11期，第8页。

③ 张靖：“对医闹现象的法律对策研究”，载《医院院长论坛》2010年第4期，第55页。

④ 吴颖雄：“医疗暴力风险防控分析——以‘南京市口腔医院事件’为例”，载《医学与法学》2015年第3期，第54页。

广义上，通常认为，“医闹”是指患方与医院发生医疗纠纷后，受雇于医疗纠纷的患者方的第三方或与患者家属一起，以医疗纠纷为借口，采取在医院设灵堂、拉横幅、摆花圈、违规停尸、驱赶其他就医人员等方式威胁、杀害伤害医护人员人身安全、侮辱医务人员人格或者现场滋事，严重妨碍正常的医疗秩序，扩大事态，给医院造成负面影响，从而给医院施加压力从中牟取经济利益或其他目的的行为。①

（三）医闹与医疗纠纷

“医闹”是医疗纠纷的升级形态，医疗纠纷不一定都变成“医闹”，两者的区别在于：第一，一般的医疗纠纷可以通过正常途径得到解决，而“医闹”多会出现或软或硬的暴力行为；第二，一般的医疗纠纷通常只会有医患双方参与，而“医闹”还可能有“职业医闹”这一第三方参与，两者共同组成“医闹”；第三，一般的医疗纠纷可以通过正常途径鉴定赔偿，而“医闹”的目的明确，多数为了不正当得利；第四，一般的医疗纠纷受到损害的通常是患者一方的生命健康权益，而多数“医闹”损害的客体却往往转化为社会公共卫生秩序和医院、医务人员的生命财产安全；第五，一般的医疗纠纷完全可以在可控的社会调控机制下解决，而一部分“医闹”往往催生恶性的群体性事件、治安案件甚至刑事案件。

“医闹”的成因与医疗纠纷密切相关，“医闹”的根本解决也必然离不开医疗纠纷的化解，两者之间的联系是：其一，“医闹”本身就属于一种特殊的医疗纠纷，是医疗纠纷的极端表现形式；其二，“医闹”的成因与医疗纠纷的成因息息相关，引发“医闹”必定是在医疗纠纷的各类原因基础上，再加上非法利益的驱动、化解机制的缺失和政府治理的失当；其三，“医闹”的根治离不开医疗纠纷的化解，对于“医闹”违法犯罪行为要依法实施严厉的打击，迫使其回归正常的医疗纠纷解决途径，但根治“医闹”必须根治医疗纠纷的相关诱因，不开展医疗纠纷的政府治理，就谈不上探索“医闹”的政府治理。②

---

① 学术界和实务界有人将医闹定性为违法、犯罪行为，本书持不同意见。

② 朱玥玥：“‘医闹’的政府治理研究”，湖北工业大学2015年硕士学位论文，第8—9页。

（四）“医闹”的分类

“医闹”的分类方法主要有：按原因来源分类、按矛盾主体分类、按激化程度分类、按性质分类、按事件目的分类、按事件主体分类、按事件规模的不同分类等。下文针对常见的分类进行证述。

1. 按矛盾主体划分

按照参与“医闹”事件的主体身份的差异，可以将“医闹”事件分为两种不同类型：一类是患者家属出于情绪失控或营造声势的需要，召集众多亲属，一拥而上地共同向医院问责索赔，就索赔事宜反复与医院纠缠，拒绝通过法律途径解决，试图通过干扰医院正常秩序达到获得经济利益目的的不当行为；另一类指闻风而来的“职业医闹”，通常闹事者与患者无亲属关系，借医疗纠纷之名制造事端，出面代表患方或协助患方与医院交涉，索取高额的医疗损害赔偿或经济补偿，聚众闹事，为达到目的采取各种不正当手段向医院施加压力，从而获得占赔偿金额一定比例的报酬或者钱财利益。病患亲属往往有自己的职业，不能长期专门地在医院闹事。职业“医闹”以此为生，他们可以从早到晚持续几天地与医院僵持。患者家属在自己有事不能坚守在医院的时间段里，就会雇佣一些所谓的“职业医闹”，利用他们时间自由、组织严密、人员众多、分工细致的优势，增强向医院施压的实际效果。①

“医闹”与“职业医闹”不同。一般而言，“医闹”的主体是患者一方，包括患者本人、患者的家属、患者及其家属，而“职业医闹”，是指受雇于医疗纠纷的患者方，在医院专业替某些患者针对医院的医疗结果不满意的情况，与患者家属一起，采取聚众闹事、在医院放棺材、设灵堂、摆花圈、拉横幅、打砸财物、设置障碍阻挡患者就医或者殴打医务人员、跟随医务人员，或者在诊室、医师办公室、领导办公室内滞留等手段，以严重妨碍医疗秩序、扩大事态、给医院造成负面影响的形式给医院施加压力，要求医院对患者进行巨额赔偿，进而从中谋利，并以此作为谋生的手段的社会闲散闲杂人员或

---

① 毛日清：“‘医闹’社会现象的分析与治理”，载《江西行政学院学报》2011年第4期。

组织。医闹行为就是患方在医院就诊过程中，借患者出现医患纠纷或意外事件，以不正当手段获取不正当的经济赔偿的行为。[①]

"职业医闹"的表现多种多样，主要有以下几类：借医疗纠纷之名，或制造事端干扰医疗机构的正常工作，或干扰医疗机构工作人员的正常生活；不按法律法规规定的方式、途径解决纠纷，名为协商，实为诈赔；聚众占据医疗机构或医疗办公场所，寻衅滋事，严重干扰正常医疗秩序；侮辱、威胁、围攻、殴打医务人员，或非法限制医务人员人身自由，严重影响医务人员的正常工作；将生活不能自理的人，滞留、弃留在医疗机构；在医疗机构内外挂横幅、设灵堂、烧纸钱、摆花圈、贴标语、发传单；拒不将尸体移放太平间和殡仪馆，或以尸体相要挟，经过多次劝说无效的；抢夺患者或他人医疗文书，以及与医疗纠纷相关的医疗证物，经多次劝说无效；打、砸、烧、抢医疗机构等严重违法行为的；其他严重扰乱正常医疗秩序，情节严重的行为。[②]

"职业医闹"的主体多是无业人员。一个医闹团体最少的有十余人，最多的有百余人，这些人大多都没有固定的工作，有相当一部分还是城市周边的中年妇女，她们大多靠捡垃圾或做小生意为生，且大多属于一个村或一个地方的人。每次有"业务"的时候，就由一个人牵头，一个通知一个，有相识的也有不相识的，然后在一起相约到医院。[③] 有时，医闹是某些有权有势的人在幕后操纵的。他们平时在医院门前看似在四处"闲"逛，其实他们并不"闲"，他们在各个诊室搜索，四处打听患者的各种医疗事故信息，当他们从各种医疗事故中嗅到金钱的味道，就马上和患者家属联系称自己可以帮助家属向医院索要赔偿，并提出自己的要求，然后打着患者家属的旗号，在医院上演要求医院承担责任的闹剧。[④]

"职业医闹"的主体并不是患者本人或家属，而是借炒作医疗纠纷进

---

① 兰迎春、王敏、王德国："'医闹'问题研究综述"，载《中国医学伦理学》2008 年第 6 期，第 64 页。

② 张靖："对医闹现象的法律对策研究"，载《医院院长论坛》2010 年第 4 期，第 56 页。

③ 金鑫："'医闹'牟利医院遭殃"，载《中国医药导报》2006 年第 3 卷第 22 期，第 37 页。

④ 刘晓军："析对'医闹'类群体性事件的处置"，载《云南警官学院学报》2011 年第 3 期，第 58 页。

行商业运作获利的第三方，往往是医患矛盾的导火索，是社会的阴暗面，是社会不稳定因素之一。只要一有医患纠纷就有一些“穿着大裤头，剃着肉光头，身上文着龙，颈上挂着金项链”的社会闲杂人员来理理，他们负责一条龙服务。他们有专门的人组织，有专门的人联系，有专门的人来策划，他们目的非常简单和直接，就是为了钱，他们鼓动患者把动静闹大，从中谋利。

“职业医闹”与患者家属要求赔偿有很明显的区别，只要他们打听到医疗事故的消息，行动很迅速，也是有组织、有规模地进行牟利。这样的“医闹”团体往往和出现了医疗纠纷的患者家属相互利用，或是在医院门前聚众静坐，或是在医院里或者医院门口拉起横幅、摆花圈要求赔偿，严重的就将死者或者伤者抬到医院门诊大厅，还设置灵堂，在就诊大厅内放哀乐、烧火盆、放棺材，甚至打骂医务人员，扰乱正常的医疗就诊秩序。一些医院为了息事宁人掏钱保平安，患方同医闹人员事先讲好条件，在医疗纠纷当事人获得了医院的赔偿后，将医院所赔与其进行分成或分红。

2. 按事件目的划分

根据“医闹”组织者在事件中的目的，可以将“医闹”分为两类：一类是患方情绪失控，向医方宣泄绝望不满的负面情绪；二类就是患方借医疗纠纷向医院“发难”，借机获取高额的事故赔偿或经济补偿。①

3. 按事件规模划分

根据“医闹”事件的形成规模，可以将“医闹”分为三类。

一是“人少微闹”，人数不多，不采取极端手段，通过静坐示威、挂条幅、发传单、贴大字报等方式，甚至借助媒体炒作医院负面消息，不会严重干扰甚至阻断医院的正常诊疗护理工作，但是依然可以对医院的声誉和形象造成严重损害。

二是“聚众中闹”，召集众多患者家属，或者雇佣大量职业医闹，阻塞邻近道路、医院出入口，扰乱医院正常秩序，不破坏财物、不伤害人员，但

---

① 朱玥玥：“‘医闹’的政府治理研究”，湖北工业大学2015年硕士学位论文，第14页。

营造声势逼迫医院或者政府部门被动地出面谈判，借势按自己意图提出相应的诉求。

三是“暴力凶闹”，患者及其家属，以及“职业医闹”采取毁坏医院财物、限制人身自由甚至暴力伤害医务人员的极端方式，逼迫医方在赔偿问题上妥协，目的明确，不择手段，不顾后果，危害严重。①

第二节 “医闹”的特点和危害

“医闹”的表现形式多种多样，可能是“武闹”“文闹”或者“文武闹”，可能是硬暴力的方式如破坏医疗设施，用暴力手段伤害医务人员，也可能是软暴力的方式，如静坐或拉横幅散布医院负面信息，用新闻舆论压力危害医院形象。“医闹”的主要表现形式可以归纳如下：一是聚众围堵医院，寻衅滋事，扰乱正常的医疗卫生秩序；二是限制医院领导和相关医务人员人身自由，实施人格攻击；三是用暴力手段伤害医务人员；四是抢夺、毁坏病历档案、医疗文书及其他与医疗纠纷相关的医疗证物；五是争抢尸体或是不同意把尸体转移安置在殡仪馆中；六是在医疗场所聚众静坐、示威、宣传、闹丧、堵大门或道路。②

从平时经常出现的一些“医闹”现象中，可以发现以下一些共性特征：第一，由医疗纠纷引发；第二，患方权益或主张以正常途径难以得到维护和保障；第三，有的医闹有活跃于患方和院方之间的第三方参与；第四，医闹多以从医院非法获利为目的；第五，采取各种不正当的给医院施加压力的形式；第六，产生扰乱正常的医疗卫生公共秩序以及损害人民群众正常的就医权益之危害结果；第七，部分医闹催生群体性事件、治安案件直至恶性刑事案件；第八，有的医闹实质上构成了危害卫生行业公共秩序的违法犯罪。

---

① 朱玥玥：《“医闹”的政府治理研究》，湖北工业大学2015年硕士学位论文，第14页。
② 同上书，第15页。

综合医闹的现状、表现、成因，可以发现“医闹”呈现出如下特点及发展趋势。①

第一，数量增多，具有频发性，呈逐年上升趋势。随着医患矛盾日渐突出、患方的维权意识日渐增强，医疗纠纷增多呈现出必然趋势；又因医疗法制的不尽完善以及部分患方受经济利益驱使，“医闹”现象频发也成必然。

第二，覆盖科室广，表现形式多样，呈多发但略有侧重趋势。医闹普遍集中在临床科室，其中又以风险性极大、技术要求极高的手术科室为主，外科居首位，其次是产科、骨科、妇科、内科、儿科等。另外，医闹的表现形式也日趋多样化。

第三，成因多样且复杂，呈多种成因交织状态。医疗技术出现差错、医患沟通出现不畅可能会直接导致医疗纠纷，但这同时也可能是医院管理松解、医务人员医德缺失的表现。“医闹”的发生一般都以医疗差错或医疗事故为起因。

第四，情节严重，具暴力倾向，解决难度日趋加大。近年来，由医疗纠纷引发的恶性暴力事件正随着医疗纠纷数目的增多而逐年攀升，而且性质愈加恶劣。“医闹”现象已成为社会关注的焦点，也成为医疗机构及卫生行政部门亟待解决的一大难题。由于法制的不完善、患方暴力行为直指高额经济赔偿，再加之社会舆论对弱势群体的同情等多方面因素，使得“医闹”群体有机可乘，“医闹”行为俨然成为解决医疗纠纷的途径。暴力行为、高额索赔、舆论压力进一步恶化了医患之间的关系，加大了处理医疗纠纷的难度。

第五，解决方式以赔偿为主，经济目的日趋增强。一直以来，医疗纠纷的解决总是以经济赔偿为主导方式，而事实上，除了经济赔偿，确实没有更好、更切实的方法可以就已出现的医疗差错或医疗事故对患方进行补偿。然而，近年来，患方注重经济赔偿的倾向尤为明显，似乎追求经济利益已成为解决医疗纠纷的主要目的。一方面，患方漫天要价，赔偿数额逐年增多，使得医疗机构不堪重负；另一方面，有些患方为了达到经济目的甚至采用非法手段，采取“医闹”行为，将事态扩大化。医疗纠纷的经济倾向已成为一大趋势。

第六，医疗纠纷社会化，社会负面影响日趋扩大。医疗纠纷的形成原本

① 朱玥玥：《“医闹”的政府治理研究》，湖北工业大学2015年硕士学位论文，第16页。

就受到社会因素的影响，这在前文中已经分析。而现今，随着医疗纠纷规模的不断升级、性质的不断恶劣使得原本仅限于医患双方因医疗问题而发生的纠纷日益社会化。主要表现为：一是患方行为社会化。患方把社会上的不良习气带入医院，对医护人员采取恐吓威胁，有的甚至雇佣职业医闹对医院施加压力；二是造成影响社会化。恶性医疗纠纷经常会引起媒体的关注，新闻媒体的大肆报道把医疗纠纷的影响扩大到社会，引起社会各界及普通民众的关注。再加上某些报道存在夸大失实现象，对医疗机构造成的负面影响日益扩大。①

这些“医闹”行为不仅严重干扰了正常医疗秩序，也侵害了其他患者的就诊权，侵犯了医务人员的诊疗权，严重影响社会稳定。其实，医闹的出现并不能解决医患问题，相反这种以侵害医方正当权利来谋取利益的行为，最终会损害整个医疗行业的发展前途，损害患者集体的利益。首先，医闹的出现和现在的有组织出现，必然造成医院在对待疑难病症上的推诿；其次，为了减少个人的风险，医生必然在病人诊断上更多的借助医疗仪器，将加大患者的医疗开支；再次，将可能被某些本来就居心叵测的人（尤其是黑恶势力）所利用，引发更大的医患对立，最终受害的还是患者；最后，医闹最严重的危害在于，组织方希望患者越痛苦越好，希望医疗事故越严重越好，并非真正为患者考虑。“医闹”事件的频发会导致医生心理健康受损，承担着巨大的压力，阻碍了医学科学的发展，同时是对法律尊严的一种挑战。②

第三节 “医闹”的成因

随着社会经济的发展和医疗卫生体制改革的不断深化，人们的健康观念发生转变，民众对于自身权利的追求与保护意识逐渐增强，医患关系已经不仅是患者及其家属与医疗机构的关系，大量的社会力量介入医患关系，有些甚至是黑恶势力，试图从中牟利。而且，各地在处理医疗纠纷时不断提升的高额

---

① 时乐平：《治理“医闹”：医疗纠纷的制度根源及其对策》，复旦大学2011年硕士学位论文，第30页。

② 宋发彬：《基于医患关系的医务人员法律地位研究》，华中科技大学2011年博士学位论文，第95页。

赔偿，更是刺激了这些人借医患纠纷发财的私欲，同时，在处理医患纠纷中出现“大闹大赔、小闹小赔、不闹不赔”的现象，客观上助长纠纷升级，甚至暴力冲突时有发生，致使各种无理医患纠纷案不断增加。为了谋取物质经济利益，甚至诞生了一个畸形行业——医闹。[①] 究其成因，主要有以下几点。

第一，政府对医院资金长期投入不足，医疗服务过度市场化，资源分配不平衡，医疗机构编制不够。以药养医、医疗服务市场化的现实，造成了“看病难、看病贵”，医疗行为被当成了买卖关系，即被当成简单的市场消费关系。

第二，医院诊疗过程中操作不规范，医疗技术水平低下，医德教育培训缺失。医疗文书往往存在以下失误之处：没有按时进行记录，内容与实际情况不符合，内容简单粗略不能全面地反映患者的病情发展、词语运用不准确等。医疗技术水平差，医务人员基础理论不扎实、专业知识不全面、基本技能不牢固、临床经验不足、诊断能力下降、对疾病的分析结果失误、临床治疗行为违规操作、对病情发展把握不准、诊断错误、药方不合规、诊疗护理行为违规等。[②] 政府卫生行业部门或医院将技术人员的职业道德培训纳入人员培训计划不足，培训经费极度紧张，医务人员职业道德修养缺乏“以人为本”的人文关怀。

第三，患方缺乏医疗科学认知，对诊疗结果心理期望过高，缺乏对医生医院的信任基础，维权意识和自我保护意识增强。患方总是以为，只要到了医院，医疗机构就必须尽职尽责地为患者治愈疾病，使患者恢复到健康水平。患方往往认为医院可以包治百病，对医院的依赖性过于强烈。

第四，“医闹”之所以成为一种职业的直接原因，大概是缘于医患矛盾中双方博弈能力的不均等。出现争执后患者常处于非常弱势的境地：一方面是信息的不对称，医患信息失衡，患者虽感觉治疗有问题，但很难掌握证据，医院永远处于主动方；另一方面是患者面对的常常不是一个医生或一个科室，而是一家财大气粗的医院，难以进行平等的对话；还有，虽然有看似中立

① 宋发彬：《基于医患关系的医务人员法律地位研究》，华中科技大学 2011 年博士学位论文，第 94 页。

② 陈颖：《我国公立医院“医闹”现象的政府治理研究》，南京大学 2013 年硕士学位论文，第 23 页。

的医疗仲裁委员会、事故鉴定委员会、医学会等，可由于利益关系，这些部门与医院走得非常近，很难作出公正的裁决。而且即使作出赔偿的决定，往往数额也非常之少。很显然，当在正当制度中寻求不到公正的救济途径时，处于弱势的患者就会想到非制度化的“讨说法”途径。如此，“帮患者讨说法”的医闹职业应运而生。除了这个原因外，“医闹”职业中似乎还带着一种患者与医院在关系对立中互相伤害的意味。医院和医生为了追逐利益，利用医托、医药代表等中介，抬高了患者的医疗成本，加剧了看病难；当患者在就医中感觉受到医院伤害后，反过来又会撕破脸皮不惜使用“中介”，以纠集“医闹”的方式对医院进行伤害，在宣泄性的“医闹”中获得一种心理补偿。① 从“医托”到“医闹”，其中隐含着一种冤冤相报、非理性的医患互相伤害。从这个角度看，医院和医生不要为利用医托、医药代表这些“中介”获得那点利润而庆幸，医方能利用中介牟利，医患关系在“中介”的隔离中被破坏后，作为“理性经济人”的中介同样会被患者所利用。当然，患者并不会从“医闹”中获得什么利益，医院的赔偿最终还会转嫁到其他患者的医疗成本中，医患矛盾只会在“利用中介”的互相伤害中日益加剧。

第五，执法部门对“医闹”行为执法不严，对医闹处置缺乏力度。从现实情况来看，在所有通过暴力“医闹”行为解决医疗纠纷的事件中，执法部门对于打砸等暴力行为不予制止，在执法上存在严重的不作为问题，只是通过一味地姑息纵容的方式来解决问题。政府执法部门在处理这类严重影响医疗秩序的极端行为时，往往在短时间内无法正确判断是非，并出于片面追求和谐、压制矛盾的考虑，对借机闹事者不能断然采取制止措施，对明显的违法行为也不敢及时有效地制止，为了维稳而放弃了法律原则，导致政府权威和法律权威的缺失，客观上为“医闹”的滋生提供了环境，助长了“医闹”暴力行为的发展。②

第六，卫生法制矛盾突出，法律制度保障缺乏，法律解决机制不畅，医疗纠纷处理上不公。一是医疗事故鉴定程序设计不公，患者很难获得公正公平的

---

① 伍华勇：《预防和处理医患纠纷的对策研究》，西南大学2014年硕士学位论文，第4页。

② 陈颖：《我国公立医院“医闹”现象的政府治理研究》，南京大学2013年硕士学位论文，第21页。

医疗事故鉴定结论。因为按照现行法规，医疗事故鉴定专家与被鉴定的医院有着千丝万缕的联系，甚至包括本院医生参加医疗事故鉴定，更有甚者连医学会看大门的门卫也被列入鉴定专家组，这就很难保证结论的科学公正。在这个过程中，患者是明显的弱者，既没有权利了解完整的鉴定过程，也缺乏相关的科学技术知识。结果鉴定结论避重就轻、大事化小、小事化了的情况屡见不鲜。二是医疗事故处理条例仅涉及了医疗事故的处理办法，而对于85%以上的非医疗事故纠纷处理起来则无法可依，医院往往采取不予赔偿或者能不赔就不赔、能少赔就少赔、能拖就拖、能赖就赖的办法对付患者，使身体本来就受到伤害的患者还要承受心理和体力上的考验，这是非常不公平的，更是患者难以接受的。三是医疗事故处理条例规定的赔偿和补偿标准已经明显滞后于社会形势的发展，不仅赔偿项目少、范围小，而且赔偿标准也低，这与近年来大幅提高的其他人身伤害赔偿标准如交通事故赔偿标准相比，存在巨大的差距，已经显失公平。① 因此，要真正化解医患矛盾，消除职业“医闹”，就要健全完善我国相关法律制度，消除法律不公，充分尊重患者利益，根据医患关系的特殊性创新纠纷解决办法，建立全新的互信医患关系。②

第七，社会非法利益驱动，舆论导向偏差，社会心态异化。社会不法分子如“职业医闹”出于利益驱动，煽风点火，是激化医患矛盾引发“医闹”的外部诱因。部分媒体在“医闹”事件发生后，不能充分理性尊重卫生科学的客观性，不进行新闻独立调查，盲目跟风报道，片面地同情患者的遭遇，袒护“医闹”的违法行径，刻意借助炒作医患矛盾和医闹事件吸引社会关注，将“舆论监督”变成“舆论审判”，走向一种的错误社会舆论导向。

第四节 “医闹”的防治和对策

只有找出医闹存在的原因，才能开出“药方”对症下药，解决“医闹”，才能药到病除。“医闹”现象之所以能够成为一个小“气候”，是因为有医患

---

① 李克杰：“‘医闹’猖獗根在处理不公”，载《检察日报》2006年11月13日，第6版。

② 王燧：“案例剖析与医闹防治”，载《中国医学创新》2008年第36期，第39页。

之间关系紧张这块土壤。当前，在一些地方，医患关系已经达到患者视医生如蛇蝎，医生视患者如寇仇这样的境地，虽不能说患者毫无责任，但医院和医生才是矛盾的主要方面。本来在患者心目中，医生都应该是“白衣天使”。但在医疗产业化的现实下，为了追求自身利益的最大化，医院却长期、大量地透支患者对医生的崇敬和信任，偏离了自己的职业宗旨，把患者的病痛当成了敛财的良机，不加节制地利用信息不对称，患者的需求缺乏弹性这些天然优势，加重患者的负担和痛苦。这方面的黑幕已经被揭出很多，如深圳人民医院曝出了一天收费25小时的丑闻。至于医疗事故的鉴定，更是被医卫系统牢牢控制在自己手里，而丧失了应有的公信力。

在中国的现状下，堵住“医闹”之浊水，开辟“医诉”之清流，才是解决医患纠纷的最佳途径。虽然医疗系统存在的各种不良现象，确是“医闹”存在的原因之一，却不能成为纵容其泛滥的理由。[①] “根除医疗腐败，才能杜绝‘医闹’”的说法，可以是一时激愤的牢骚，却不该受到舆论的鼓励，否则，将既得不到良好的医疗环境，也不可能在出现医疗纠纷时，得到及时有效的法律救助。因此，真正解决医闹，首先，要端正思想观念、树立正确的价值观；其次，要重建医疗体制，理顺医疗机制；最后，要依法行医、依法治医、依法求医。在当前严打“医闹”的治标不治本的形式下，还要需求综合治理的途径，以寻求标本兼治。目前，解决医闹的具体对策主要有以下几种。

第一，医疗机构严格执行各项规章制度和操作规范，强化责任心，树立良好的医德教育，提高医疗质量，严格医院质量管理，确保医疗安全。医务工作者严格执行各种医疗规章制度，提高服务质量，使整个服务过程处于科学、规范和有效的受控状态，尽可能避免或减少纠纷的发生，也将使“医闹”无机可乘。

第二，加强医患沟通和信任，提升医护人员服务意识，把问题消灭在萌芽状态。要彻底铲除“医闹”存在的土壤，就必须解开医患关系的死结，而要解决这个死结，医院和医生就必须主动采取措施，重建患者对自己的信任。建立医疗告知制度，增进医患之间相互了解和信任。

---

① 程俊：“医闹行为现状分析与对策”，载《中国农村卫生事业管理》2009年第4期，第306页。

第三，医疗机构和医务人员树立法律和证据意识，争取医疗纠纷解决的主动权。首先，执业医生要认真学习相关的法律法规，了解自身的权利和义务，学会运用法律武器保护自己。其次，医务工作者在日常工作中，一定要强化证据意识，及时保存诊疗过程中形成的各种书证、物证等。最后，对于无理取闹的医闹，甚至“职业医闹”行为，医院要坚定立场，面对“医闹”的违法甚至犯罪行为，不能为了自己的面子和影响，妥协让步，无原则地迁就对方。要坚决拿起法律武器，采取多种法律手段进行维权。对于“消极型医闹”违反医疗服务合同的违约行为，可以向人民法院提起民事诉讼，通过诉讼挽回医院的经济损失。针对“暴力型类医闹”对医院施行吵、闹、打、砸、烧等暴力行为，由于这些行为属于违法和犯罪行为，医院应当及时报警，由公安机关给予处罚。当出现“医闹”采取暴力犯罪手段的紧急情况时，医方可以对其实行正当防卫，医院应组织安全保卫人员对正在进行的暴力性不法行为进行制止，坚决保护医护人员的人身安全。①

第四，树立全民法治观念，健全卫生法律体系，加强“医闹”行为的法制化管理，严厉打击“医闹”违法犯罪，建立健全“医闹”应急机制。有关执法部门应当加大对医闹的执法力度，依法打击医闹，维护院方合法权益。首先，应当加强卫生主管部门和司法机关的工作沟通，可以采取定期召开医院治安联席会议的方式，加强协调和联动，互通信息，相互配合。公、检、法等部门要制定出应对医闹的工作预案，采取强有力措施及时制止严重扰乱正常医疗秩序的违法行为。发生医闹时，各方应及时沟通、疏导，主动做好取证工作，保护医院及医务人员合法权益。其次，相关执法部门应当严格履行部门职责，加大打击力度。一旦发生“医闹”现象，公安部门应及时出警，对围攻伤害医务人员、干扰医院正常诊疗秩序、纠集社会人员破坏医院设施设备等违法犯罪行为，坚决给予打击。最后，对于相关执法部门面对医闹的不作为或者不当作为等情况，应当强化相应的救济机制。②

第五，完善医患纠纷的调处。建立公平机制、维护法制秩序，是解决医

---

① 河山：“医疗事故纠纷的举证责任与证据”，载《医院院长论坛》2009年第3期，第55—58页。

② 张靖：“对医闹现象的法律对策研究”，载《医院院长论坛》2010年第4期，第58页。

患纠纷的关键之一。改革医患纠纷调处机制，建立一套让医患纠纷当事双方都认为公平、合理、有效的处理机制和处理机构，具有至关重要的作用。解决机制主要有：一是完善纠纷协商调解机制，建立准司法的医事仲裁制度；二是完善争端民事诉讼机制，提高司法诉讼的权威效率；三是完善医疗纠纷鉴定制度，推行第三方独立鉴定制度；四是完善医疗纠纷赔偿制度，降低医疗事故损害风险。[①]

第六，国家和政府应完善卫生社会保障体系，改革权责不明的医疗管理体系，引入非政府组织，改革行政管理体制、临床管理体制和责任追究体制，正确管控引导社会舆论。从政府的角度来看，要解决“医闹”问题，关键还是要增加政府对医疗卫生事业的投入，提供质优价廉的医疗服务，创建公平的医保制度，降低公民的看病成本，增加医疗工作者的收入，严把新研发药品的审批流程，让老百姓看得起病，让医生、护士能够有尊严的工作，让药厂公平公正的竞争，药品的审批达到透明公平，只有这样才能杜绝老百姓的仇医心里，杜绝“医闹”的存在。

第五节　“医闹”的法律规定

1999 年《执业医师法》第 40 条规定：“阻碍医师依法执业，侮辱、诽谤、威胁、殴打医师或者侵犯医师人身自由、干扰医师正常工作、生活的，依照治安管理处罚条例的规定处罚；构成犯罪的，依法追究刑事责任。”

2001 年 8 月 7 日，原卫生部、公安部发布《关于加强医疗机构治安管理维护正常诊疗秩序的通知》，通告禁止任何单位和个人以任何理由、手段扰乱医疗机构正常诊疗秩序，侵害就诊者合法权益，危害医务人员人身安全，损坏医疗机构财产；患者在医疗机构就诊，其合法权益受法律保护。任何人不得以任何借口或方式侵害患者的合法权益，违者将依法追究其法律责任。通告规定，在医疗机构内寻衅滋事的，故意损坏公私财物的，利用封建迷信扰乱医疗机构秩序，损害他人身体健康或者骗取财物的，偷窃医疗机构、医

① 朱玥玥：《“医闹”的政府治理研究》，湖北工业大学 2015 年硕士学位论文，第 38 页。

务人员以及患者财物的，侮辱、威胁、恐吓、殴打医务人员的，非法限制医务人员人身自由的，如果是构成违反治安管理行为的，都将依法予以处罚；构成犯罪的，依法追究刑事责任。

2002 年《医疗事故处理条例》第 59 条规定：“以医疗事故为由，寻衅滋事、抢夺病历资料，扰乱医疗机构正常医疗秩序和医疗事故技术鉴定工作，依照刑法关于扰乱社会秩序罪的规定，依法追究刑事责任；尚不够刑事处罚的，依法给予治安管理处罚。”

近年来，医患暴力冲突恶性事件频频发生，引起了社会各界的忧虑。在这种背景下，2012 年 4 月 30 日，原卫生部、公安部联合发布了《关于维护医疗机构秩序的通告》，严打侵害医务人员、患者人身安全犯罪。《关于维护医疗机构秩序的通告》第 6 条规定：“公安机关要会同有关部门做好维护医疗机构治安秩序工作，依法严厉打击侵害医务人员、患者人身安全和扰乱医疗机构秩序的违法犯罪活动。”该通知第 7 条规定：“有下列违反治安管理行为之一的，由公安机关依据《中华人民共和国治安管理处罚法》予以处罚；构成犯罪的，依法追究刑事责任：（一）在医疗机构焚烧纸钱、摆设灵堂、摆放花圈、违规停尸、聚众滋事的；（二）在医疗机构内寻衅滋事的；（三）非法携带易燃、易爆危险物品和管制器具进入医疗机构的；（四）侮辱、威胁、恐吓、故意伤害医务人员或者非法限制医务人员人身自由的；（五）在医疗机构内故意损毁或者盗窃、抢夺公私财物的；（六）倒卖医疗机构挂号凭证的；（七）其他扰乱医疗机构正常秩序的行为。”通告提出，禁止任何单位和个人以任何理由、手段扰乱医疗机构的正常诊疗秩序，侵害患者合法权益，危害医务人员人身安全，损坏医疗机构财产。《关于维护医疗机构秩序的通告》这一行政规范性文件虽然对医疗机构提高医疗服务质量、公开医疗纠纷解决途径等问题进行了规定，为更快更好地保护医生及患者的合法权益提供了法律保障，有利于尽快恢复医疗秩序，将医患矛盾的解决纳入法制轨道，但其主要内容还在于强调要严厉打击医患纠纷发生后患方在医院内的过激行为，使用治安管理处罚乃至刑事处罚手段来维护医疗机构的日常秩序，为公安机关介入医患暴力事件提供了直接的法律依据。这一法律措施的出台从情理上看是可以理解的。但是，实施这一法律措施并不能改变目前日益严峻的医患关系现状，更无法缓解医患之间严重对立的情绪，甚至其在内容表述中对医方的倾向性保护还有可能加深医患双方的矛盾。医患暴力事件不是单纯的医患矛盾，要从根本上杜绝暴力事件的发生，还需要社会各方形成合力，更需要建立良好的医患纠纷处理制度。

2012 年 5 月 4 日，原卫生部发出紧急通知，要求各级卫生行政部门协调公安机关，向二级以上医院等重点医疗机构派驻警务室，加强重点监控，特别强调在门急诊、病房等重点科室、部位，实行 24 小时安全监控，严厉打击侵害医患双方权益的违法犯罪行为。

2013 年 12 月，国家卫生和计划生育委员会、中央综治办、公安部、司法部等 11 个部门联合印发《关于维护医疗秩序打击涉医违法犯罪专项行动方案》，该方案提出以创建"平安医院"活动为载体，严厉打击职业"医闹""医托"及"号贩子"，强化医疗机构安全防范系统建设，加强医疗纠纷人民调解体系建设等措施，将对维护医疗秩序，建立和谐医患关系，确保医务人员、就诊患者的安全，构建安全稳定的医疗环境，起到积极的推动作用。

2013 年 7 月 26 日，安徽省高级人民法院、安徽省检察院、安徽省公安厅发布《关于依法打击破坏医疗秩序有关违法犯罪活动的若干意见》，规定在医疗机构焚烧、抛撒纸钱、摆设灵堂、摆放花圈、违规停尸、拉横幅、使用高音喇叭或者以其他方式，致使诊疗活动不能进行，造成严重损失，构成犯罪的，对首要分子和积极参加者以"聚众扰乱社会秩序罪"追究刑事责任。在医疗机构内随意殴打他人造成他人身体伤害、持械随意殴打他人或者具有其他恶劣情节的；追逐、拦截、辱骂无关医务或者就诊人员，严重影响他人正常工作、生产、生活的；任意损毁、占用公私财物价值两千元以上，强拿硬要或者任意损毁、占用公私财物三次以上或者具有其他严重情节，构成犯罪的，以"寻衅滋事罪"追究刑事责任。非法携带枪支、弹药、管制刀具或者爆炸性、易燃性、放射性、毒害性、腐蚀性物品进入医疗机构，情节严重，构成犯罪的，以"非法携带枪支、弹药、管制刀具、危险物品危及公共安全罪"追究刑事责任。故意伤害、非法限制医务人员人身自由或者侮辱、诽谤医务人员，情节严重，被害人告诉或者严重危害社会秩序和国家利益，构成犯罪的，分别以“故意伤害罪”“非法拘禁罪”“侮辱罪”“诽谤罪”追究刑事责任；在医疗机构内盗窃、抢夺、聚众哄抢或者故意损毁公私财物，构成犯罪的，分别以“盗窃罪”“抢夺罪”“聚众哄抢罪”“故意毁坏财物罪”追究刑事责任；以暴力、胁迫方法夺取公私财物或者携带凶器抢夺的，以“抢劫罪”追究刑事责任；对聚众堵断道路交通，影响正常交通秩序，情节严重，构成犯罪的，对首要分子以“聚众扰乱交通秩序罪”追究刑事责任。

2014 年 1 月 7 日，浙江省高级人民法院出台《关于依法审理医疗纠纷案件促进和谐医患关系的意见》，意图通过司法途径破解医患纠纷，构建和谐医患关系，同时依法打击“医闹”犯罪。该意见要求，严厉打击医闹行为，维护医疗机构正常工作秩序。对于发生医疗纠纷后，患方聚众冲击哄闹医疗场所，或围攻、殴打、侮辱、谩骂、威胁、纠缠医务人员或医方管理人员，严重妨害医疗机构正常的工作秩序，或出现伤害、杀害医务人员、毁坏医疗机构财物、设备等行为的，应依法进行惩处，触犯刑法的，应坚决追究其刑事责任；给医疗机构或医务人员等造成财产及人身损害的，可同时请求民事赔偿。审理中应注意识别职业“医闹”和司法“黄牛”，对于专门捏造、寻找、介入他人医患矛盾，故意扩大事态，向医疗机构敲诈勒索，甚至引导当事人信访、上访等干扰纠纷调处的行为，要加强与公安机关的协作，依法予以严惩。

2014 年 4 月 22 日，最高人民法院、最高人民检察院、公安部、司法部、国家卫生和计划生育委员会联合发布《关于依法惩处涉医违法犯罪维护正常医疗秩序的意见》（法发〔2014〕5 号），其在第二部分“严格依法惩处涉医违法犯罪”中规定：“（一）在医疗机构内殴打医务人员或者故意伤害医务人员身体、故意损毁公私财物，尚未造成严重后果的，分别依照治安管理处罚法第四十三条、第四十九条的规定处罚；故意杀害医务人员，或者故意伤害医务人员造成轻伤以上严重后果，或者随意殴打医务人员情节恶劣、任意损毁公私财物情节严重，构成故意杀人罪、故意伤害罪、故意毁坏财物罪、寻衅滋事罪的，依照刑法的有关规定定罪处罚。（二）在医疗机构私设灵堂、摆放花圈、焚烧纸钱、悬挂横幅、堵塞大门或者以其他方式扰乱医疗秩序，尚未造成严重损失，经劝说、警告无效的，要依法驱散，对拒不服从的人员要依法带离现场，依照治安管理处罚法第二十三条的规定处罚；聚众实施的，对首要分子和其他积极参加者依法予以治安处罚；造成严重损失或者扰乱其他公共秩序情节严重，构成寻衅滋事罪、聚众扰乱社会秩序罪、聚众扰乱公共场所秩序、交通秩序罪的，依照刑法的有关规定定罪处罚。在医疗机构的病房、抢救室、重症监护室等场所及医疗机构的公共开放区域违规停放尸体，影响医疗秩序，经劝说、警告无效的，依照治安管理处罚法第六十五条的规定处罚；严重扰乱医疗秩序或者其他公共秩序，构成犯罪的，依照前款的规定定罪处罚。（三）以不准离开工作场所等方式非法限制医务人员人身自由的，依照治安管理处罚法第四十条的规定处罚；构成非法拘禁罪的，依照刑法的有关规定定罪处罚。（四）公然侮辱、恐吓医务人员的，依照治安管理处罚法第四十二条的规定处罚；采取暴力或者其他方法公然侮辱、恐吓医务人员情节严重（恶劣），构成侮辱罪、寻衅滋事罪的，依照刑法的有关规定定罪处罚。（五）非法携带枪支、弹药、管制器具或者爆炸性、放射性、毒害性、腐蚀性物品进入医疗机构的，依照治安管理处罚法第三十条、第三十二条的规定处罚；危及公共安全情节严重，构成非法携带枪支、弹药、管制刀具、危险物品危及公共安全罪的，依照刑法的有关规定定罪处罚。（六）对于故意扩大事态，教唆他人实施针对医疗机构或者医务人员的违法犯罪行为，或者以受他人委托处理医疗纠纷为名实施敲诈勒索、寻衅滋事等行为的，依照治安管理处罚法和刑法的有关规定从严惩处。”

2015 年 8 月 29 日，全国人大常委会审议通过的《刑法修正案（九）》第 31 条将《刑法》第 290 条第 1 款修改为：“聚众扰乱社会秩序，情节严重，致使工作、生产、营业和教学、科研、医疗无法进行，造成严重损失的，对首要分子，处三年以上七年以下有期徒刑；对其他积极参加的，处三年以下有期徒刑、拘役、管制或者剥夺政治权利。”即在聚众扰乱社会秩序罪这一罪名的客观描述中加入“医疗”二字，“医闹”行为被明确纳入刑法规范范围。将“医闹”行为纳入“聚众扰乱社会秩序罪”中，是法律对医患关系的扩大调整。

2016 年 3 月，国家卫生和计划生育委员会、公安部等部门联合发文，明确提出，医疗纠纷责任未认定前，医疗机构不得赔钱息事；滋事扰序人员违法行为未得到制止之前，公安机关不得进行案件调解等多项措施。

2016 年 7 月 8 日，国家卫生和计划生育委员会、中央综治办、公安部、司法部 4 个部门联合召开严厉打击涉医违法犯罪专项行动视频会议，部署落实《关于严厉打击涉医违法犯罪专项行动方案》。在全国范围内开展为期 1 年的严厉打击涉医违法犯罪专项行动。会议要求：殴打医务人员扰乱医疗机构秩序不得降格处理。

2017 年 7 月 11 日，国家卫生和计划生育委员会办公厅、公安部办公厅、国家中医药管理局办公室联合发布《关于印发严密防控涉医违法犯罪维护正常医疗秩序意见的通知》。明确传递出：对因贯彻落实意见不利而导致重大涉医案件的相关责任人进行追责。

第七章
“医闹”相关犯罪

据报道，2013 年河南公安机关共处理“医闹”案件 128 起，打掉职业“医闹”团伙 1 个，处理违法犯罪嫌疑人 149 人，刑事拘留 26 人，其中职业“医闹”12 人。统计显示，截至 2014 年 7 月，2014 年上海公安刑侦部门共侦破“医托”“医闹”等“涉医”违法犯罪案件 67 起，抓获违法犯罪嫌疑人 209 人，其中逮捕 36 人，刑事拘留 157 人，行政拘留 16 人。

根据刑法原理，“医闹”犯罪具有如下几个构成特征。

第一，“医闹”的客体特征。通说认为，刑法所保护的客体就是法益。“医闹”所侵害的法益即侵害的刑法利益包括了社会利益，也包括了个人利益。社会利益指的是社会医疗工作秩序、医疗场所的公共安全以及财产安全等。个人利益指的是医务人员的健康、生命、名誉等。“医闹”涉及的利益主要有社会秩序、财产安全与公民人身权利和民主权利，当然在刑法中，价值取向更偏重社会秩序的保护。

第二，“医闹”的客观特征。“医闹”的客观行为在现实中常常表现为停尸医院，在医院设灵堂、摆花圈、放鞭炮、打砸医院的财物，堵截围攻、谩骂殴打医务人员，要求医生护士向死者叩头拜跪等。主要有以下几种类型：（1）患者家属纠集多人，聚众占领医疗场所，寻衅滋事，干扰医院正常的工作秩序；（2）侮辱、殴打医务人员，严重影响医务人员的工作；（3）社会黑恶势力参与或者“职业医闹”参与的严重违法犯罪活动，如打砸抢烧；（4）直接杀害医务人员。

第三，“医闹”的主体特征。“医闹”的主体包括患者或者患者家属、亲友，以及借医疗纠纷非法获利的第三方。实践中主要是患者和患者的亲友，后者即职业“医闹”属于少数。

第四，“医闹”的主观特征。犯罪的主观方面包括罪过、目的和动机。“医闹”的主观是故意。“医闹”的主观目的包括报复，也包括牟取利益。“医闹”的动机多种多样。“医闹”的犯罪动机包括几类：一类是患者本身承受机体和心理痛苦，需要宣泄，如果恰好遇上冷漠或者急躁、疲惫的医务人员和自己高期望值的碰撞，宣泄的欲望更加强烈；一类是患者家属由于患者的死亡产生悲痛心理需要宣泄；还有一类是逐利动机，闹事者通过非法的打砸吵闹，扩大事态，迫使医院尽快解决纠纷，医院为了维护正常的医疗秩序和声誉不得不做出高额赔偿。①

对于“医闹”行为，刑法相关的罪名主要有聚众扰乱社会秩序罪、寻衅滋事罪、故意杀人罪、故意伤害罪、侮辱罪、诽谤罪、非法拘禁罪、故意毁坏财物罪、妨害公务罪、聚众哄抢罪、敲诈勒索罪、非法携带枪支、弹药、管制刀具、危险物品肇事罪、危害公共安全罪、抢劫罪、盗窃罪、抢夺罪、诈骗罪、绑架罪、放火罪、爆炸罪、以危险方法危害公共安全罪、聚众扰乱公共场所秩序、聚众扰乱交通秩序罪、编造或故意传播虚假恐怖信息罪、损害商业信誉罪等。② 我国刑法对于扰乱医疗秩序，侵害医疗机构财物、伤害医务人员和患者人身权的行为都做了相应的规定，为保护医疗机构和医务人员以及患者的合法权益提供了保障。当医疗机构和患者的合法权益受到侵害时应当积极取证、拿起法律武器维护正常的医疗秩序、保障广大医务人员的合法权益。③

第一节 聚众扰乱社会秩序罪

根据《刑法》第290条第1款的规定，聚众扰乱社会秩序罪，是指聚众扰乱社会秩序，情节严重，致使工作、生产、营业和教学、科研、医疗无法

① 林宇虹：“‘医闹’相关刑事法律问题探析”，载《齐齐哈尔大学学报（哲学社会科学版）》2016年第1期，第75页。

② 有学者认为，“医闹”涉及的犯罪不止上述几个罪名，还包括其他罪名。另外，还有学者认为《刑法》应增设相关医疗犯罪，如增设“聚众扰乱医疗秩序罪”并明确规定其转化犯。同上书，第76页。笔者不在此讨论修改或增设医闹犯罪刑法罪名问题。

③ 罗睿：“论医闹事件的滋生与解决机制的建立”，载《韶关学院学报》2010年第10期，第49页。

进行，造成严重损失的行为。“医闹”者聚众在医院闹事，烧纸、叫骂与堵塞通道，扰乱医院的医疗秩序，情节严重，致使正常的医疗工作无法进行，造成医院严重损失的，其首要分子与积极参加者有可能构成扰乱社会秩序罪，要承担相应的刑事责任。

一、聚众扰乱社会秩序罪的犯罪客体

聚众扰乱社会秩序罪的犯罪客体是国家机关、企业、事业单位和人民团体的生产、营业和教学、科研、医疗秩序。侵犯的对象是国家机关、企事业单位和人民团体。

二、聚众扰乱社会秩序罪的犯罪客观方面

聚众扰乱社会秩序罪的犯罪客观方面表现为聚众扰乱社会秩序，情节严重，致使工作、生产、营业和教学、科研、医疗都无法进行，造成严重损失的行为。

“医闹”中，该罪的客观方面表现为“医闹”主体实施以下行为：在医疗机构静坐示威、私设灵堂、摆放花圈、焚烧纸钱、悬挂横幅、占领医疗机构医疗和办公场所、堵塞医疗机构车辆和行人交通、医疗通道，围堵医疗机构办公场所和医务人员、在医疗机构的病房、抢救室、重症监护室等场所及医疗机构的公共开放区域违规停放尸体等。

所谓聚众是指纠集多人实施犯罪行为，一般应当是纠集 3 人以上，有起组织、策划、指挥作用的首要分子；有积极实施犯罪活动，行动特别卖力，情节比较严重的积极参加者；在犯罪分子实施犯罪过程中，有时还会有受蒙蔽的群众，被威胁的一般违法者、围观者、起哄者，纠集 3 人以上是指包括聚首和积极参加者在内 3 人以上。“聚众扰乱社会秩序”，是指在首要分子的煽动、策划下，纠集多人共同扰乱党政机关、企业、事业单位和人民团体的工作、生产、营业和教学、科研、医疗秩序，如聚众侵入、占领党政机关、企业、事业单位和人民团体的工作场所，封闭其出入通道，进行纠缠、哄闹、辱骂等。行为人聚众扰乱社会秩序的手段是多种多样的，可以是煽动、收买、挑拨、教唆等，首要分子可以躲在幕后唆使、策划而不亲自实施具体扰乱行

为。行为人扰乱礼会秩序的手段主要有：聚众冲击企事业单位、社会团体所在地；在一些单位、团体门前、院内大肆喧嚣哄闹；强占或封锁一个部门的工作、生产、营业或教学、科研、医疗、场所；围攻、辱骂、殴打工作人员；封锁出入通道、毁坏公私财物、设备；强行切断电源、水源等。如果行为人在实施本罪中，殴打工作人员，毁损公私财物构成犯罪的，应实行数罪并罚。“情节严重”尚无司法解释，一般学理意见认为，情节是否严重，应综合其纠集人数的多少、扰乱的对象、扰乱的程度、扰乱持续的时间、扰乱的范围以及扰乱的动机目的等多方面来分析。据此，“情节严重”主要是指扰乱的时间长，纠集的人数多，扰乱重要的工作、生产、营业和教学、科研、医疗秩序，造成的影响恶劣等。所谓“无法进行”指由其扰乱致使上述各项工作未能按期开展、开始或致使已经开展、开始的工作被迫非正常地中止、停业。何谓“造成严重损失”，尚无有权立法或司法解释。一般以定性分析与定量分析相结合的手段来衡量人的行为所导致的损失大小。“严重损失”包括有形的物质和无形的智力成果、社会利益和政治利益等诸多方面的严重损失。物质损失包括因犯罪行为而停产、停业等造成的既有财产损害和可得利益损失，可得利益应以具备充分条件、若非犯罪行为干扰就可顺利实现的利益为限，物质损失的严重程度以造成损失的数额为标准。无形的智力成果、社会利益、政治利益损失是指犯罪行为致使以社会利益、政治利益为宗旨的社会组织及其他不直接从事生产经营活动的社会组织如各政党、工会、妇联和学校、科研、医疗机构等无法工作而造成的无法精确计算的损失，对于这类损失是否严重一般可从扰乱行为的手段、持续时间的长短、因无法工作直接延误的工作事项的重要程度、损失是否可以弥补等方面把握。如由于行为人聚众扰乱医疗单位工作秩序，致使危重病人不能得到及时救治而死亡或残疾的，虽然行为人的行为与危害病人的死亡或残疾不具有直接因果关系，但行为人的行为与医疗单位无法开展工作具有直接因果关系，因此，行为人的行为与危重病人的死亡或残疾具有间接因果关系，则应当将之作为行为人行为的危害结果。致使工作、生产、营业和教学、科研、医疗无法进行与造成严重损失两者必须同时具备。虽然行为人的行为致使工作、生产、营业和教学、科研医疗无法进行，但尚未造成严重损失的，不以犯罪论处，由公安机关依照治安管理处罚法的有关规定处理。“情节严重”“致使工作、生产、营业和教学、科研、医疗都无法进行”和“造成严重损失”三者都是构成本罪的要件，必须同时具备、缺一不可。

以2009年“南平医闹事件”为例。2009年6月18日8：00，福建南平市延平区太平镇杨膺村50岁村民杨某某，因“泌尿系结石、急性肾功能衰竭”入住南平市第一医院泌尿外科。医生在与患者家属充分沟通告知术中术后风险，患者家属在手术知情同意书上签字后，于6月20日对患者施行手术，手术顺利。6月20日22：10，患者突发变症，心脏骤停，经抢救无效于21日0：20宣布死亡。对此，死者家属认为院方对患者的死亡负有责任，当晚就聚集在泌尿外科，要求院方做出解释。纠纷就此开始。双方都已拨打110报警。21日凌晨3时，家属拒绝迁移死者尸体，将泌尿外科全科室封闭，泌尿外科的值班医生、手术医生和所有在院病人，都被关在病房，同时将参与抢救的泌尿外科主任胡某某和医师王某扣留在病房，并提出80万元（院方说80万，患方说30万）高额赔偿要求。杨家的要求最后简化为赔偿，但双方就赔偿结果无法达成一致。6月21日7：30，“医闹”组织开始在门诊大楼、住院大楼摆放花圈，打砸泌尿外科住院病房。21日8：00，整个医院处于瘫痪的状态。6月21日下午，“医闹”组织召集了200多名社会势力，手持木棍及匕首冲至医院，封锁门诊大楼，封堵大门通道，打横幅、摆满花圈，并焚烧纸钱，见到穿白大褂的医务人员即大打出手，有一名医生身中6刀，被送进医院抢救，另外有10余名医生、护士全部有不同程度砍伤，将主治医师胡某某、张某某、保安等4名医务人员滞留在死者病房内。冲突中死者的亲哥哥受伤。警察到来后，因杨家声称“敢带走人就自杀”，警方没有采取有效措施，无所作为，坐观待命。21日起，南平市、延平区两级政府和卫生、公安部门及患者所在镇、村领导多次协调处理，均因双方在赔偿金额上分歧较大，协商未果，并发生肢体冲突，被防暴警察用催泪瓦斯将双方驱散，双方均有人员受伤。6月21日23：00点，“医闹”组织再次召集6辆中巴车载满打手至医院，持木棒和刀具围攻办公楼至22日凌晨3点，将医院门诊的候诊椅全部搬到医院外的马路上堵塞道路，致使交通中断。他们还封堵医院的所有通道，致使急救通道也被阻断，声称再不按其要求赔偿，则将医院办公大楼炸毁。21日南平市委、市政府派出了处置突发医疗纠纷事件临时小组。临时小组赶到后，采取如下措施：鉴于再不尽快解决此恶性纠纷，可能引发更大的社会群体性事件的情况，为防事态扩大，南平市政府要求医院赔款21万元并退还死者家属所缴全部医药费用6000元。在临时小组的主导下，6月22日1：00，医患双方签订协议书，称双方互不追究对方的刑事责任。很快院方付钱，杨家撤离。对此结果该院医务人员不能接受，6月23日上午7：30，南平市第一医院80余名医务人员和其他医院的医务人员共数百人聚集到市政府门口集体上访，在市政府门前台阶上静坐，强烈抗议“医闹”行为，并打出两条写有“严惩凶手，打击医闹”“还我尊严，维护正常医疗秩序”横幅，要求政府严惩伤人凶手，出台相关措施，确保今后安全的医疗秩序。随后，南平市人民医院、仁爱医院、延平医院部分医务人员也加入其中，经多方做工作，上访人员于当天19：30左右全部撤离，事态得到平息。

据网络消息，“南平医闹事件”最后以“医院方赔偿21万元、患者方7月3日被刑拘5人、取保候审3人”收场；患者方所得赔偿款的大部分由职业“医闹”取得，自己只得小部分。福建南平“6·21”医闹事件中，众多“医闹”对医院施行吵、闹、打、砸、烧等暴力行为，对于医生采取了限制人身自由，侮辱行为，甚至暴力殴打行为，这些行为已经涉嫌构成聚众扰乱社会秩序罪、故意伤害罪、非法拘禁罪、故意毁坏财物罪以及非法携带管制刀具危害公共安全罪、聚众扰乱交通秩序罪、妨害公务罪、敲诈勒索罪等罪名，应当由公安机关及时抓捕犯罪嫌疑人，由司法机关追究其相应的刑事责任。公安机关作为履行维护社会秩序职责的行政机关，如果在收到院方的报警后拒绝介入，医院可以其不作为为由向法院提起行政诉讼，请求法院判决其履行职责，使其在以后的类似职业“医闹”案件中不至继续懈怠执法。而且，按照刑事诉讼法的规定，如果职业“医闹”的行为涉嫌犯罪，而公安机关拒不立案侦查，追究其刑事责任，作为被害人的医院或者医护人员即可以向法律的监督机构——检察机关申诉，请求检察机关启动立案监督程序，要求公安机关说明不立案的理由，如果认为其理由不成立，即要求公安机关立案。面对检察机关的监督，公安机关应当服从，对职业“医闹”案件立案侦查。[①]

① 张靖：“对医闹现象的法律对策研究”，载《医院院长论坛》2010年第4期，第58页。

三、聚众扰乱社会秩序罪的犯罪主体

聚众扰乱社会秩序罪的犯罪主体是一般主体，即年满16周岁的任何自然人，但构成本罪的只能是扰乱社会秩序的首要分子和其他积极参加者。聚众者至少3人。所谓首要分子，是指在聚众扰乱社会秩序的犯罪活动中起组织、策划、指挥作用的犯罪分子。所谓积极参加分子，是指在聚众扰乱社会秩序的犯罪活动中，除首要分子以外的在犯罪活动中起主要作用的犯罪分子，如在犯罪活动，行动特别卖力、情节比较严重。通常参加者不构成本罪，通常只能追究其行政责任。

四、聚众扰乱社会秩序罪的犯罪主观方面

聚众扰乱社会秩序罪的犯罪主观方面是故意。行为人往往意图通过扰乱活动制造事端，给有关单位和领导施加压力，以实现自己的无理要求，或者发泄自己的不满情绪。由于本罪是聚众性犯罪，因而进行扰乱活动必须基于众多行为人的共同故意。这种共同故意并不要求行为人之间的故意联系十分紧密，只要行为人明确自己以及他人是在实施扰乱国家机关、企事业单位与人民团体的工作秩序的行为即可，并不要求各行为人的犯罪目的或犯罪动机完全一样。2016年3月31日，被告人宋某某的女儿宋某甲因病入住洪洞县人民医院，于次日17时许经抢救无效死亡。该院急诊科主任侯某某立即向医务科主任张某某汇报情况，该院副院长柴某某、医务科主任张某某、办公室主任董某某及时去病房了解情况并与死者家属见面，建议先将尸体放置在太平间，之后根据规定协商相关事宜，死者家属表示不同意。该院立即上报至山西省医疗纠纷人民调解委员会。当日19时50分，山西省医疗纠纷人民调解委员会临汾工作站副主任乔某某到现场了解情况，并告知被告人宋某某及杨某某（宋某某小舅）先将尸体妥善安置，尽快恢复医院正常工作秩序，之后根据相关规定通过司法程序解决纠纷，遭两人拒绝。被告人宋某某及其儿子被告人宋某乙遂纠集其亲属将死者宋某甲的尸体从病房推出，停放在急诊大厅内，带领亲属将租赁来的冷冻棺搬放在急诊大厅，将尸体放入冷冻棺内设置灵堂。被告人宋某某又将候诊座椅搬至冷冻棺旁边摆放遗像、香案、祭

品等物品。2016 年 4 月 2 日 10 时许，山西省医疗纠纷人民调解委员会临汾工作站主任李某某再次与家属进行调解，仍无果。当晚 20 时许，在被告人宋某某的指使下，两被告人将宋某甲的尸体从冷冻棺内抱出放在急诊大厅分诊台上，之后两被告人又将尸体抱回至冷冻棺内。2016 年 4 月 5 日 10 时许，洪洞县公安局接到报案后，立即组织民警强行将宋某某、宋某乙及参与祭奠的家属全部带离急诊大厅，洪洞县人民医院正常的医疗秩序得以恢复。法院经审理认为，被告人宋某某、宋某乙在其亲属宋某甲在洪洞县人民医院就诊死亡后，不正确理性地处理医患纠纷，在急诊大厅私设灵堂、纠集多人烧香祭拜数日，扰乱医疗秩序，情节严重，其行为均已构成聚众扰乱社会秩序罪，依法应予惩处。鉴于被告人宋某某、宋某乙没有实施打砸医院设施、毁损医院财物以及殴打医院医生等暴力行为，且归案后能如实供述罪行，同时考虑被告人宋某乙作用相对较小，均可从轻处罚。经委托所在社区县级司法行政机关调查评估，被告人宋某乙没有再犯罪的危险，适用缓刑对所居住社区没有重大不良影响。据此，法院判处被告人宋某某有期徒刑 3 年 6 个月；判处被告人宋某乙有期徒刑 3 年，缓刑 3 年。

第二节 故意伤害罪

根据《刑法》第 234 条的规定，故意伤害罪是指故意非法伤害他人身体并达成一定的严重程度、应受刑法处罚的犯罪行为。医闹者在暴力索赔中，对医务人员实施人身伤害，致人伤残的，侵犯了医务人员的健康权，其行为触犯了《刑法》第 234 条的规定，应承担相应的刑事责任。

一、故意伤害罪的犯罪客体

故意伤害罪的犯罪客体是他人的身体健康权。故意伤害自己的身体，一般不认为是犯罪，只有当自伤行为是为了损害社会利益而触犯有关刑法规范时，才构成犯罪。

二、故意伤害罪的犯罪客观方面

故意伤害罪的犯罪客观方面表现为非法损害他人身体的行为。

首先，要有损害他人身体的行为。损害他人身体的行为的方式，既可以表现为积极的作为，亦可以表现为消极的不作为。前者如拳打脚踢、刀砍枪击、棒打石砸、火烧水烫等；后者则如负有保护幼儿责任的保姆不负责任，见幼儿拿刀往身上乱戳仍然不管，结果幼儿将自己眼睛刺瞎的行为，就可构成本罪。伤害他人身体的行为既可以由自己实施，又可以利用他人实施，还可以利用驯养的动物如毒蛇、狼犬实施。既可以针对人身的外表，造成外部组织的残缺或容貌的毁坏，又可以针对人体的内部，造成内部组织、器官的破坏，妨碍其正常的功能活动。总之，无论是直接由本人实施还是间接实施，亦无论是针对何种部位，采取什么样的方式，只要出于故意，能造成他人的人身健康伤害，即可构成故意伤害罪。① 其次，损害他人身体的行为必须是非法进行的。如果某种致伤行为为法律所允许，就不能构成故意伤害罪，如正当防卫造成伤害而未过当的，医生对病人截肢治病等。经被害人同意的伤害，是否合法，要做具体分析。如果被害人的同意是为了达到危害社会的目的，这种同意不能排除伤害行为的非法性；如果这种同意是为了有益于社会的目的，则可以排除他人伤害行为的非法性。最后，损害他人身体的行为必须已造成他人人身一定程度的损害，才能构成故意伤害罪。只是一般性的拳打脚踢、推拉撕扯，不会造成伤害结果的，则不能以故意伤害罪论处。伤害结果的表现可多种多样，有的是破坏了他人组织的完整性，如咬去鼻子、砍断手脚；有的是损害了他人器官的正常功能，如听觉、视觉、味觉丧失，精神失常。② 但就结果的严重程度而言，则有 3 种形态，即轻伤、重伤或死亡。例如，2011 年 5 月 30 日上午 8 时 20 分左右，江西省上饶市人民医院发生医患冲突事件，上饶经济开发区董团乡一患者家属在上饶市人民医院门诊大楼和去住院部的大门上拉起横幅竖上灵牌，并摆上花圈，纠集近百人封堵医院，

---

① 王喜："浅谈故意伤害罪与故意杀人罪的界限"，载《湖北成人教育学院学报》2009 年第 6 期，第 59 页。

② "山西恶性伤童案不仅仅是痛心——凶手最高可判死刑?" 载《人民之友》2013 年第 9 期，第 18 页。

殴打医生，干扰正常医疗秩序，一名医生下肢被打残。据死者游某某亲属说，游某某今年15岁，因为患感冒入院治疗，后因医院草菅人命，才导致游某某死亡。医务人员介绍说，患者游某某本身患先天性心脏病，于上海医院手术归来不久，本身因病情延误过久，手术效果不佳，后因不能承担过重医疗费用转回上饶市人民医院治疗，入院以来本就持续高热。一个在上海做了先天性心脏病手术的15岁男孩，14天后因病情严重，无法挽回，病人回到上饶，在家4天后生命垂危，送入上饶市人民医院，2小时后死亡。主治医生王某某躲在保卫科被打后被拉到门诊打，下跪后再拉到住院部横幅下跪后再打，王某某下身双肢已残，生殖器被打烂，被打成脑震荡及多处外伤。人民医院100余名医护人员集体到市政府信访局上访，要求惩处“医闹”，维护正常的医疗秩序。为此，上饶市政府高度重视，分管领导率领信访、卫生、公安等部门负责人赶赴现场，对医疗纠纷展开调查，分清责任进行了处理。同时，对为首的打砸人员采取了必要措施，对医患双方进行了调解。

三、故意伤害罪的犯罪客观主体

故意伤害罪的犯罪主体是一般主体。凡达到刑事责任年龄并具备刑事责任能力的自然人均能构成故意伤害罪，其中，故意伤害致人轻伤的必须已满16周岁，故意伤害致人重伤或死亡的，已满14周岁就应当负刑事责任。

四、故意伤害罪的犯罪客观主观方面

故意伤害罪的犯罪主观方面是故意。即行为人明知自己的行为会造成损害他人身体健康的结果，而希望或放任这种结果的发生。犯罪动机多种多样，有的为了个人报复、嫉妒，有的出于滋事斗殴，有的由于家庭矛盾或婚姻纠纷，不同的动机不影响犯罪的成立。

第三节 故意毁坏财物罪

根据《刑法》第275条的规定，故意毁坏财物罪，是指故意毁灭或者损坏公私财物，数额较大或者有其他严重情节的行为。“医闹”者在暴力索赔

中，打坏、砸毁、毁损医院、破坏医疗设备，故意毁坏公私财物，侵犯了医院的财产权利，其行为构成故意毁坏财物罪，医院在追究当事人的刑事责任时可以提起附带民事诉讼，要求当事人赔偿经济损失。

一、故意毁坏财物罪的犯罪客体

故意毁坏财物罪的犯罪客体是公私财物的所有权。犯罪对象可以是各种形式的公私财物，包括生产资料，生活资料，动产、不动产等。

二、故意毁坏财物罪的犯罪客观方面

故意毁坏财物罪的客观方面表现为毁灭或者损坏公私财物数额较大或者有其他严重情节的行为。毁灭，是指用焚烧、摔砸等方法使物品全部丧失其价值或使用价值；损坏，是指使物品部分丧失其价值或使用价值。毁坏公私财物的方法有多种多样。故意毁坏公私财物行为，必须达到数额较大或有其他严重情节的才构成犯罪。所谓情节严重，是指毁坏重要物品损失严重的，毁坏手段特别恶劣的、毁坏急需物品引起严重后果的、动机卑鄙企图嫁祸于人的等。例如，2009 年 6 月 21 日，广东省第二人民医院，百名“医闹”打砸医院、殴打医护人员、阻拦抢救病人及急救车。患儿，男，5 岁 11 个月，6 月 16 日出现发热、咳嗽、气促，18 日在当地诊所治疗，20 日凌晨 3 时气促加重，呼吸困难，伴呕吐，大汗淋漓。于当日 7 点半送入广东省第二人民医院。入院后因病情危重立即入急救室抢救，抢救持续了 9 个小时，于当天 16 点死亡。患者亲属立即封锁病房，强抢病历。次日职业“医闹”介入，要求医院赔偿 70 万元，并围堵医院，在院内聚众近百人寻衅滋事，砸烂大型电子显示屏（价值 36 万元）等公共财物，阻拦医护人员上班抢救病人，使 120 救护车无法接近急诊科，甚至在众多警察注视下，连续殴打医务人员，近 10 名医务人员和机关工作人员被打。

三、故意毁坏财物罪的犯罪主体

故意毁坏财物罪的犯罪主体是一般主体，即已满 16 周岁、具备刑事责任能力的自然人。

四、故意毁坏财物罪的犯罪主观方面

故意毁坏财物罪的犯罪主观方面是故意。犯罪目的不是非法获取财物而是将财物毁坏。犯罪动机多种多样，一般是出于个人报复或嫉妒等心理。

第四节 妨害公务罪

根据《刑法》第277条的规定，妨害公务罪，是指以暴力、威胁方法阻碍国家机关工作人员、人大代表依法执行职务，或者在自然灾害和突发事件中，使用暴力、威胁方法阻碍红十字会工作人员依法履行职责，或故意阻碍国家安全机关、公安机关依法执行国家安全工作任务，虽未使用暴力，但造成严重后果的行为。“医闹”者在医院寻衅滋事，以暴力、威胁方法阻碍公安机关、武警人员、卫生行政机关工作人员依法执行执行职务，须承担相应的刑事责任。

一、妨害公务罪的犯罪客体

妨害公务罪的犯罪客体是国家机关、人民代表和红十字会的正常活动秩序，国家机关工作人员、人民代表大会的代表、红十字会工作人员的人身权利也是其犯罪客体。侵犯的对象只能是正在依法执行职务、履行职责的国家机关工作人员、人民代表大会代表和红十字会工作人员。

二、妨害公务罪的犯罪客观方面

妨害公务罪的犯罪客观方面表现为以暴力、威胁方法阻碍国家机关工作人员、人民代表大会代表、十字会工作人员依法执行职务或者履行职责的行为，或者阻碍国家安全机关、公安机关依法执行国家安全工作任务，未使用暴力、威胁方法，但造成严重后果的行为。本罪在客观方面表现为以下几种情形。首先，以暴力或者威胁的方法阻碍国家机关工作人员依法执行职务的行为。所谓依法执行职务，是指国家机关工作人员在国家规定的范围内，运用其合法职权从事公务活动。暴力，是指行为人对正在依法执行职务的国家

工作人员的身体实施了暴力打击或者人身强制，如殴打行为、捆绑行为。如果行为人的暴力行为造成国家机关工作人员重伤结果或因重伤导致死亡结果，甚至故意杀害国家机关工作人员的，应按想象竞合的原则，以重罪吸收轻罪，按故意伤害（重伤）罪或者故意杀人罪定罪，从重处罚。威胁，是指行为人以杀害、伤害、毁坏财产、破坏名誉、扣押人质等方式对正在依法执行职务的国家机关工作人员进行威逼、胁迫，企图迫使国家机关工作人员放弃执行职务的行为。行为人如果并未采用暴力或威胁方法，而是用其他方法干扰国家机关工作人员执行职务，如谩骂、吵闹等行为，虽然对执行职务有一定程度的妨害，但也不能构成本罪。① 对此种行为可以批评教育，或进行治安管理处罚，其情节恶劣者，则可能构成侮辱罪或其他犯罪。其次，以暴力、威胁方法阻碍各级人民代表大会代表执行代表职务。各级人民代表大会的代表，包括乡、镇、县、市、旗、地、市、盟、省、自治区、直辖市乃至全国人民代表大会的代表。有的代表本身属于国家机关工作人员，如果是在执行其工作职务期间，对其进行阻碍的，应是本罪客观方面的第一种情况，即阻碍国家机关工作人员依法执行职务。再次，在自然灾害和突发事件中，以暴力、威胁方法阻碍红十字会工作人员依法履行职责。以暴力、威胁方法阻碍履行职责的对象是正在依法履行职责红十字会的工作人员。最后，故意阻碍国家安全机关、公安机关依法执行国家安全工作任务，未使用暴力、威胁方法，但造成严重后果的。此种情况是除上述暴力、威胁方法以外的手段，如围攻、哄闹，对执行国家安全工作任务的有关国家机关工作人员要求提供方便条件置之不理或拖延不办等而阻碍执行有关国家安全公务。阻碍，是指行为人通过种种方式使执行国家安全工作的人员不能正常地行使自己的职权、履行其职责，其既表现为执行国家安全工作的人员被迫停止执行国家安全公务，亦表现为其被迫变更依法应当执行的国家安全公务的内容。② 阻碍执行国家安全工作的人员执行国家安全公务，还必须造成严重的后果，才构成此种行为

---

① 徐玮、熊莹："从成都拆迁自焚案谈妨害公务罪"，载《企业导报》2011 年第 1 期（下），第 167 页。

② 陈红艳："浅析妨害公务罪之客观行为"，载《法制与经济（中旬刊)》2011 年第 6 期，第 14 页。

方式的本罪。所谓严重后果，是指耽误了国有安全工作，放纵了犯罪分子，或者给国家安全造成了严重损害，具体则如致使犯罪嫌疑人逃跑，侦查线索中断，犯罪证据灭失，赃款、赃物被转移等。

例如，2010年7月9日凌晨4时20分，患者侯某某（男，21岁，江西人）在家属陪同下，到汕头市第四人民医院就诊，主诉头晕、呕吐、呼吸困难。值班医生即对侯某某进行吸氧、抽血化验和作胸片检查，同时进行医治。经检查，侯某某左下肺炎、急性心力衰竭、肝功能不全、中度脱水、病毒性心肌炎，于是医生对侯某某收院进行医治，并做抗感染治疗。当天上午10时05分，患者因病情加重，经医院全力抢救无效死亡。随后，医院积极多次与死者家属进行协商处理而未果。7月10日上午8时多，死者家属纠集50多名亲友围堵医院大门，打砸食堂物品。汕头市金砂派出所接警后，马上出警处置，但死者家属不听劝阻，情绪激动，并开始砸打医院玻璃门窗，打伤医院工作人员，撬开太平房大门，将死者尸体抢抬至金湖路。民警耐心劝说均无效，其亲属不但不听，反而肆意殴打处置民警，致金砂派出所所长廖某某、民警赖某某等7人及治安联防队员杨某某等13人受伤，其中联防队员杨某某左第7、8肋骨骨折，张某某左掌第一掌骨基底部骨折。金平区公安分局局长黄某某、副局长马某某带领50多名民警迅速赶至现场增援处置，抓获了吴某某等10名参与打砸医院设施、殴打执勤民警、抢抬尸体的违法犯罪人员，及时恢复了医院的正常秩序。随后警方立即组织精干警力，开展对吴某某等人的审讯和调查取证工作。经审查，吴某某等人供认受侯某某亲属的教唆、挑拨，大肆打砸医院设施，打伤医院工作人员，殴打执勤民警和治安联防队员，抢抬尸体、堵塞交通等犯罪事实。2010年7月10日上午，广东汕头市金平公安局以涉嫌扰乱公共秩序罪、妨害公务罪为由对带头闹事并打伤民警和治安联防人员的犯罪嫌疑人吴某某等10人实行刑事拘留。

三、妨害公务罪的犯罪主体

妨害公务罪的犯罪主体是一般主体，凡达到刑事责任16周岁年龄且具备刑事责任能力的自然人均能构成本罪。两人以上共同妨害公务的，可构成共同犯罪。

四、妨害公务罪的犯罪主观方面

妨害公务罪的犯罪主观方面是故意，即明知对方是正依法执行职务的国家机关工作人员、人大代表、红十字会工作人员，而故意对其实施暴力或者威胁，使其不能执行职务。行为人的动机，往往多种多样，如事关行为人的利益、为了维护他人、与该工作人员有私怨、乘机发泄、进行报复等。但动机不影响本罪的成立，可作为情节在量刑时考虑。

第五节 侮辱罪

根据《刑法》第246条的规定，侮辱罪是指使用暴力或者以其他方法，公然贬损他人人格，破坏他人名誉，情节严重的行为。“医闹”者逼迫医务人员披麻戴孝，下跪守灵，属于公然侮辱他人，情节严重的，应该承担侮辱罪的刑事责任。

一、侮辱罪的犯罪客体

侮辱罪的犯罪客体是他人的人格尊严和名誉权。人格尊严权和名誉权是公民的基本人身权利。本罪的犯罪对象只能是自然人，侮辱对象必须是特定的人。特定的人既可以是一人，也可以是数人，但必须是具体的、可以确认的。

二、侮辱罪的犯罪客观方面

侮辱罪的犯罪客观方面表现为以暴力或其他方法公然贬损他人人格、破坏他人名誉，情节严重的行为。所谓“公然”是指当着第三者甚至众人的面，或者利用可以使不特定人或多数人听到、看到的方式，对他人进行侮辱。公然并不一定要求被害人在场。暴力，仅指作为侮辱的手段而言，如以粪便泼人、以墨涂人、强剪头发、强迫他人做有辱人格的动作等，而不是指殴打、伤害身体健康的暴力。其他方法如采用言语进行侮辱，即用恶毒刻薄的语言对被害人进行嘲笑、辱骂，使其当众出丑，难以忍受；如口头散布被害人的生活隐私、生理缺陷；采用文字侮辱，即以大字报、小字报、图画、漫画、信件、书刊或者其他公开的文字等方式泄漏他人隐私、诋毁他人人格、破坏他人名誉。公然侮辱他人的行为还必须达到情节严重的程度才能构成本罪。所谓情节严重，主要是指手段恶劣，后果严重等情形，如强令被害人当众爬过自己的胯下；当众脱光被害人衣服；给被害人抹黑脸、挂破鞋、戴绿帽强拉游街示众；当众胁迫被害人吞食或向其身上泼洒粪便等污秽之物；当众胁迫被害人与尸体进行接吻、手淫等猥亵行为；因公然侮辱他人致其精神失常或者自杀身亡；多次侮辱他人，使其人格、名誉受到极大损害；对执行公务的人员、妇女或外宾进行侮辱，造成恶劣的影响等。例如，2003 年 7 月 24 日，安徽省凤阳县第一人民医院，百名“医闹”打砸医院，群殴、凌辱医务人员。24 日下午，67 岁的金某某在凤阳第一人民医院做前列腺摘除手术时，因麻醉意外，患者心跳骤停，医院全力抢救了一个多小时，仍回天乏力。于是本应出现在殡仪馆的花圈、纸幡等，却在凤阳县第一人民医院整整挂了 3 天。事发当天，患者家属对一医生进行殴打后拖进手术室，逼他在死者面前默立了整整 8 小时。第二天，医闹 100 多人，涌进医院，找到院长，声称不进行医学鉴定，要医院赔偿 74 万元。院长无法答应，就被家属连推带搡地从楼上拖到医院的大院里。五六名上前拉架的医院职工，当场被打。有 4 名医生受伤，儿科的主治大夫曹某某被打到腰椎骨折。

三、侮辱罪的犯罪主体

侮辱罪的犯罪主体是一般主体，凡已满 16 周岁、具有刑事责任能力的自然人均能构成本罪。国家机关、企事业单位、社会团体不构成本罪主体。

四、侮辱罪的犯罪主观方面

侮辱罪的犯罪主观方面是故意，且行为人具有贬损他人人格，破坏他人名誉的目的。

第六节　非法拘禁罪

根据《刑法》第238条的规定，非法拘禁罪是指采用拘押、禁闭或者其他强制方法，非法剥夺他人人身自由的行为。“医闹”者在暴力索赔中，限制医务人员的活动，不让医务人员离开办公室或其他地方，非法剥夺他人的人身自由，可能构成非法拘禁行为，严重的则触犯了《刑法》第238条的规定，构成非法拘禁罪，应承担相应的刑事责任。

一、非法拘禁罪的犯罪客体

非法拘禁罪的犯罪客体是他人的身体自由权。公民的人身自由权，只有依法律规定被法律授权的单位才能依法剥夺其自由权，除此以外，任何单位和个人均不得剥夺公民的人身自由权。非法拘禁罪侵害的对象是“他人”，即依法享有人身权利的任何自然人。“他人”没有限制，既可以是守法公民，也可以是犯有错误或有一般违法行为的人，还可以是犯罪嫌疑人。

二、非法拘禁罪的犯罪客观方面

非法拘禁罪的犯罪客观方面表现为非法拘禁他人或者以其他方法非法剥夺他人的身体自由。“医闹”者实施本罪行为的客观表现主要是以不准离开工作场所等方式非法限制医务人员人身自由。非法剥夺人身自由犯罪概括起来分为两类：一类是直接拘束人的身体，剥夺其身体活动自由，如捆绑；另一类是间接拘束人的身体，剥夺其身体活动自由，即将他人监禁于一定场所，使其不能或明显难以离开、逃出。剥夺人身自由的行为必须是非法的。剥夺人身自由的方法既可以是有形的，也可以是无形的，例如，将妇女洗澡时的换洗衣服拿走，使其基于羞耻心无法走出浴室的行为，就是无形的方法。此外，无论是以暴力、胁迫方法拘禁他人，还是以欺诈方法拘禁他人，均不影响非法拘禁罪的成立。非法剥夺人身自由是一种持续行为，即该行为在一定时间内处于继续状态，使他人在一定时间内失去身体自由，不具有间断性。时间持续的长短不影响非法拘禁罪的成立，只影响量刑。但时间过短、瞬间性的剥夺人身自由的行为，则难以认定成立非法拘禁罪。[1] 2006 年 7 月《最高人民检察院关于渎职侵权犯罪案件立案标准的规定》对国家机关工作人员涉嫌利用职权非法拘禁的情形做了规定。这一规定对适用于非国家机关工作人员实施的非法拘禁行为认定构成犯罪具有参考价值。例如，2009 年 7 月 6 日，南宁市广西民族医院，“医闹”包围重症监护病房拘禁主治医生 8 小时并毒打他，使其跪地。蒋某，女，59 岁，湖南人，因诊断糖尿病遂来民族医院就诊，于骨科住院，拟行择期植皮手术，既往有脑梗病史、糖尿病病史，手术过程顺利，术后按常规留置重症监护病房观察，术后观察第三天，病人因并发脑疝于 7 月 5 日凌晨 3 点 20 分在重症监护病房死亡。家属纠集大约有 20 人左右包围重症监护病房。并从早上 10 点直到晚上 6 点，将主治医生扣留达整整 8 个小时，不能离开、不能进食、不能喝水、不能上厕所，其间更是辱骂不断，拳脚相加，最后硬生生把他的腿打弯跪倒在地。

三、非法拘禁罪的犯罪主体

非法拘禁罪的犯罪主体是一般主体，凡已满 16 周岁具有刑事责任能力的自然人均能构成本罪。非法拘禁罪的主体既可以是国家工作人员，也可以是一般公民。

四、非法拘禁罪的犯罪主观方面

非法拘禁罪的犯罪主观方面是故意，即行为人明知自己采取的行为会产生非法剥夺他人人身自由的结果而故意为之，并积极追求这种结果产生的故意行为。行为人以剥夺他人人身自由为目的。非法拘禁他人的动机是多种多样的，有的因法制观念差，把非法拘禁视为合法行为；有的出于泄愤报复，打击迫害；有的是不调查研究，主观武断、逼取口供；有的是闹特权、耍威风；有的是滥用职权、以势压人；还有的是居心不良，另有所图。[2]

---

① 董邦俊、唐子艳：“非法拘禁罪及其立法之质疑”，载《湖北警官学院学报》2003 年第 2 期，第 20 页。

② 杨平娟：《论非法拘禁罪》，中国政法大学 2004 年硕士学位论文，第 10 页。

第七节 敲诈勒索罪

根据《刑法》第274条的规定，敲诈勒索罪，是指以非法占有为目的，使用威胁或要挟的方法，索要公私财物，数额较大或者多次勒索的行为。

一、敲诈勒索罪的犯罪客体

敲诈勒索罪的犯罪客体是复杂客体，不仅侵犯公私财物的所有权，还危及他人的人身权利或者其他权益，犯罪对象是公私财物。

二、敲诈勒索罪的犯罪客观方面

敲诈勒索罪的犯罪客观方面表现为行为人采用威胁、要挟、恫吓等手段，迫使被害人交出财物，数额较大或多次实施的行为。

威胁，是指以恶害相通告迫使被害人处分财产，即如果不按照行为人的要求处分财产，就会在将来的某个时间遭受恶害。威胁内容的种类没有限制，包括对被害人及其亲属的生命、身体自由、名誉等进行威胁，威胁行为只要足以使他人产生恐惧心理即可，不要求现实上使被害人产生恐惧心理。威胁的内容是将由行为人自己实现，还是将由他人实现在所不问，威胁内容的实现也不要求自身是违法的。例如，行为人知道他人的犯罪事实，向司法机关告发是合法的，但行为人以向司法机关告发进行威胁索取财物的，也成立敲诈勒索罪。威胁的方法没有限制，既可能是明示的，也可能是暗示的；既可以使用语言文字，也可以使用动作手势；既可以直接通告被害人，也可以通过第三者通告被害人。威胁的结果，是使被害人产生恐惧心理，然后为了保护自己更大的利益而处分自己的数额较大的财产，进而行为人取得财产。被害人处分财产，并不限于被害人直接交付财产，也可以是因为恐惧而默许行为人取得财产，还可以是与被害人有特别关系的第三者基于被害人的财产处分意思交付财产。[①] 敲诈勒索的行为只有数额较大或者多次敲诈勒索时，才构成犯罪。所谓要挟方法，通常是指抓住被害人的某些把柄或者制造某种迫使其交付财物的借口，如以揭发贪

① 夏思扬："谎称被绑架而索财的行为如何定性"，载《中国检察官》2006年第1期，第58页。

污、盗窃等违法犯罪事实或生活作风腐败等相要挟。一般来说，威胁、要挟内容的实现不具有当场、当时性。但行为人取得财物可以是当场、当时，也可以是在限定的时间、地点。但是，如果行为人为了迫使被害人答应在日后某个时间、地点交付财物而当场对被害人使用了暴力，其暴力实际起的是与以实施暴力相威胁一样的胁迫作用，只是因为其不是作为当场占有他人财物的手段，所以，不能认定为抢劫罪。如果其暴力尚未造成被害人严重伤残或者死亡，可以认定为敲诈勒索罪；如果造成被害人严重伤残或者死亡的，可根据案件具体情况认定为故意伤害罪或者故意杀人罪。根据2013年《最高人民法院、最高人民检察院关于办理敲诈勒索刑事案件适用法律若干问题的解释》的规定，敲诈勒索公私财物价值2000元至5000元以上的，为“数额较大”；2年内敲诈勒索3次以上的，应当认定“多次敲诈勒索”。行为人使用了威胁或要挟手段，非法取得了他人的财物，就构成了敲诈勒索罪的既遂。如果行为人仅使用了威胁或要挟手段，被害人并未产生恐惧情绪，因而没有交出财物；或者被害人虽然产生了恐惧，但并未交出财物，均属于敲诈勒索罪的未遂。例如，2009年3月，某县城一名支气管炎合并肺感染患者的子女请社区卫生服务站医生出诊。当晚，患者突发重症，经县级某医院抢救无效死亡。经市专家尸体解剖和病理鉴定证实，患者死于脑出血，与社区出诊医生的医疗行为无关。然而，先后有多名政府机关工作人员和两名律师插手此事，一再要挟医生，以数十万元的巨额索赔实施讹诈。他们唆使患者家属接二连三地到卫生局上访，到公检法机关告状，拒不火化尸体，并扬言抬尸进京上访。在施展多种讹诈手段未果，律师被主管部门训诫而不得不退出以及记者被单位领导召回的情况下，身为政府机关工作人员的“医闹”策划者竟滥用职权，多次违法行政，被上级查处后，“医闹”事件才渐次平息。①

三、敲诈勒索罪的犯罪主体

敲诈勒索罪的犯罪主体是一般主体。凡已满16周岁且具有刑事责任能力的自然人均能构成本罪。

---

① 栾永、孟华：“医闹种类、特征、危害与成因对策研究”，载《医学与哲学》2012年第5A期，第28页。

四、敲诈勒索罪的犯罪主观方面

敲诈勒索罪的犯罪主观方面是直接故意，必须具有非法强索他人财物的目的。如果行为人不具有这种目的，或者索取财物的目的并不违法，如债权人为追讨久欠不还的债务而使用带有一定威胁成分的语言，催促债务人加快偿还等，则不构成敲诈勒索罪。

第八节　寻衅滋事罪

根据《刑法》第 293 条的规定，寻衅滋事罪，是指寻衅滋事，严重破坏社会秩序的行为。

一、寻衅滋事罪的犯罪客体

寻衅滋事罪的犯罪客体是复杂客体，主要客体是社会公共秩序，次要客体是人身权利或者财产权利。

二、寻衅滋事罪的犯罪客观方面

寻衅滋事罪的犯罪客观方面表现为寻衅滋事。根据《刑法》的规定，寻衅滋事具体表现为下述四种情形。

首先，随意殴打他人，情节恶劣。随意殴打他人，是指出于耍威风、取乐等不健康动机，无故、无理殴打相识或者素不相识的人。在“医闹”中表现为，“医闹”主体对在医疗机构随意殴打医务人员和其他患者。其一，只要是针对人的身体行使有形力，即使没有接触人的身体的，也属于殴打。例如，向他人身体挥舞棍棒但没有接触到他人身体的，成立殴打。其二，殴打行为不是伤害罪的未遂犯，所以，殴打不以具有造成伤害结果的危险性为前提。换言之，倘若某种行为只能造成他人身体痛苦，但不可能造成伤害，也属于殴打。其三，如果行为人针对物行使有形力，因而对人的身体产生强烈的物理影响的，由于不是针对人的身体行使有形力，不宜认定为殴打。其四，使用有形的方法不等于行使有形力。例如，使他人饮食不卫生食品后胃痛的，虽然是有形的方法，但不应评价为殴打。其五，由于寻衅滋事罪具有补充性质，因而，殴打不以造成伤害（轻伤以上）为前提。但是，一方面，造成了伤害结果的伤害行为，无疑符合殴打行为的要件；另一方面，寻衅滋事罪的法定刑重于故意轻伤的法定刑。所以，殴打行为造成轻伤害结果的，也可能被认定为随意殴打类型的寻衅滋事罪。其六，基于同样的理由，殴打不以聚众为前提，更不以符合聚众斗殴罪的构成要件为前提。但是，随意聚众斗殴的行为，通常符合寻衅滋事罪的构成要件。随意一般意味着即使按照犯罪人的理性，殴打行为也不具有可以被一般人“理解”“接受”的原因与动机。从行为人角度而言，随意意味着行为人殴打他人没有任何自我控制。殴打行为是否随意，并不是一种纯主观的判断，而是基于客观事实做出的判断。“情节恶劣的”，是指随意殴打他人手段残忍的，多次随意殴打他人的；造成被殴打人自杀等严重后果的等。情节是否恶劣，应围绕法益受侵害或者威胁的程度做出判断。①

其次，追逐、拦截、辱骂、恐吓他人，情节恶劣。在“医闹”中表现为，“医闹”主体无理追逐、拦截、辱骂、威胁、恐吓医务人员和其他患者。追逐、拦截、辱骂、恐吓他人，是指出于取乐、寻求精神刺激等不健康动机，无故无理追赶、拦挡、侮辱、谩骂、恐吓他人，多表现为追逐、拦截、辱骂、恐吓妇女。这里的“情节恶劣的”，主要是指经常性追逐、拦截、辱骂、恐吓他人的；造成恶劣影响或者激起民愤的；造成其他后果的等。需要指出的是，如果行为人使用暴力、胁迫或者其他方法强制猥亵或者侮辱妇女的，则构成强制猥亵、侮辱妇女罪。追逐，一般是指妨碍他人停留在一定场所的行为；拦截，一般是指阻止他人转移场所的行为。追逐与拦截可能以暴力方式实施，也可能以威胁等方式实施。辱骂，是指以言语对他人予以轻蔑的价值判断。辱骂不要求有特定的对象，对一般人的谩骂，也可能成立本罪的辱骂。恐吓是以加害他人权益或公共利益等事项威胁他人，使他人心理感到畏惧恐慌，② 在许多国家是一项刑事犯罪，无论有无向对方动粗，无论是否行使暴

① 张明楷：“寻衅滋事罪探究（上篇）”，载《政治与法律》2008 年第 1 期，第 90 页。

② 郭泰峰：“试析寻衅滋事罪的构成特征及司法认定”，载《黄石理工学院学报（人文社会科学版）》2009 年第 2 期，第 70 页。

力行动，即使只是语言上威胁受害者（对方），有死亡威胁或伤害当事人或其家族、公司、财产权等，包括死亡威胁、炸弹威胁、以自杀做威胁等。若意图以此方式来获取他人财物或利益而实行者，称为“恐吓取财”。对情节恶劣的判断，必须以法益受侵害或者受威胁的程度为中心。对于追逐、拦截、辱骂、恐吓他人造成他人轻微伤、轻伤结果或者导致他人自杀的，使用凶器追逐、拦截他人的，多次追逐、拦截、辱骂、恐吓他人的，追逐、拦截残疾人、儿童等弱势群体的，应当认定为情节恶劣。[①]

再次，强拿硬要或者任意损毁、占用公私财物，情节严重。在“医闹”中表现为“医闹”主体任意损毁、占用医疗机构、医务人员及其他患者的公私财物。强拿硬要或者任意损毁、占有公私财物，是指以蛮不讲理的流氓手段，强行索要市场、商店的商品以及他人的财物，或者随心所欲损坏、毁灭、占用公私财物。强拿硬要行为虽然具有一定的强制性，但不需要达到足以压制被害人反抗的程度。损毁财物，是指使公私财物的使用价值减少或者丧失的一切行为。任意与随意的意义相近，但其程度低于随意的要求，侧重于说明行为不具有合法根据与理由。就损毁财物而言，任意意味着行为违背被害人的意志。占用公私财物，是指不当、非法使用公私财物的一切行为。任意不仅是对损毁公私财物的限制，也是对占用公私财物的限制。[②] 这里的情节严重，是指强拿硬要或者任意损毁、占用的公私财物数量大的；造成恶劣影响的；多次强拿硬要或者任意损毁、占用公私财物的；造成公私财物受到严重损失的等。情节是否严重，需要根据行为人取得、损毁、占用的财产数额的多少、强行的程度、任意的程度、行为的次数等做出判断。

最后，在公共场所起哄闹事，造成公共场所秩序严重混乱。在医闹中表现为，医闹主体实施制造事端、肆意挑衅等行为。在公共场所起哄闹事，是指出于取乐、寻求精神刺激等不健康动机，在公共场所无事生非，制造事端，扰乱公共场所秩序。造成公共场所秩序严重混乱，是指公共场所正常的秩序受到破坏，引起群众惊慌、逃离等严重混乱局面的。对起哄闹事行为是否造

---

① 张明楷：“寻衅滋事罪探究（上篇）”，载《政治与法律》2008年第1期，第90页。

② 同上书，第91页。

成公共秩序严重混乱的判断，应以行为时的全部具体状态为根据。公共场所的性质、公共场所活动的重要程度、进入公共场所的人数、起哄闹事的时间、公共活动受影响的范围与程度等是判断行为是否造成公共秩序严重混乱的重要依据。①

2013 年《最高人民法院、最高人民检察院关于办理寻衅滋事刑事案件适用法律若干问题的解释》对“寻衅滋事”“情节恶劣”“情节严重”“造成公共场所秩序严重混乱”做了解释，对其罪数和量刑做了规定。行为人只要有上述四种情形中的任意一种，就构成寻衅滋事罪。但在审判实践中，行为人往往既“强拿硬要”，又“随意殴打他人”，或者先“追逐、拦截、辱骂他人”，后“任意损毁、占用公私财物”。行为人为满足其寻求精神刺激、开心取乐的不健康心理动机一般会实施多个行为，这时只以本罪一罪认定。② 例如，2006 年 11 月 7 日，四川广安一男童因为误服用于浸泡麦种的剧毒农药被送到广安第二人民医院抢救，院方要求家属先交 800 元人民币的治疗费再抢救，由于送男童到医院的爷爷没有带够钱，因而延误了救治，导致男童死亡。其家人对死亡原因提出疑问，并引发过激行为。3 天后的 11 月 10 日，大约 2000 名不明真相的群众聚集在该院门口，当晚，事态进一步恶化，有人趁机在广安市第二人民医院、广安市公安局交警第一大队无理取闹，包围医院，称医院见死不救，群众冲入医院，把多间病房砸坏，打砸交警大队的设施，辱骂、殴打执勤武警和民警，并放火烧毁警车，造成重大经济损失及恶劣社会影响。案发后，广安市委、市政府高度重视，组织各方力量做疏散工作并派出武警平息了事件。随后，广安市警方加大追查力度，将带头闹事的数十名不法分子绳之以法。2007 年 3 月 23 日，广安区检察院对本案中事实清楚、证据确凿的叶某某、石某某等 11 名骨干分子和积极参与者向法院提起公诉。这 11 名骨干分子和积极参与者中，有 8 人是郊区农民或城市无业人员，有 3 人系某洗脚房的服务生。法院经审理后认为，11 名被告人在此起医患纠纷中，为显示个人威风，寻求精神刺激，在不明真相的情况下，听信谣

---

① 张明楷：“寻衅滋事罪探究（上篇）”，载《政治与法律》2008 年第 1 期，第 90 页。

② 郭泰峰：“试析寻衅滋事罪的构成特征及司法认定”，载《黄石理工学院学报（人文社会科学版）》2009 年第 2 期，第 71 页。

言，在公共场所寻衅滋事，其行为对公共秩序的严重混乱起了一定作用，妨害了国家机关依法对社会实行的管理活动，且情节严重，给社会造成了极为恶劣的影响，给国家和人民群众的财产造成了重大损失，其行为应当以寻衅滋事罪追究刑事责任。2007 年 8 月，广安市广安区法院对此案做出一审宣判，以寻衅滋事罪判处叶某某、石某某等 11 人 6 个月至 2 年 6 个月不等的有期徒刑。

三、寻衅滋事罪的犯罪主体

寻衅滋事罪的犯罪主体是一般主体，凡年满 16 周岁且具备刑事责任能力的自然人均能构成本罪。此罪名既可由个人实施，也可以结伙聚众形式出现。在结伙寻衅滋事中，主犯应对在他指挥下的犯罪及其后果承担全部责任，但对超出他的指挥范围的犯罪，一般不能要求其承担责任。

四、寻衅滋事罪的犯罪主观方面

寻衅滋事罪的犯罪主观方面是故意，即明知自己的行为会发生破坏社会秩序的危害结果，并且希望这种结果发生。行为人的犯罪动机是为了满足要威风、取乐等不正常的精神刺激或其他不健康的心理需要。在寻衅滋事活动中的行凶伤人、抢夺财物、毁坏公物、侮辱人格等，同伤害罪、抢夺罪、毁坏财物罪等，在相应罪名客观上几乎没有任何区别，要分清寻衅滋事与上述犯罪，关键看主观动机。

主要参考文献

一、论著类

1. 韩玉胜主编：《医患纠纷法律解读》，法律出版社 2015 年版。

2. 曾朝回主编：《危害公共卫生犯罪疑难问题司法对策》，吉林人民出版社 2001 年版。

3. 冯卫国：《医疗事故罪的认定与处理》，人民法院出版社 2003 年版。

4. 臧冬斌：《医疗犯罪比较研究》，中国人民公安大学出版社 2005 年版。

5. 左坚卫、史丹如：《危害公共卫生和环境资源犯罪司法适用》，法律出版社 2006 年版。

6. 杨丹：《医疗刑法研究》，中国人民大学出版社 2010 年版。

7. 乔世明主编：《医疗事故的行政处理与刑事责任》，人民医院出版社 2009 年版。

8. 古津贤、强美英主编：《医事法学》，北京大学出版社 2011 年版。

9. 徐正东、刘博主编：《医事争议处理法学》，四川大学出版社 2011 年版。

10. 任元鹏：《医学的法律边界》，东南大学出版社 2012 年版。

11. 庄一强主编：《医患关系思考与对策——现状、问题、决策、执行》，中国协和医科大学出版社 2007 年版。

二、论文类

1. 贾岩："暴力伤医：医患对话错位之殇"，载《医药经济报》2013 年 8 月 28 日，第 2 版。

2. 汤嘉琛："暴力伤医的结果将是医患'多输'"，载《中国卫生人才》2013 年第 8 期。

3. 吴成臣："暴力伤医事件应止于法律"，载《人民政协报》2013 年 11 月 4 日，第 B3 版。

4. 徐昕、卢荣荣："暴力与不信任——转型中国的医疗暴力研究：2000—2006"，见《民事程序法研究》第 4 辑。

5. 曹政："对医院暴力容忍底线不能再降"，载《健康报》2014 年 1 月 10 日，第 8 版。

6. 汪健健、赵丽萍："医院暴力事件现状及对策研究进展"，载《医学与社会》2013 年第 3 期。

7. 王佳："中国医患危机管理体系构建研究"，吉林大学 2013 年博士学位论文。

8. 李宗海："论医患纠纷的法律解决机制"，安徽医科大学 2013 年博士学位论文。

9. 黄广培："医患纠纷的成因与应对措施"，载《医院管理论坛》2013 年第 6 期。

10. 曹非："医事刑法基本问题研究"，载《环球法律评论》2011 年第 4 期。

11. 肖瑶："医疗不作为及其刑事责任"，山西大学 2012 年硕士学位论文。

12. 李唐："医疗行为的刑法规范"，中国政法大学 2008 年硕士学位论文。

13. 王家祺："刑法中的医疗过失"，山东大学 2012 年硕士学位论文。

14. 王平："医疗过失及其规制"，中国政法大学 2011 年硕士学位论文。

15. 陈石："我国医疗犯罪问题研究"，河北师范大学 2013 年硕士学位论文。

16. 卢建平、田兴洪："医事犯罪理论研究述评"，载《山东警察学院学报》2010 年第 1 期。

17. 莫洪宪，刘维新："医事刑法研究论纲"，载《现代法学》2011 年第 6 期。

18. 喻海松："《刑法》第 334 条的几个问题探讨"，载《中国检察官》2008 年第 5 期。

19. 梁春程："非法进行节育手术造成就诊人重伤应如何认定"，载《上海政法学院学报（法治论丛）》2012 年第 2 期。

20. 刘文基："医生也应纳入非法进行节育手术罪主体"，载《检察日报》2008 年 11 月 3 日，第 6 版。

21. 孟庆华："非法进行节育手术罪的构成要件问题探讨"，载《南都学坛（人文社会科学学报）》2005 年第 3 期。

22. 马旭之："非法行医法律适用问题研究"，南昌大学 2011 年硕士学位论文。

23. 徐秋里："非法行医罪的主体相关问题探讨"，西南政法大学 2011 年硕士学位论文。

24. 戴丹群："非法行医罪的主体研究"，扬州大学 2013 年硕士学位论文。

25. 李秋霞："非法行医罪构成问题研究"，郑州大学 2011 年硕士学位论文。

26. 齐丽青："非法行医罪若干问题研究"，中国政法大学 2011 年硕士学位论文。

27. 梁晓娟："非法行医罪主体的研究"，吉林大学 2012 年硕士学位论文。

28. 林亚刚："论非法组织卖血罪的几个争议问题"，载《辽宁大学学报（哲学社会科学版）》2010 年第 4 期。

29. 陈愿峰、郭淼："非法组织卖血罪的认定和处罚问题研究"，载《河南司法警官职业学院学报》2013 年第 4 期。

30. 朱吉鹏："论医疗事故罪"，中国政法大学 2012 年硕士学位论文。

31. 张应逸："论医疗事故罪"，华东政法大学 2011 年硕士学位论文。

32. 陈蔚："论我国刑法中的医疗事故罪"，河南大学 2011 年硕士学位论文。

33. 李玲："略论医疗事故罪"，中国政法大学 2011 年硕士学位论文。

34. 李克杰："'医闹'猖獗根在处理不公"，载《检察日报》2006 年 11 月 13 日，第 6 版。

35. 孙经杰、冀春亮、黄存才、张传排："'医闹'成因与对策"，载《社区医学杂志》2010 年第 18 期。

36. 谢明道、石应康、邓绍平："'医闹'成因与对策"，载《中国医院》2012 年第 5 期。

37. 谢小丽："'医闹'冷暴力索赔现象的法律分析"，载《人民论坛》2011 年第 318 期。

38. 毛日清："'医闹'社会现象的分析与治理"，载《江西行政学院学报》2011 年第 4 期。

39. 钟丕新："'医闹'问题研究现状"，载《中国民族民间医药》2013 年第 7 期。

40. 帅力、李玉超、李婷："'医闹'现象产生原因分析"，载《解放军医院管理杂》2011 年第 9 期。

41. 张品南、高颖、陈燕："'医闹'相关问题探讨及防控对策"，载《医院管理论坛》2012 年第 2 期。

42. 龚祖康："从一起'医闹'事件思考'医闹'成因与对策"，载《中国卫生法制》2011 年第 2 期。

43. 张靖："对医闹现象的法律对策研究"，载《医院院长论坛》2010 年第 4 期。

44. 田珍祥："立法改制或是治理医闹钥匙"，载《中国消费者报》2012 年 5 月 11 日，第 A02 版。

45. 莫鳗："破解'医闹'困局需提升解决机制公信力"，载《人民公安报》2013 年 3 月 8 日，第 4 版。

46. 周莉娜："医疗纠纷中'医闹'事件的法律分析"，兰州大学 2011 年硕士学位论文。

47. 奕永、孟华："医闹种类、特征、危害与成因对策研究"，载《医学与哲学》2012 年第 5A 期。

48. 时乐平："治理'医闹'：医疗纠纷的制度根源及其对策"，复旦大学2011年硕士学位论文。

49. 方豪、翟晋、吴波："着力解决'医闹'问题的几点思考"，载《中国卫生资源》2010年第5期。

50. 石悦、张琴："暴力伤医背景下医务人员权益保护的法律思考"，载《医学与法学》2015年第2期。

51. 朱玲君："暴力伤医行为的负面效应及治理研究"，载《产业与科技论坛》2016年第3期。

52. 刘泽华："暴力伤医事件频发的体制原因分析及改善对策"，载《医学与法学》2014年第5期。

53. 胡永正："当前医疗暴力事件之思考"，载《广西警官高等专科学校学报》2015年第6期。

54. 杨慧子："对我国暴力伤医事件频发的生命伦理学思考"，昆明理工大学2015年硕士学位论文。

55. 王茹、王兆良："对我国暴力伤医现象的思考"，载《南京医科大学学报（社会科学版）》2015年第1期。

56. 宁金强："多维社会学视角下的公立医院暴力侵医现象原因探析"，载《中国卫生法制》2016年第1期。

57. 胡月："公立医院应对暴力伤医的危机管理研究——基于4R理论的分析"，北京理工大学2015年硕士学位论文。

58. 李颖："和谐社会视域下的医患关系研究"，哈尔滨商业大学2015年硕士学位论文。

59. 林宇虹："'医闹'相关刑事法律问题探析"，载《齐齐哈尔大学学报（哲学社会科学版）》2016年第1期。

60. 朱玥玥："'医闹'的政府治理研究"，湖北工业大学2015年硕士学位论文。

61. 章昌志："'医闹'行为的法律抗制"，载《北京警察学院学报》2015年第6期。

后　记

本书是2016年河北省社会科学联合会批准的河北省社会科学发展研究项目“医患纠纷刑事犯罪原理与案例研究”（课题编号：201603030103）的研究成果。

健康是人们的永恒话题，近几年来，医患纠纷的数量呈上升趋势。解决医患问题成为国家安定、社会稳定的基本要求。基于此，系统分析、梳理和归纳医患纠纷中刑事犯罪的现状和法律问题，加强医患之间刑事关系的研究，对加强医患矛盾的解决和治理、完善医患关系、维护医患双方的合法利益，就成为时代的诉求。

在本书的撰写过程中，医药卫生部门、高校和科研院所、医药企业的领导、学友、校友、战友、微友给予了鼓励和支持，在此表示感谢！特别是北京德恒律师事务所律师、北京卫生法学会理事（原北京高级人民法院法官）陈特同志、北京市卫生局医院管理局杨恩明博士、河北省卫生和计划生育委员会邹显东主任、湖北中医药大学岳远雷副教授、北京通州区中医院张亚峰医师、广州医科大学龚波博士、解放军301医院国际部主任医师马健同志等给予了大力支持，并提出了宝贵的意见，同时，单位同事给予了帮助，也提供了方便，在此一并表示感谢！

本书的出版得到了中国人民武装警察部队学院（中国人民警察大学）科研成果出版基金的资助，在此表示感谢！感谢河北省社科联对课题的支持和指导！

本书的出版得到了知识产权出版社齐梓伊主任的鼎力相助，在此致以深深地谢意！

全书由赵桂民同志负责策划和统稿。

人无完人，书无全书。由于水平和能力有限，本书在写作、编辑和出版过程中的不当和缺漏之处，特别是学术观点和评述的分歧，敬请各行各业的专家、学者、实务人员、读者批评指正，恳请不吝赐教！

编　者

2018 年 6 月